U0516577

国史十六讲

（修订版）

樊树志 著

图书在版编目(CIP)数据

国史十六讲/樊树志著. —2版(修订版). —北京:中华书局,2009.5(2024.9重印)
ISBN 978-7-101-06528-2

Ⅰ.国… Ⅱ.樊… Ⅲ.史评-中国 Ⅳ.K207

中国版本图书馆CIP数据核字(2009)第013341号

书　　名　国史十六讲(修订版)
著　　者　樊树志
责任编辑　刘冬雪
封面设计　毛　淳
责任印制　管　斌
出版发行　中华书局
　　　　(北京市丰台区太平桥西里38号　100073)
　　　　http://www.zhbc.com.cn
　　　　E-mail:zhbc@zhbc.com.cn
印　　刷　三河市宏达印刷有限公司
版　　次　2006年4月第1版　2009年5月第2版
　　　　2024年9月第31次印刷
规　　格　开本/710×1000毫米　1/16
　　　　印张19¼　插页18　字数270千字
印　　数　221001-225000册
国际书号　ISBN 978-7-101-06528-2
定　　价　48.00元

目 录

修订版引言

拙作《国史十六讲》，是我为复旦大学精品课程“国史概要”撰写的讲稿。作为全校的公选课，课时有限：每周二学时，一学期讲完。可以用于上课的时间，只有十六周，三十二学时。如此有限的时间，要把几千年的中华文明史讲得深入浅出，讲得少而精，必须在内容和形式方面都有较大的变动。我的办法是，必须大胆舍弃，不求面面俱到，每周（二学时）讲一个专题，一学期讲十六个专题。这就是书名“国史十六讲”的由来。“十六”这个数字，并非刻意追求，也没存其他的意思。

本书在2006年4月出版以后，受到了意想不到的欢迎，一再名列各种畅销书的排行榜，一度排行第一。到目前为止，已经印刷了十二次。这是当初无论如何不曾料到的，对于一本历史读物而言，实在是可望而不可及的事情。

2006年8月2日，《中华读书报》以将近一版的篇幅发表书评，题为“一部高校教材何以成为畅销书”。该报编辑在标题上面加了这样的引语：“没有出版社的刻意宣传，更没有媒体的炒作，作者也不是央视《百家讲坛》精心打造的‘学术明星’，这本普通的高校教材甫一问世，迅即成为了畅销书，在出版后的数月里始终位居学术类图书销售排行榜的前列。这其中的奥秘何在？”

这篇书评指出：“一般来说，一部书要能够畅销，既要‘好看’——写法吸引人，也要让人感到‘值得看’，即有价值和有意义。《国史十六讲》一书就做到了这两点。”作者分析了这两点：一是“视野开阔，推陈出新”；二是“学术热点话题引人注目”。书评的结论是：“《国史十六讲》既给初学者以知识，也能给治史者以启迪；好看又耐看，是一部雅俗共赏的佳作。”这位书评人看得十分仔细，比如他说，该书广泛关注海内外学者的研究动态，对海外学者尤为重视，“据笔者初步统计，书中所引中国内地学者18人23次，海外学者43人74次”，这是我自己都没有注意到的事。

读者诸君或许会问，近年来书评声誉不佳，何必如此顶真地引用书评文字来说明书的好坏呢？确实，目前学术界存在不正之风，拉关系互相吹捧的事并不鲜见，但并非全盘如此。我可以负责任地告诉各位，这篇书评的作者方晓，本人根本不认识。几个月以后，我才知道她是一位女士，在中国社会科学院近代史研究所工作，方晓是她的笔名，写过不少颇有分量的书评。各位如有兴趣，不妨把这篇书评找来一读。

本书的畅销引起了海外出版社的注意，2006年10月，香港三联书店出版了《国史十六讲》繁体字版。2007年2月，台湾联经出版公司出版的繁体字版，书名改为《历史长河——中国历史十六讲》。日本和韩国的版权转让也已完成，只是还未见书。

2007年“六一”前夕，新闻出版总署向全国青少年推荐百种优秀图书，其中“知识类”共推荐历史图书三种，序号42是《古代中国文化讲义》（作者葛兆光），序号43是《阅读中国·社会史卷、艺术史卷》（作者曹文柱、赵世瑜等），序号45，就是《国史十六讲》。

读书界与出版界的好评，激励我精益求精，想做一个修订版，增加一些插图，使得此书更加精美、漂亮。出版社方面也有这样的设想，可谓一拍即合。海外出版界一向有出版插图本著作的惯例，插图本剑桥历史书系列，早已名扬全球。与本书相近的《剑桥插图中国史》便是成功的一本。该书作者是美国历史学家伊佩霞（Patricia Buckley Ebrey），她的这本书的中译本（山东画报出版社，2001年），与1996年剑桥大学出版社出版的英文本，一样精美、漂亮，文字与图片所占篇幅约略相当，阅读起来非常惬意，轻松而愉快。本书的修订本，努力向它靠拢，是否能够得到读者的欢迎，我将拭目以待。

此次修订，文字内容作了较多的修改，并且增加了不少彩色插图。重写的有：第一讲第一节"中国人起源于非洲吗？——'夏娃理论'质疑"；第一讲第四节"从'公天下'到'家天下'"；第二讲第四节"解读'封建'的本意"；第十二讲第二节"靖难之役与建文帝生死之谜"。以下对重写的篇章稍加说明。

第一，关于"中国人起源于非洲吗？——'夏娃理论'质疑"，继续维持原先的观点，质疑"非洲起源说"（夏娃理论），为了写得更加客观，更具说服力，增加一些最新内容。在介绍"非洲起源说"时，回顾了1970年代中期以来西方学者的代表性观点，并且引用美国*Newsweek*（《新闻周刊》）2007年8月号刊登的文章——《揭示人类进化的新证据》，这篇文章向公众普及"非洲起源说"，并且画出了远古人类是如何"走出非洲"的路线图。在不明真相的读者看来，似乎很"科学"，在圈内人士眼中，假设与想象多于实证。反驳"东亚人的祖先大约是在6万年前从非洲到达东南亚"的说法，最有力的实证是考古发现，柳江人化石年代测定，直接证明在7—13万年前，中国人已经生活在华南；被誉为2007年十大考古成就的许昌人化石，其年代是距今8—10万年，无怪乎新闻媒体在报道时，要惊呼："'许昌人'早于山顶洞人，破'非洲起源说'。"当然，要真正破除非洲起源说，并非易事，孰是孰非，还有待时间的检验。

第二，关于"从'公天下'到'家天下'"，也就是从"'大同'到'小康'"。何谓"大同"，何谓"小康"，是先秦诸子百家，特别是孔子与儒家津津乐道的话题。他们的历史观似乎很悲观——一代不如一代。他们所处的春秋战国时代，最为糟糕，被称为"乱世"，此前的夏商周三代差强人意，被称为"小康之世"，虽不甚理想，总比"乱世"好多了。"小康"之前的黄帝尧舜时代，仿佛最为理想，被称为"大同之世"。因此他们的政治理想就是，由"乱世"回归到"小康之世"，进而重建"大同之世"。"大同"究竟什么模样，当时没有文字，没有留下文字记载，后人只能根据传说来追记。《礼记·礼运》中孔子对于"大同之世"的描绘，就是如此——"天下为公，选贤举能，讲信修睦"云云。以后的《春秋公羊传何氏解诂》、《韩诗外传》之类，进一步描绘"大同"社会里面，"出入相友，守望相助，疾病相扶助"，"其民和亲而相好"的情景。进入夏朝以后，"天下为公"变成"天下为家"，"大同之世"一去不复返了，代之而起的是"小康之世"——"天下为家，各亲其亲，各子其子，货力为己”的社会。尽管孔子对禹、汤、文、武、成王、周公推崇备至，誉为“六君子”，但这毕竟是一个有等级区分，充满暴力，你争我夺，尔虞我诈的“小康”社会，与先前的“大同”社会不可同日而语。直至近代，康有为、孙中山还真诚地把重建“天下为公”的“大同”世界，作为奋斗目标，可见这个话题并不迂腐，也不玄虚。

第三，关于“解读‘封建’的本意”，无非是想提醒读者诸君，“封建”这个词汇已经被说滥了，当代的人们反而对它的本意愈来愈隔膜。西周时代趋于极盛的“封建”，是当时人创造的词汇，本意就是“封邦建国”、“封建亲戚”。1936 年出版的吕思勉《中国制度史》，对古代“国体”区分为三个阶段：部落时代，封建时代，郡县时代。他的意思是，封建时代是介于部落时代与郡县时代之间并不漫长的一段。秦始皇废除封建制度建立郡县制度，标志着从封建时代进入到郡县时代。

这种立论，列位看官或许会感到唐突而怪异，其实并不唐突，也不怪异。著名历史学家顾颉刚和傅斯年也认为，“封建”与“郡县”是两个相互更替的不同的社会。顾颉刚 1926 年写给傅斯年的信中说：“用唯物史观来看孔子学说，他的思想乃是封建社会的产物。秦汉以下不是封建社会了，何以他的学说竟会支配得这样长久?”傅斯年在回信中，对顾氏“用唯物史观”得出的结论“秦汉以下不是封建社会”，表示赞同。他对“封建”的本意作了分析：“西周的封建，是开国殖民，所以封建是一种特殊的社会组织。西汉的封建是割裂郡县，所以这时的封建但是一个地理上之名词而已”；“封建之为一种社会组织，是在战国废的，不是在秦废的。”

明白了这些背景，再来看黄仁宇的观点，就不会感到突兀了。黄氏在《放宽历史的视界》中说：“很多现代中国的作者，称之为‘封建社会’，并且以此将它与欧洲的 feudal system 相比拟，其结果总是尴尬。欧洲之 feudal system 被称为 feudalism 起源于法国大革命之后，当日作者以此名词综合叙述中世纪一般政治及社会特征，并未赋予历史上的意义……征之中国传统文献，‘封建’也与‘郡县’相对，所以将汉唐宋明清的大帝国、中央集权、文人执政、土地可以买卖、社会流动性大的郡县制度称为封建，更比拟为欧洲的 feudal system，就是把写历史的大前提弄错了。”同样的观点，他在《万历十五年》的中文本自序中早就有所提及。

近年来，一些学者对“封建主义”这个概念进行辨析，引来相当大的反响，本是百家争鸣题中应有之义，嗤之以鼻或者乱扣帽子是不能解决问题的。

第四，关于“靖难之役与建文帝生死之谜”，原先靖难之役写得太少，笔墨集中于建文帝生死之谜，现在作了调整，着重写朱棣与靖难之役，和第一节“朱元璋：‘以重典驭臣下’”相呼应。朱元璋当上皇帝以后，效法汉高祖刘邦，把二十三个儿子封王建藩，这就是吕思勉所谓“封建的第四次反动”。皇太孙朱允炆继位后，着手“削藩”无疑是正确的，却遭到燕王朱棣的强烈反对，打出“清君侧”的旗号，发动叛乱，美其名曰“靖难”，是仿效周公辅佐成王。朱棣攻陷南京后，公开对外宣扬，建文帝已经“阖宫自焚”，同时把建文帝贬为“建文君”，把建文四年改称洪武三十五年，表示他并非篡位，而是继承太祖高皇帝而登上皇位的。随后对主张“削藩”、反对“靖难”的建文朝大臣进行报复，铁铉、景清、方孝孺等惨遭毒手，油煎、剥皮、凌迟等酷刑都用上了，并且株连无辜，制造了历史上骇人听闻的“瓜蔓抄”、“诛十族”的悲剧。吴晗说朱元璋“是一个十足自私惨刻的怪杰”，朱棣与乃父相比，有过之而无不及。

此外，大约有一半左右的篇章，都作了文字的增删、修改，不再一一说明。因为这种“校勘记”之类的文字，太枯燥乏味，会令读者大倒胃口，而且与全书的文字风格也不协调。

提到全书的文字风格，我追求以清新流畅的文笔书写历史，为的是远离往昔历史著作那种高头讲章八股腔，改变历史著作令人望而生畏面目可憎的印象。作为一名历史教师，在下一向认为，历史一定要讲得“好听”，写得“好看”，才能被大众所认可，所接受；才能很好地发挥作用，引人入胜地展现历史的魅力。不过，要达到这样的境界，非得下大工夫不可。谓予不信，请看董桥的议论。

驰名海外的作家董桥办报之余，写得一手典雅隽永的文章，潇洒的文笔，浸透了学识涵养，令人叹服。读他的文章，仿佛回到了半个世纪以前，无怪乎他自诩为“老派文人”。董桥那些看似闲适的散文，于不经意间谈到学问之道，比如他说，学术著作要改变沉闷的面貌，应注意两点：一是“学问深而下笔浅”；二是不要把“好玩”的东西“塞进学术的闷葫芦里闷死人”。

他当年留学英国，特别推崇牛津大学教授John Bayley所写的书，“最是贴心”，“他是学院里老一派的饱学之士，用练达的人情世故看文学艺术，著作里闻不到时下博士论文那股医院消毒药水的味道，句句是学问不是学术，文字淡素之余常见拙气，漂亮极了”。

你看，既要“学问深而下笔浅”，又要“句句是学问不是学术”，还要文字“漂亮”，没有“消毒药水的味道”，谈何容易！搞历史的人，埋首故纸堆，成天和枯燥乏味的史料打交道，久而久之，自己也变得枯燥乏味。此中高手却可以化腐朽为神奇，把无趣写得有趣。黄仁宇就是如此。他的作品之所以受到读者的欢迎，就在于他用既老辣又轻松的文笔，娓娓道来，有思想又有文采。

这是一个不容易达到的境界。虽不能至，心向往之。

樊树志

2008年10月

【第一讲】

从「大同」到「小康」

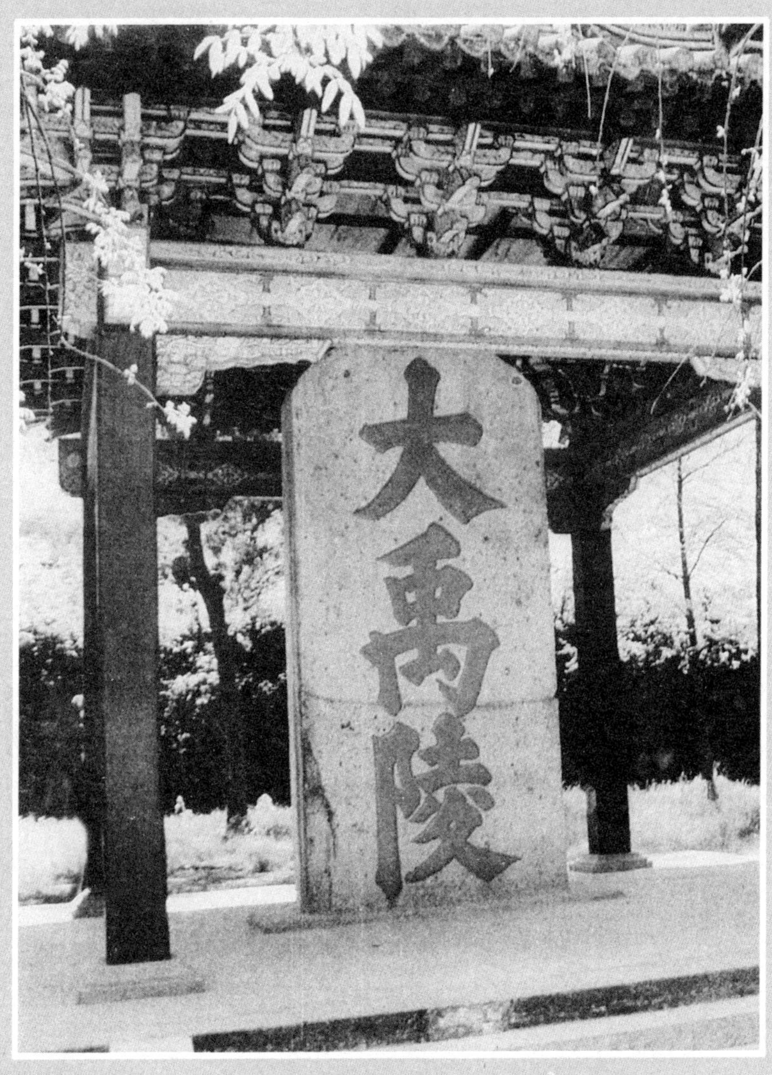

绍兴大禹陵　大禹后代姒姓家族一百四十多代以守陵为共同职责

中国人起源于非洲吗？
——“夏娃理论”质疑

人类的起源，是史前史首先要探讨的重大问题。神话和传说，宗教和科学，对它有五花八门的解释。

中国古代有所谓“盘古开天辟地”、“女娲造人”的神话传说。在人类出现之前，天和地连在一起，一片混沌。某一天，盘古醒来用大板斧开天辟地，他的气息化作风和云，声音变成雷电，左眼变成太阳，右眼变成月亮，头发胡子化作星星。盘古开天辟地后，大地荒无人烟，天神女娲在清澈的水池边用黄泥做成泥娃娃，泥娃娃变成了活生生的人。这位人类之母还为男人、女人建立婚姻关系，生儿育女。

在西方，基督教的《圣经》宣称，上帝创造了人类，即亚当和夏娃。还说，上帝创造了人类以后，都讲同一种语言，人们通力合作，在巴比伦平原建造“通天塔”。上帝发现人类联合起来的力量很可怕，于是使用压力把人类分散于世界各地，让他们讲不同的语言，阻止他们互相沟通。

近代以来，随着科学的昌明，人们终于明白，人类是由一种古猿演变而成的。人类从古猿分化出来，大约经历了一千万年的时间。

距今250万年以前，人类的祖先——能人——出现在非洲。它的化石，是由英国籍的肯尼亚考古学与古人类学家路易斯·利基(Louis Seymour Bazett Leakey，1903—1972)和他的夫人玛丽·利基，20世纪在东非坦桑尼亚的奥杜瓦峡谷发现的，被命名为“东非能人”。其体质形态比南方古猿显得进步，能用两脚直立行走，并能制作石器工具，因此判定为最早的人类——能人。此后，利基夫妇的次子理查德·利基又发现了距今180万年和160万年的直立人骨架、头盖骨。这些发现引导人们推论，非洲是人类的起源地。于是国际学术界就有了“非洲起源说”。

“非洲起源说”主要依据分子生物学的研究，主张全世界的现代人类都起源于非洲，也就是说，目前地球上各个人种都是某一个非洲女性祖先的后代。这个非洲女性祖先被称为“夏娃”，这一理论被称为“夏娃理论”。这种理论认为，“夏娃”的后代离开非洲，扩散到欧洲、亚洲等地，取代了当地原有的早期智人，而欧洲和亚洲原有的早期智人陆续灭绝了，他们与现代人类之间没有什么关系。

非洲起源说（夏娃理论）最早由 Protsch 和 Howells 在 1970 年代中期提出，他们认为，现在世界各地的（解剖学意义上的）现代人，不是由当地的古人类直接进化而来，而是 10—20 万年前起源于非洲的共同祖先。这个祖先的后代向各大洲扩散，先后取代了当地的古人类。1987 年，有一些西方学者提出“线粒体夏娃”理论，认为现代人的共同祖先是一个 14.3 万年前生活在非洲的女性。也有一些西方学者言之凿凿地说，所有现存男性的最后一位共同祖先，生活在 8.9 万年前的非洲，第一批现代人类于 6.6 万年前离开了非洲。

复旦大学生命科学院的研究人员及其全球合作伙伴，2001 年在美国《科学》杂志上发表论文，披露他们对 12000 条染色体的研究成果，在东亚人身上发现了 7.9 万年前非洲人特有的遗传标记。这一课题组的负责人金力认为，这是目前支持“东亚人非洲起源说”最有力的证据，它进一步表明，来源于非洲的人群完全取代了原来居住在亚洲的古人类。他们推论，东亚人的祖先大约是在 6 万年前从非洲到达东南亚一带，然后向北迁移至中国。

“非洲起源说”在西方似乎已经成为现代人类起源的主流观点。但是反对的意见也很强烈，质疑运用分子生物学研究人类起源，究竟有多大的可靠性？他们提出了“多区起源论”与之商榷。这种学说认为，地球上各地区的现代人类是从各地区的早期智人进化而来的。

1984 年美国学者 Wolpoff 和中国学者吴新智等，根据来自东亚地区的化石证据，提出了多地区连续演化学说。这种学说认为，现代人类是由欧、亚、非三大洲距今一百万年至几十万年间的直立人、早期智人演化而来；现代中国人、大洋州人乃至欧洲人，都分别类似于本地区的古人类，而并不类似非洲古人类。更重要的是，在地球的每一个大洲，都已经找到了现代人类和该地区古人类之间的联系。当今世界各人类群体 DNA 水平的高度一

1.5万—2万年以前:
到达美洲
3万—4万年以前:
到达欧洲
格鲁吉亚共和国
的德马尼西遗址
4.5万—5万年以前:
到达中亚
10万年以前:
到达中东
亚洲
欧洲
北美洲
南美洲
非洲
澳洲
起源地
智人
15万多年前在
非洲出现。
直立人
在非洲之外发现最
古老的化石，可以
追溯到180万年前。
出土于德马尼西，
在中国和印度这
样的远东地区也
发现了这个人种
的化石。
最早的移居者
足迹：科学家通过分析化石、史前古器物
和现存人类的DNA，追查到了智人最早迁
移的地方。早期人种的行进路线大都不为
人知，不过可以通过化石遗址来推断。
80万年前左右从非洲
移居到亚洲和欧洲。
尼安德特人
3万到20万年前在中
东和欧洲发现。在非
洲没有发现其化石。

《揭示人类进化的新证据》插图

《Newsweek》(中文版)2007年8月号

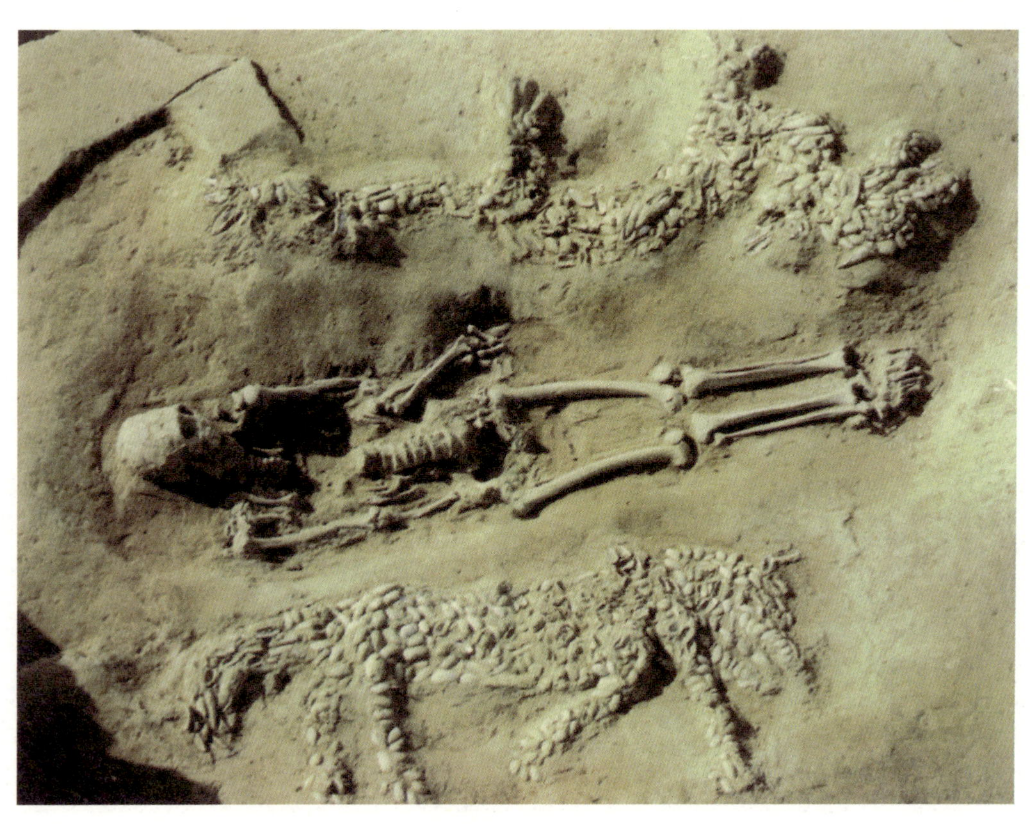

仰韶文化·龙虎图

这幅龙虎图是用贝壳堆成的，距今至少有6000年的历史，是中国目前发现最早的龙的形象

致性和体质特征的多样性，是基因交流和选择性适应相互平衡的结果。连续进化使得现代四大人种保持各自特色，也使得各地区的人类在进化一百多万年后仍能保持在一个物种之内。该学说的主要证据是来自各地发现的人类化石，以及对化石的体质人类学分析和年代测定。最近也有少数分子人类学家从分子水平论证了该学说的合理性。

确实，“夏娃理论”无法解释中国境内已被考古证明的完整的古人类进化链，即：以元谋人、蓝田人、北京人、和县人为代表的直立人；以大荔人、金牛山人、丁村人、许家窑人、马坝人为代表的早期智人；以柳江人、资阳人、山顶洞人为代表的晚期智人（现代人类）。中国古人类学家吴新智院士指出，在中国大地上从直立人到早期智人，再到现代人类（晚期智人）的化石表明，他们之间存在着明显的连续进化，东亚的蒙古人种是从当地的古人类发展而来的，并非来自非洲。此外，中国的直立人与智人的旧石器文化，存在着明显的前后连续性，根本没有出现过由于人类灭绝而导致的文化中断，根本不存在外来文化大规模取代原有文化的迹象。因此，说非洲人取代中国大地上的早期智人而成为中国人祖先的推论，是难以成立的。

研究人类的起源，考古发现的化石是最有说服力的。

2002 年，中国科学家对具有解剖学意义现代人类特征的柳江人化石进行重新测定，得到的结论是：柳江人生活在距今约 7—13 万年之间的华南地区。这个年代测定数据，是有颠覆性意义的，它用有力的证据反驳了中国现代人类是距今 6 万年前由非洲迁移而来的观点。中国科学院古脊椎动物与古人类研究所研究员黄慰文指出，用基因研究结果推测人类进化的过程，无论如何都是间接的，而来自化石的证据才是直接的。柳江人化石年代的测定，直接证明了在 7—13 万年前或更早，柳江人已经生活在华南地区，不可能是在这之后才从非洲迁移而来。

2007 年度十大考古新发现，名列榜首的“许昌人”头盖骨化石，再一次证明了这一点。这是距今 8—10 万年前的完整头盖骨，专家们的初步研究表明，“许昌人”与“北京人”的信息含量有很大的一致性，而且出土的石器、骨器都是本土文化，少见外来因素的影响。2008 年 1 月 24 日上海《东方早报》在报道这一新闻时，用了“‘许昌人’早于山顶洞人，破‘非洲起源说’”的标题，是很有眼光的。

当然，这仍然是一个众说纷纭的话题。美国 *Newsweek*(《新闻周刊》)2007 年 8 月号，刊登学者莎伦·贝格利的文章《揭示人类进化的新证据》，观点鲜明地宣扬“非洲起源说”，并且画出了一幅地图，来显示人类是如何“走出非洲”的。其路线图大体是这样的：15 万年前智人在非洲出现，10 万年以前到达中东，4.5—5 万年以前到达中亚，3—4 万年以前到达欧洲，1.5—2 万年以前到达美洲。一个大众化的新闻杂志，用 5 页的篇幅刊登这样的文章，至少表明，在编辑心目中这个话题是很有“新闻”价值的。

确实，这一话题新闻界一直高度关注，经常有最新消息在报端披露，并且配上夺人眼球的标题。2002 年 7 月 12 日的《文汇报》以引人注目的标题报道：“人类祖先在乍得？——最新发现的头骨化石可能揭示谜底”。该文写道，在非洲中部的乍得，发现了被命名为“图迈”的头骨化石，科学家断定它是迄今发现的最早的人类头骨化石。权威的《自然》杂志对此有这样的评论：一千万年前地球上有很多猿类，五百万年前有了原始人的留世记录；距今一千万年至五百万年之间，人类的始祖与猿分离，这一演进过程的物证少之又少。“图迈”的发现，弥补了“缺失的一环”。但是也有科学家持不同看法：“图迈”不仅不能弥补“缺失的一环”，反而说明原始人类演进的多样化；人类的进化并非只是一个单向的阶梯，而可能展示出“茂密的图谱”。

有意思的是，2002 年 10 月 9 日《文汇报》报道“我国科学家运用先进方法测定柳江人生存年代”的消息，用了醒目的标题：“中国人远祖更可能在中国——这一结论使现代东亚人‘非洲起源’说受到挑战”。该报道援引中国科学家的判断，中国最早的古人类化石是二百万年前的巫山人化石，在中国出土的各时期的古人类化石都有共同特征，如铲形门齿、长方形眼眶、扁平脸等，表明至少二百万年以来，中国人的进化是连续不断的。

新闻界的密切注视与频繁报道，使得这个离我们遥远而枯燥的话题，透露出鲜活的生气。历史诱人的魅力，以这样的方式向人们招手，我们真的需要对历史刮目相看了。

看来,有关人类起源的争论,还会继续下去。不过,甚嚣尘上的"非洲起源说",日益面临"多区起源说"的挑战,科学的真相究竟如何,读者诸君不妨拭目以待。千万不要被耸人听闻的表述,眼花缭乱的宣传,迷惑了视线。

2. 农业革命:从食物采集到食物生产

在人类早期历史上,旧石器时代的晚期尤为重要,生产技术的进步是其中的关键。英国历史学家汤因比(Arnold Joseph Toynbee)在《人类和大地母亲》一书中说:旧石器时代晚期的技术革命大约开始于四万年至七万年前,它是技术史上划时代的革命。

石器刃部的细加工出现的同时,出现了一系列复合工具:带柄斧、梭镖、弓箭,使人类采集植物与狩猎动物的能力大大提高,人类进入了一个新时代。以骨针为代表的缝纫技术的发明,使人类可以缝制兽皮衣服来御寒,使人类可以离开洞穴走向平原,走向寒冷的北方,甚至越过白令海峡走向另一块大陆。

大约在距今一万年,人类进入了新石器时代。它有四大特征:农业的产生,动物的驯养,陶器的制作,磨制石器(不同于打制石器)的使用。而首要的特征就是农业的产生,使人类从食物的采集者,一跃而为食物的生产者。于是农作物、家畜、陶器与纺织品出现,人类进入了生产经济阶段。人们定居下来,营造房屋,耕种土地,饲养牲畜,食物来源有了可靠的保障。食物的生产——包括对食用植物尤其是谷类的自觉栽培和对动物的驯养,是人类历史上自掌握用火以后最伟大的经济革命,相对于以后的工业革命,学者们把它称为农业革命。

西方学者推测,农业出现的时间距今大约 1 万年至 1.2 万年之间,地点在西亚的两河流域,而后向东传入中国。甚至连研究中国科技史的权威学者李约瑟(Joseph Needham)也认为,小麦原本生长在中东,中国的小麦是由中东传入的。20 世纪 60 年代末,美国芝加哥大学的华裔学者何炳棣的著作《黄土与中国农业的起源》(英文版书名是:*The Cradle of the East*:*An*

Inquiry into the Indigenous Origins of Techniques and Ideas of Neolithic and Early Historic China, 5000－1000 B. C.），以大量无可辩驳的历史事实推翻了上述论断，明确指出，中国农业的起源，具有自己的区域性和独立性，并不是从两河流域传入的。这一结论受到许多学者的高度评价，并且一再为考古发现及新的研究成果所证实。

河北省徐水县的南庄头遗址，发现了谷物加工工具——石磨盘、石磨棒，表明当时已经栽种谷物。据测定，它的年代大约在距今一万年左右。河南省新郑县裴李岗遗址的考古发现，在距今七八千年前，中原地区出现了比较稳定的农业定居生活，进入了以粟为主的旱地农耕阶段。那是一个农业部落聚居区，有房基、灰坑、陶窑，还有耕作、收割工具——石斧、石铲、石镰，以及粮食加工工具——石磨盘、石磨棒。

南方稻作农业的历史也很悠久。近年来，考古学家在南方发现了先民从采集食用野生稻到驯化形成栽培稻的实物证据，使得关于中国农业起源的研究有了突破性进展。江西省万年县仙人洞遗址的发掘表明，当时的先民从采集野生稻到学会人工栽培水稻，是一个持续达几千年之久的漫长过程，大体在旧石器时代晚期到新石器时代早期。湖南省道县玉蟾岩遗址，出土了距今八千年至一万年前的兼具野生稻、籼稻、粳稻综合特征的植物，似乎是一种由野生稻向栽培稻演化的最原始的栽培稻。

1992年，中国和美国的科学家联合研究中国江西的稻作起源问题。美方专家于1996年、1998年两次发表研究报告，证实长江中游是世界栽培稻及稻作农业的摇篮，江西省万年县仙人洞等遗址的居民，在距今一万六千年前已经以采集野生稻为主要粮食，至晚在距今九千年前定居的稻作农业已经开始。这项研究成果，更加彻底地批驳了前此西方盛行的观点——旧大陆农业都源自西亚的两河流域。

2000年出版的严文明、安田喜宪主编的《稻作、陶器和都市的起源》一书指出，新石器时代早期，先民对稻谷种子反复选择，改变了野生稻的生存条件和遗传习性，初步驯化成功，基本形成原始栽培稻。中国是亚洲栽培稻起源地之一，它与另一个亚洲栽培稻起源地——以印度为中心的南亚，是两个各自独立起源和演化的系统。

湖南省澧县的彭山头遗址发现的稻谷和稻壳，经测定，距今约八千二百年至七千八百年之间。

浙江省余姚县的河姆渡遗址，发现了距今七千年前的丰富的稻作遗存：稻谷、稻秆、稻叶、谷壳的堆积，一般厚度达20—30厘米，最厚的地方超过100厘米。出土时稻谷色泽金黄，谷芒挺直，隆脉清晰可辨。经鉴定，这是人工栽培的晚稻，距今约七千年。同时出土的农具——骨耜，证明早在七千年前河姆渡的原始农业已进入耜耕阶段。

2004年12月17日《科技日报》报道，湖南省道县玉蟾岩出土了一万二千年前的5粒碳化稻谷，被誉为世界上最早的稻谷。于是有的学者感到迷惘：稻作起源，究竟何处是摇篮？

通过考古学的观察，人们对长江下游稻作农业有了比较清楚的认识：河姆渡文化时期的稻谷处于形态变异和分化的初期，表现为类籼、类粳及中间类型的原始混合体。崧泽文化时期，稻谷开始在野生资源富饶的环境里被驯化和栽培，但是狩猎采集仍然是主要经济形态。而后的良渚文化时期，人们加强了稻谷生产，并且取代野生资源，成为主要粮食来源，因此这一时期形成了比较成熟的稻作农业。

3. 关于炎帝、黄帝的传说

近代以降，疑古思潮泛滥，对历史上的传说时代采取虚无主义的怀疑态度。随着科学的发展，人们逐渐走出疑古时代。人类学的研究表明，在文字发明以前，口耳相传的神话传说，是先民们对上古洪荒时代历史的一种夸张的记述，只要加以科学的分析，便不难发现其中蕴含的可靠历史信息，如果能够与考古资料恰当的印证，那么古史传说中的真实成分将逐步显现。

神话是远古先民根据自己的想象，对自然事物、人类起源的虚构。而关于祖先的传说则是他们对自己历史的记述，有相当的依据。因为它产生于历史，是先民中口耳相传的故事，在没有文字记载的史前时代，它具有无可取代的历史价值，反映了远古历史的某个侧面。

“三皇”、“五帝”构成了传说时代的历史系统，关于他们的传说异彩纷呈，蔚为大观。因而“三皇”、“五帝”究竟对应哪些传说人物，有各种说法。最为久远也最为模糊的“三皇”，大抵是创世神话中的神人，史前人类的象征，关于它的说法竟有六种之多：(1)天皇、地皇、泰皇；(2)天皇、地皇、人皇；(3)伏羲、女娲、神农；(4)伏羲、神农、祝融；(5)伏羲、神农、共工；(6)燧人、伏羲、神农。此后的“五帝”，大抵是一些部落联盟的杰出领袖，较为具体，但也有三种说法：(1)黄帝、颛顼、帝喾、唐尧、虞舜；(2)太皞(伏羲)、炎帝(神农)、黄帝、少皞、颛顼；(3)少皞(少昊)、颛顼、帝辛(帝皞)、唐尧、虞舜。

战国诸子百家的著作中记录了先民关于有巢氏、燧人氏、伏羲氏、神农氏的传说。有巢氏在树木上建造巢穴，以躲避野兽的侵害；燧人氏钻木取火，教民熟食；伏羲氏用绳索结网，从事渔猎；神农氏制作耒耜，教民农耕。这些传说，反映了远古先民建房、熟食、渔猎、农耕的发展过程。传说中，伏羲与女娲是兄妹结婚而产生了人类，以后他们禁止兄妹通婚，反映了原始血缘婚姻向族外婚姻的过渡；伏羲发明了八卦——一种原始记事方法，反映了文字出现之前人类的智慧。

《易经·系辞传》说：“庖羲氏(即伏羲氏)没，神农氏作，断木为耜，揉木为耒，耒耨之利，以教天下。”又说：“神农氏没，黄帝、尧、舜氏作，通其变，使民不倦，神而化之，使民宜之。”应该是可信的。

炎帝、黄帝，被中华民族尊为共同的祖先——“人文初祖”，中国人自称“炎黄子孙”，就是对于共同祖先的尊崇。

炎帝，就是神农氏。这种称呼透露出一个信息：他和他所领导的部落发明了农业、医药、陶器，所以后世的典籍提到他时，都赞颂他的这些发明。《易经》和《白虎通》说他用树木制造耕作的工具——耒耜，教导民众从事农耕，被认为发明农业的始祖。《史记》和《淮南子》记载了神农尝百草，以草药治病救人的故事。《太平御览》引用《周书》说，神农在发明农业的同时发明了陶器。由于生产工具的局限，当时的农业处在“刀耕火种”阶段，春耕开始前，放火烧荒，然后用木制的耒耜松土，撒播种子，任其自然生长。神农之所以称为炎帝，其后裔称为“烈山氏”，都反映了原始农业和火有着密切的关系。

炎帝的后裔中，有一支是烈山氏，其子名柱，会种植谷物、蔬菜，被后人尊奉为稷神——谷物神。炎帝后裔的另一支共工氏，其子后土，治理洪水成功，被后人尊奉为社神——土地神。此后社神、稷神成为农业社会的最高神祇，西周以来受到人们普遍祭祀，以后又把“社稷”引申为天下、国家，具有至高无上的地位。

稍晚于炎帝的黄帝，号有熊氏，似乎是以熊为图腾的部落。相传他率领民众作战时，指挥熊、罴等六种野兽参战，用文化人类学的视角来看，其实是指挥以六种野兽为图腾的部落参战。黄帝从北方到达黄河流域时，已经是拥有六个部落的巨大部落联盟了。

黄帝的发明是多方面的，涉及衣食住行各个方面。他发掘首阳山的铜矿，加以冶炼，铸成铜鼎；并且铸造十二铜钟，和以五音，可以演奏音乐。他用树木制造船、车，用于运输；他发明缝纫，制作衣裳；他发明历法，派人到四境观察天象，确定春夏秋冬四季，按照四季的变化来播种百谷草木。显然黄帝时代比炎帝时代，在社会经济的各个方面都有了长足的进步。其中“垂衣裳而天下治”，“以衣裳别尊卑”，尤其值得注意。它一方面表明当时已经懂得蚕桑之利，懂得利用蚕丝编织衣料。这可以从考古发现予以证实：吴县草鞋山出土野生纤维为原料的织物残片——中国已发现的最古老的纺织品实物，属于距今大约五六千年的马家浜文化时期；距今四五千年的良渚文化出土实物表明，太湖流域一带的先民开始饲养家蚕并从事丝织业。另一方面，用服式来区别等级，表明社会组织已经有了尊卑之别。把这些事实与铸造铜鼎，以及由十二个编钟演奏显示权力威仪的音乐联系起来分析，国家的雏形似乎隐约可见。

据说黄帝部落联盟有姬、祁、任等十二姓，姬姓是黄帝的嫡系，后来发展为相当大的一支，创建了周朝；祁姓有传说中的陶唐氏，即唐尧所属的部落；黄帝的后裔夏后氏，是夏朝的创立者。人们把黄帝尊奉为华夏民族的始祖，是名副其实的。

生活在太行山以东的祝融八姓，北以卫为中心，南以郑为中心。到了夏商两代，祝融受夏族、夷族两面夹击，被消灭过半，只有偏居南方的一支，成为春秋时代楚文化的缔造者。前辈史家张荫麟笔下的这段传说竟是如此动人：“楚人的生活充满了优游闲适的空气，和北人的严肃紧张的态度成为对照。这种差异从他们的神话可以看出。楚国全族的始祖不是胼手胝足的农神，而是飞扬缥缈的火神；楚人想象中的河神不是治水平土的工程师，而是含睇宜笑的美女。楚人神话里没有人面虎爪、遍身白毛、手执斧钺的蓐收（上帝的刑神），而是披着荷衣、系着蕙带、张着孔雀盖和翡翠旌的司命（主持命运的神）。适宜于楚国的神祇不是牛羊犬豕的膻腥，而是蕙肴兰藉和桂酒椒浆的芳烈；不是苍髯皓首的祝史，而是采衣姣服的巫女。再从文学上看，后来战国时楚人所作《楚辞》也以委婉的音节、缠绵的情绪、缤纷的辞藻，而别于朴素、质直、单调的《诗》三百篇。”

4. 从“公天下”到“家天下”

先秦诸子对于历史的追忆，反映出来的历史观，似乎以为一代不如一代。他们所处的春秋战国时代，最为糟糕，被称为“乱世”。此前的夏商周三代差强人意，被称为“小康之世”，虽不甚理想，但比“乱世”要好多了，所以是“小康”。“小康之世”以前的黄帝、尧舜时代，最为理想，被称为“大同之世”。因此他们的政治理想就是，由“乱世”回归到“小康之世”，进而重建“大同之世”。

“大同之世”与“小康之世”的根本区别在于，前者是“天下为公”的社会，也就是“公天下”；后者是“天下为家”的社会，也就是“家天下”。先秦诸子在这样的语境下，谈论从“大同”到“小康”，从“公天下”到“家天下”，便有了特殊的现实意味。正如吕思勉所说：“在大同之世，物质上的享受，或者远不如后来，然而人类最亲切的苦乐，其实不在于物质，而在于人与人之间的关系，所以大同时代的境界，永存于人类记忆之中。不但孔子，即先秦诸子，亦无不如此。”

从黄帝到尧舜禹时代，持续了几百年。他们的部落在黄河流域一带，吸收夷人部落与羌人部落，结成新的部落联盟，自称“华夏”，或称“华”、“夏”。不过“华夏”的概念见之于文字，却在公元前 547 年，《左传》襄公二十六年，有这样一条记载：“楚失华夏”，意思是说，楚国由于治理不善，失去了华夏大地。可见人们对于“华夏”的记忆由来已久了。唐代的经学家孔颖达关于《左传》的注释，是这样解释“华夏”的：“华夏为中国也。”在古人心目中，“华夏”是“中国”的同义词。这是因为，居住在黄河流域的先民自称“华夏”，而把周边的人民称为“蛮”、“夷”、“戎”、“狄”；“华夏”位居中央，自称“中国”，意为中央之国——这就是“中国”最初的本意。

这时候，华夏的部落联盟已经超出血缘纽带的联系，成为以地缘为纽带的共同体，具备了国家的雏形。在传说中，当时天下有“万国”、“万邦”，他们各自建立邦国的同时，还联合许多邦国建立联盟。联盟议事会是最高权力机构，商议重大事务，推举联盟首领。尧、舜、禹就是由联盟议事会民主推举产生的联盟首领——天下的共主。

传说中，尧是圣明之君，他明白“天下为公”，把手中的权力看作“公权力”，在权力移交时遵守“选贤举能”的准则。当时人们心中没有后世那种争权夺利意识，有一个传说很有意思：尧为了移交权力，发现许由是难得的贤能人才，追踪到箕山，请求他出任天下的领袖。许由不但坚决推辞，而且深表愤慨，认为尧的这种举动让他蒙受奇耻大辱，急急忙忙跑到河边，去洗他的耳朵。正巧碰上在河边饮牛的巢父，巢父问明缘由，狠狠训斥许由：你如果深藏不露，不介入世俗事务，谁能找到你？听了邀请你当领袖的话语，跑来洗耳朵，不过是另一种形式的沽名钓誉！我在下游饮牛，你在上游洗耳，这不是要污染我的牛口吗？说罢，愤然向上游走去。这样的故事，在当今的人们看来，简直匪夷所思，在当时或许习以为常，人们权力意识是极其淡泊的。

《史记·五帝本纪》说，尧为了移交权力，发现舜很贤能，精于农耕，善于制作陶器，有领导才能，可以托付重任，便向联盟议事会推举舜摄政，自己退居二线，临终前把领袖的权力正式移交给了舜，而不是传给无德无才的儿子。这叫做“传贤不传子”。舜谦逊地推辞，为了显示诚意，索性避居外地。由于各路诸侯一致拥戴，舜才勉为其难地担当起领袖的重任。舜到了晚年，认为禹治理洪水功勋卓著，仿效尧的做法，向联盟议事会推举禹摄政，自己退居二线。禹则仿效舜，谦辞不就，避居外地，在各路诸侯的拥戴下，才就任联盟首领的职务。

这就是尧舜的“禅让”，传贤不传子，被后世传为美谈。其中不乏后世学者对“五帝”时代清平盛世的美化，反映了春秋战国纷争不断的背景下，人们对“大同之世”的无限向往之情。无怪乎，孔子要用崇拜的语气说：“大哉，尧之为君也，惟天为大，惟尧则之”；孟子则“言必称尧舜”。

“大同之世”权力移交的方式，是禅让，而不是世袭，是有历史依据的，也就是说，当时确实是“天下为公”，确实是“选贤举能”的。杨希枚《再论尧舜禅让传说》一文指出：“传说，甚至神话，无论其内容如何怪诞，多少反映着某些社会背景，或者说，可以从其内容来了解它所涉及的某些社会制度、思想或信仰。尧舜传说自不例外。”他认为，尧舜禅让传说至迟是春秋时代已经流传的古老传说，它普遍见于《论语》及战国以来儒家、墨家、道家、法家各派的论著，绝非出于某一学派的伪托。

看来“天下为公，选贤举能”的大同社会，是先秦诸子津津乐道的理想社会，儒家尤其如此。儒家经典《礼记·礼运》引用孔子的话，描述“大同之世”是如此美妙的：“大道之行也，天下为公，选贤举能，讲信修睦。故人不独亲其亲，不独子其子，使老有所终，壮有所用，幼有所长，鳏寡孤独、废疾者皆有所养。男有分，女有归。货恶其弃于地，不必藏于己；力恶其不出于身也，不必为己。是故谋闭而不兴，盗窃乱贼而不作，故外户而不闭，是谓大同。”这就是孔子描绘的天下为公的大同社会，一个不分彼此，各得其所，没有争斗的和谐社会。

这个社会的底层是什么样子？依据《春秋公羊传何氏解诂》等文献的描述，当时存在共同生产共同消费的农村公社，这个村社当时叫做“邑”或“里”，大概由八十户人家组成，选举年高德劭的人担任“父老”，能说会道身体强壮的人担任“里正”。春、夏、秋三季，百姓外出种田；父老和里正在闾门口监督，百姓出去晚了，要受到指责。到了冬天，父老在“校室”里，教育儿童；里正则催促妇女从事纺织。在日常生活中，长期保持“出入相友，守望相助，疾病相扶助”的风尚。《韩诗外传》说，村社的基层由八家人家组成，这八家是一个不分彼此的共同体：“八家相保，出入更守，疾病相忧，患难相救，有无相贷，饮食相召，嫁娶相谋，渔猎相得，仁恩施行，是以其民和亲而相好”。你看，八家相互保护，出入轮流看守，疾病相互照顾，患难相互救助，青黄不接时互通有无，宴会相互招呼，婚姻共同商量，捕获的猎物共同享受，大家都得到仁爱恩惠，因此民众之间和睦、亲爱、友好。

自从禹建立夏王朝之后，情况逐渐发生变化，由“大同之世”进入“小康之世”。

禹年老时，联盟议事会讨论继承人选，众人推举皋陶，皋陶死后，又推举伯益。禹却想把权力地位传给自己的儿子——启，暗中培植启的势力。禹死后，启杀死伯益，继承父亲禹的权位，于是“公天下”被“家天下”所取代。

禹和启的夏朝，开创了以后历代王朝由一家一姓世袭统治的先例。

孔子眼中的“小康之世”实在是难以与“大同之世”比肩的。请看《礼记·礼运》中孔子的话：“今大道既隐，天下为家，各亲其亲，各子其子，货力为己。大人世及以为礼，城郭沟池以为固，礼仪以为纪。以正君臣，以笃父子，以睦兄弟，以和夫妇，以设制度，以立田里，以贤勇知，以功为己。故谋用是作，而兵由此起。禹、汤、文、武、成王、周公，由此其选也。此六君子者，未有不谨于礼者也，以著其文，以考其信。著有过，刑仁讲让，示民有常。如有不由此者，在执者去，众以为殃，是为小康。”尽管孔子对禹、汤、文、武、成王、周公推崇备至，誉为“六君子”，但是这毕竟是一个有贵贱区分，充满暴力，你争我夺，尔虞我诈的小康社会，过去那种没有阴谋，没有盗贼，外户不闭的大同社会，一去不复返了。

从大历史的视角看来，这无疑是人类社会发展的必经阶段。问题在于，随着“家天下”种种弊端不断显现，人们愈来愈怀念“选贤举能”的大同时代。近代思想家康有为写了一本《大同书》，来诠释孔子的“大同”理想。在康有为看来，《礼记》中的大同世界，就是《春秋》中的太平世界。他把传统儒家思想与欧洲新思潮杂糅在一起，为人们勾画了一幅人类“万年乐土”的大同美景。这是一个最为公平、仁爱、治理的极乐世界，在那里没有国界，没有私有财产，农工商各业都是公有的，人们共同劳动，共享财富；在那里没有君主与贵族，没有军队与刑罚。这种为了摆脱现实苦难的理想，简直就是《礼记·礼运》描绘的“大同之世”的现代版，反映了当时的仁人志士对于“大同”的渴望。

孙中山也把“天下为公”的“大同”作为毕生追求的理想，南京中山陵还有他手书的“天下为公”的匾额。他所创建的中华民国，在国歌当中高唱：“已经民国，已经大同。”以后的历史表明，“大同”并没有实现，不过创建民国的衮衮诸公确实把“大同”作为目标，是毫无疑义的。

历史是螺旋式发展的。先前的“大同”被“小康”所取代，后来的“小康”是否会被“大同”所取代呢？

遥远的历史似乎离我们很近很近。

【第二讲】

夏商周：早期中华文明的辉煌

四羊方尊(局部)

四羊方尊

1. 青铜时代与青铜文明

考古学者按照人类使用工具的器质，把人类的早期历史区分为石器时代、青铜时代、铁器时代。青铜时代是区别于此前的石器时代以及此后的铁器时代的一个历史阶段。在中国，大体是指公元前2000年至公元前500年之间的历史时期，也就是夏商周三代。

由于当时没有文字记载，夏的事迹只能在后世典籍如《左传》、《吕氏春秋》中看到一些片断，大抵是“太康失国”与“少康中兴”之类的传说。

我们通常说，夏是中国历史上第一个王朝，但是这个王朝不能和秦以后的王朝等量齐观。夏朝其实是以夏后氏为盟主的诸侯邦国联盟。《吕氏春秋》说：“当禹之时，天下万国。”《左传》说：“禹合诸侯于涂山，执玉帛者万国。”这里所谓“万国”，是以夸张的笔法，反映当时的夏朝不过是松散的诸侯邦国联盟而已。以后的商朝、周朝大体也是如此。

这一时期，青铜器是上层阶级政治生活关注的焦点，因而在考古遗物中占有显著重要的位置。对此，中国古代学者早有朴素的认识，东汉袁康撰写的《越绝书》引用战国时代风胡子的话，对以往历史作这样的概括：传说的三皇时代是石器时代，从黄帝开始的五帝时代是玉器时代，禹以后的夏商周三代是铜器时代，春秋战国进入了铁器时代。哈佛大学教授张光直的代表作《中国青铜时代》对《越绝书》的这个分期法，给予高度评价。

不过，中国远古先民冶炼青铜的历史可以追溯得更远。传说中，黄帝时代已经开始铸造铜鼎、铜编钟。仰韶文化和龙山文化遗址的考古发掘表明，在史前时期烧制陶器的陶窑中，当温度达到金属矿石的熔点时，金属铜及其化合物的出现是完全可能的。因此考古学家认为，中国发明铜器的时代也许早于龙山文化时代，但比较普及是在龙山文化时代，当然这一时期仍然处于铜器与石器并用时代。

从目前的发现来看，最早的青铜器出土于河南西部的二里头文化遗址，它们是青铜礼器——爵（酒器），以及青铜兵器——戈头，是一种铜锡合金，已经具备中国青铜器的特征。

偃师二里头遗址发掘出不少铜渣、坩埚残片、陶范残片，以及小件铜器凿、锥、刀、鱼钩、铜镞等青铜器。而偃师二里头遗址大体属于夏文化的中晚期，因而可以说夏朝进入了青铜时代。考古发掘证实了夏朝建立者禹“以铜为兵”（用铜制造兵器）、“禹铸九鼎”的传说是可信的。

与青铜文明相伴随的是阶级分化与国家机器的形成。偃师二里头发掘出一座宫殿遗址，面积约一万平方米，有厚约 1～2 米的夯土台基，高出地面约 80 厘米，上面是排列有序的柱子洞和完整的墙基。台基中部有一座面阔八间、进深三间、四坡出檐的殿堂，堂前是平坦的庭院，四周有彼此相连的廊庑。殿堂对面是宫殿的大门。如果复原的话，一座规模宏大、气势庄严的宫殿建筑，巍然屹立，夏王朝的威仪便跃然而出了。

夏人已经懂得开通沟洫、排洪泄涝，掌握了农业生产的灌溉技术。天文知识也日渐丰富，当时已有明确的年、月、日的概念，把一年分为十二个月，以冬至后两个月的孟春之日作为一年的开始。古籍中记载了夏人观测到日食的情景，以及观测到流星雨的记录。

孔子、孟子认为夏商周三代的制度虽有所损益，但也有所继承，夏文明为商周文明奠定了基础。

商朝是青铜文明的鼎盛时期。商王武丁的妇好墓，出土 200 多件青铜礼器、5 件大铜铎、16 件小青铜铃、44 件青铜器具（包括 27 件青铜刀）、4 件青铜镜、1 件青铜勺、130 多件青铜兵器、4 个青铜虎、20 余件其他青铜器，品种之丰富，数量之众多，质地之精美，令人叹为观止。当时的青铜冶炼和铸造工艺已经达到相当纯熟的程度，这种铜和少量锡、铅的合金，比纯铜更加坚实耐用。

青铜器的种类虽然很多，但是它的主体是礼器和兵器，由此折射出青铜器的政治意义大于经济意义。礼器有爵、鼎、彝、盘、盂等，象征器主的身份和等级。兵器有戈、矛、戚、钺等，还有车马的青铜部件和佩饰，都和战争有关，而战争是政治的延续。青铜器常铸有铭文，标明器主的族氏和祭祀对象，记载商王对器主的恩赐，说明器物的用途。从社会学、政治学的角度考察青铜器，它明显扮演着政治权力的角色，用来保障权力和财产的分配方式。青铜文明的意义，也许正在于强化国家政权的机能。

三星堆青铜人像

甲骨文—龟甲与牛骨上的卜辞

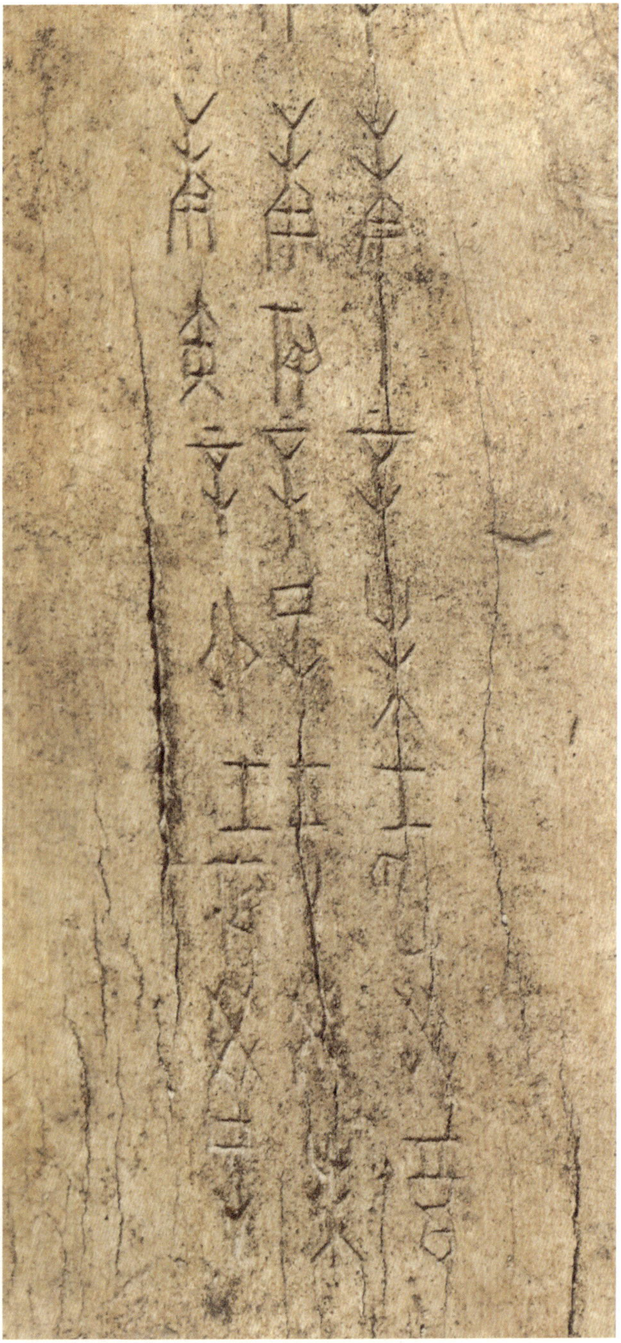

甲骨卜辞中的干支纪年

青铜礼器是王室与贵族特权的体现，因而制作很讲究，上面有精美的浅浮雕花纹，大多是动物纹样，除了自然界存在的动物之外，大量的是神话中的动物，如饕餮（有头无身的吃人怪兽）、肥遗（一头两身的蛇）、夔（一足龙）、虬（有角龙）、龙等。

于是问题来了：当时人制作这些动物纹样究竟有什么意义？张光直在《中国青铜时代》中作这样的推测：神话中的动物功能，是把人的世界与祖先、神灵的世界相互沟通。而青铜礼器是用来举行崇拜和祭祀祖先、神灵仪式的，人与神的沟通就通过它们来进行，体现了器主这样一种意识：沟通神灵，庇佑他们在人世间的权力和财产。《左传》记载楚庄王向王孙满询问鼎的大小轻重，王孙满回答得很妙：关键在于德，而不在于鼎。以前夏朝有德的时代，远近各地把动物绘成图案，九州献来青铜，铸造的铜鼎上面刻画的动物形象，使人民知道，什么是助人的神，什么是害人的奸。人民进入川泽山林，不会遇到魑魅魍魉。因此使天地上下相互协调，人民承受上天的福祉。这段话的精髓，通俗地说，就是：铸造铜鼎的目的在于，透过上面刻画的动物纹样，使人知道那些动物是帮助人的神灵，可以帮助人沟通天地。

20 世纪 80 年代末，三星堆青铜器的出土是考古界的重大发现。三星堆是商朝时期蜀国的都城遗址，大量精美绝伦的青铜器透露出的神秘色彩，令人惊诧莫名。其中一件青铜人像，有真人大小，面部造型逼真，浓眉阔目，高鼻大耳，头冠上有羽毛状饰物，他身穿三层华衣，上有巨龙、拳爪、人面纹及云雷纹图案。至今仍是有待解读之谜。

青铜器主要是礼器与兵器，这并不排斥青铜农具的存在。1989 年江西省新干县发现一座商朝方国诸侯大墓，墓中出土成套青铜农具——铲、耒、耜、犁、镰等，就是一个明证。但是由于青铜器的名贵，青铜农具的实用性是大成问题的，农业生产的工具主要还是先前的木器、石器、蚌器。耕作方法还相当原始，“火耕”是常用的方法——春耕时，放火烧荒，然后用木制的耒耜耕种。甲骨卜辞中“贞焚”、“卜焚”，就是火耕的记录。耒是木制双齿耕具，耜是木柄铲，在木柄上装上石片、骨片，就成为石耜、骨耜。商王很重视农业生产，甲骨卜辞中常有祈求禾、黍、麦、稻获得好收成的记录，也有向上帝、祖先、神灵祈求降雨，得到好年成的记录。

2. 殷墟与甲骨文

夏商周三代与以后的朝代有所不同，一方面它们是三个互相衔接的朝代，另一方面它们又是三个同时并存的集团。在传说中，夏的始祖禹出于黄帝子孙颛顼这一支，而商的始祖契出于黄帝子孙帝喾这一支。按照《史记》的记载，夏商周三代的祖先禹、契、后稷，都在尧、舜的政权机构中服务。由此看来，夏、商、周是平行存在着的三个集团。

商在灭夏之前，早已有了自己轰轰烈烈的历史，即所谓先公先王时代，不过一直臣服于夏。据说，商的始祖契曾追随禹治理洪水，契的后人叫做冥的，还作过夏朝的水官。

商朝建立以前称为早商或先商，从契到汤，传了十四世，与夏朝的存在时间大体相当。汤率领部众推翻了夏朝，建立了商朝，共传十七世、三十一王，将近六百年。

早商时代已经从事农业生产的商集团，还保持着强劲的游移性，从契到汤，他们集体迁移了八次。商朝建立后，依然延续这种传统，都城的多次搬迁，就是一个例证。这种情况到了商王盘庚时代才得以扭转。公元前1300年，盘庚把都城迁到了殷(今河南安阳西北)，进行政治改革，推行商朝建立者汤的政治体制，出现了中兴局面。因此，“盘庚迁殷”成为商朝历史的转折点。《竹书纪年》说，从盘庚迁殷到纣王的覆灭，商朝后半期的二百七十三年中，再也没有迁都。

“盘庚迁殷”的“殷”，这个商后期的都城，对于商朝的历史意义极为深远，以至于后来“商”也称为“殷”，或者称为“殷商”。

殷的地理位置具有经济与军事的优越性。都城沿着洹水而建，既便于水利，也便于防卫。洹水南面是宫殿、宗庙区，以往考古发掘的宫殿、宗庙遗址比较集中于小屯东北。三千多年以后，1928 年至 1937 年，李济、董作宾、梁思永、郭宝钧、石璋如等考古学家对位于安阳小屯村的殷商古都废墟的发掘，再现了昔日都城的盛况。这个遗址被人们叫做“殷墟”。以往对殷墟的发掘集中在洹水南面，上世纪末至本世纪初，考古学家在洹水北面发现了殷商的宫殿群，更新了人们对于殷墟的认识。

1999年6月，中国社会科学院考古研究所安阳考古队向新闻界指出，盘庚迁殷之“殷”有新说。他们在殷墟外围进行发掘，特别在洹水北岸花园庄一带发现了商代遗址，堪称第二个殷墟。这个遗址的时代介于商代早期郑州商城二里冈与商代后期小屯殷墟之间，从夯土建筑基址、青铜器中王室礼器等方面推断，洹北花园庄遗址有可能是盘庚所迁的“殷”。至于小屯殷墟遗址，应当属于商代后期的都城。2002年8月16日《文汇报》用“洹北发现商代宫殿群”的标题报道：一个庞大的商代宫殿群在河南安阳洹水北岸、紧临殷墟的洹北商城被发现，其中已被大部分揭露的1号基址堪称迄今发现的商代的最大宫殿。宫殿基址长173米，宽90米，总面积16000平方米，呈“回”字形结构，中间是开阔的庭院，北面是正殿，东西两面是偏庑、偏殿，南面是南庑和门庭。建筑材料具有当时的特色，精细的夯土，清晰的土坯，精心加工的方形、圆形廊柱，用白灰涂抹的墙壁，用苇束为骨的抹泥屋顶，显现出古朴而威严的气势。该宫殿群的存在证实了发现于1999年的洹北商城是一个重要的商代王都。考古学家称，商代六百年曾迁都五次，在后期都城殷墟之前，有郑州商城、偃师商城等，在这些早商文化与晚商文化之间，一直存在缺失的环节。此次发现的宫殿群，早于代表晚商文化的殷墟，晚于代表早商文化的郑州二里冈，恰好填补了缺失的一环。

因此，我们对于“殷墟”的认识应该有所扩大，除了先前知道的洹水南岸的安阳小屯村以外，还有洹水北岸的安阳花园庄。

殷墟留存的历史信息，价值是无可估量的。中国近代考古学奠基人李济，1960年用英文写的《古代中国文明》指出，从殷墟发掘中人们可以认识到，早在公元前第二千年纪，不仅完成了华北的统一，把新石器时代和青铜时代早期区分为若干部落单位的华北合为一体，而且还有能力吸收来源于南方的许多重要的种族成分。商朝人种植稻米，发展丝织业；进口锡锭、贝壳和龟壳，在王家园林中豢养象、孔雀和犀牛。楚国的祖先曾与这个王朝的宫廷有过接触，有证据表明，商朝的某些题材曾成为楚人祖先文身的内容。四川和南方另一些地区的乐师可能在商朝宫廷乐队参加演奏。以上种种，再加上明显的西伯利亚和蒙古来的北方成分，以及更远地区的西方成分的存在，使安阳成为一个国际性的文化中心，成为青铜时代中期东方的一个极其独特的世界性城市。——李济的这种分析，表面看来似乎带有罗曼蒂克的想象力，其实是有坚实考古资料作支撑的。

殷墟最重要的发现首推甲骨文。自从光绪二十五年(1899 年)甲骨文在河南安阳小屯村发现后，引起了人们广泛的关注。1928 年至 1937 年，先后在殷墟进行了十五次发掘，出土甲骨 10 余万件，共有 4500 字，记录了从盘庚迁殷至商朝灭亡二百七十三年间的历史。这就是中国最早有文字可考的历史。

甲骨文的意义是无与伦比的，它标志着中国历史进入了有文字可考的时代。文字的产生和发展是一个漫长的过程，学者们孜孜不倦地在考古发掘的遗物中探寻中国文字(汉字)的起源。西安半坡遗址出土的陶钵口沿上有二三十种刻画符号，有学者认为是最古老的具有表意作用的文字符号。介于仰韶文化与龙山文化之间的大汶口文化遗址，也发现了一些文字符号。由于这些文字符号的数量太少，难以显现原始文字的全貌。何况，存在或发现一些文字是一回事，这些文字是否足以构成历史记载又是另一回事。人类由史前史进入有文字可考的时代，必须有足够数量的文字，使人们可以通过文字去认识那个时代。

甲骨文的发现解决了这个问题。因此人们有理由说，中国有文字可考的历史开始于公元前 16 世纪，因为这时有了成熟的足够数量的文字——甲骨文。

甲骨文是我们祖先的天才发明，具有不朽的品质和价值，无论怎样赞誉都不嫌过分，至今仍是东亚汉字文化圈的共同财富。从甲骨文的结构来考察，它已经具备了汉字的“六书”规律——象形、指事、假借、形声、会意、转注。

象形，是人类发明文字的最初阶段，“日”、“月”二字取天象，像太阳和月亮的样子；“土”、“田”二字取地理，像土地和田亩的样子；“木”、“禾”二字象征植物枝干，“人”字象征人体，“虫”字象征其博首宛身，“羊”字象征其角屈。

指事，使文字不单表实，而且表意，正如《说文解字》所说：“指事者，视而可识，察而可见。”最明显的例子，就是“上”、“下”二字，以一短划的位置来表示方位。如此等等，不一而足。

假借，在象形、指事的文字不够用时，便“依声托事”，即假借象形字的声音，来表示同音的其他事物或动作的符号，例如甲骨文的“来”字，本来是小麦的名字，后来假借为往来之来。

形声、会意、转注，都是以不同的思路来造字。

把上述方法扩大，或部分采用、近似变形，造就了后世约2万个汉字，成为世界上使用人口最多的文字。黄仁宇在《中国大历史》中说：“这些原则一经推广，今日之汉字为数2万，又经日文与韩文采用，无疑地已是世界上最具影响力的文字之一。它的美术性格也带有诗意，使书写者和观察者同一的运用某种想象力，下至最基本之单位。上海人的沪语发音软如法语，广东人的粤语发音硬如德语，也能用同一文字互相会意。所以这种书写的方式促成中国人文化上的团结，其力量不可权衡。”

甲骨文留下的记录，让我们看到了当时人的社会生活。甲骨卜辞中有日食、月食的记录，表明当时已有比较完善的天文历法知识。有的学者根据甲骨卜辞，复原了《殷历谱》，知道当时把一年分为十二个月，闰年有十三、十四个月不等，小月29日，大月30日，全年平均365.25日。甲骨文疾病的“疾”字，有几种写法，一个像人躺在床上，一个像人躺在床上冒汗，可见当时人已经知道疾病与疾病的治疗。考古发现的医药和医具（外科手术刀）证明了这点。

甲骨文之所以称为卜辞，就表明它与宗教信仰有关。甲骨卜辞中有祈祷仪式、祭祀仪式的记录，反映了当时人的观念中，自然天象具有超自然的神灵，这种神灵对自然现象和人事现象，具有影响乃至控制力量。无怪乎古籍中说，“商人尚鬼”、“先鬼而后礼”，也就是说，他们优先处理与鬼神的关系，而后处理人际关系（礼是处理人际关系的规范）。

3.“制礼作乐”与礼乐文明

周是一个古老的部落，传说中，周的始祖弃做过夏朝的农官，可见它是一个精通农业的部落。相传神农氏的后裔烈山氏之子柱，又名农，能种植五谷，被尊奉为稷神（谷物神）。弃继承了这一传统，教导民众种植庄稼，被后人尊奉为农神后稷。这位周王室建立者的名字——后稷，赋有特别的涵义，“后”表示君王，“稷”表示粟，合在一起便是主宰谷物的农神。

岐山南面的周原，土地肥沃，适宜农耕，古公亶父率领部族再次定居下来，并且自称为周人。到古公亶父的幼子季历即位时，周的国家政权日渐强大，崛起于商朝的西隅。商王文丁为了遏制周的势力，杀死季历。季历之子昌（即后来的周文王），一方面继续臣服于商朝，另一方面积极扩充势力，准备取而代之。这个愿望由他的儿子发（即后来的周武王）实现了。公元前 1046 年，周武王乘胜占领朝歌，宣告商朝灭亡，周朝建立。

周武王是周朝的建立者，可惜不久病逝，代他摄政的周公，为周朝制订了一系列典章制度，在历史上留下了深远的影响。

周公，是周文王之子、周武王之弟，名旦，因采邑（封地）在周，称为周公。周武王逝世前留下遗嘱，由周公继位。为了平息各地的叛乱，周公拥戴周武王的儿子诵为国王（即周成王），自己处于辅佐、摄政的地位。在此期间，周公调动军队东征，平定叛乱，把周朝的政治势力扩展到东方。周公鉴于殷商遗民发动叛乱的教训，认为听任殷商遗民留在原地是危险的，决定营建洛邑（今河南洛阳），把“殷顽民”迁到那里，派军队震慑。从此，周朝有了两个都城：西部的镐京称为“宗周”，东部的洛邑称为“成周”。周公请周成王到新都举行首次祭祀典礼，并开始亲政；继而，周公归政于成王，自己留守于成周。尽管周公在失意中死去，遭到成王不公正的对待，但是周公对于周朝的贡献是难以抹煞的。

汉朝的伏胜《尚书大传》对此概括说：“周公摄政，一年救乱，二年克殷，三年践奄，四年建侯卫，五年营成周，六年制礼作乐，七年致政成王。”在这些政绩中，影响最为深远的是“制礼作乐”，就是令孔子顶礼膜拜、梦牵魂绕的礼乐文明。

孔子讲到“礼”，指出夏商周三代的承袭与变化，特别强调周公的创造性贡献。他说：“周监于二代，郁郁乎文哉，吾从周。”反映了他对周公制礼作乐的崇拜，经常自命为当代的周公。因为他对于春秋时代的“礼崩乐坏”极为不满，他的名言“是可忍也，孰不可忍也”，就是对“礼崩乐坏”的怒吼。

周公制订的礼乐制度，是处理等级社会上下贵贱之间的人际关系的伦理规范。到了春秋时代，诸侯要侵犯天子的权益，不再把这种礼乐制度放在眼里，诸侯僭越自己的身份，用天子之礼；卿大夫僭用诸侯之礼、天子之礼。以祭祀为例，按照周礼的规定，只有天子才能举行郊祭（祭天），诸侯只能祭祀自己封国境内的名山大川。然而鲁国从僖公开始也举行郊祭，俨然以天子自居；地位更低的季氏也举行旅祭（祭泰山）。祭祀用的乐舞，按照规定只有天子才可以用“八佾”（八个行列），诸侯用“六佾”（六个行列），大夫用“四佾”（四个行列）。后来不仅鲁国的诸侯僭用“八佾”，甚至季氏也“八佾舞于庭”了。一切都乱套了。无怪乎孔子要高喊：“是可忍也，孰不可忍也！”

这并非孔子的迂腐。周公“制礼作乐”带来了社会的稳定，“礼崩乐坏”必然带来社会的动乱。俗话说：“没有规矩不能成方圆。”

于是乎怎样评价“礼”和“乐”就成为一个很有意思的问题。

先来分析一下“礼”的本质。“礼”的起源是以贫富分化、等级分化为前提的，反过来“礼”的形成又稳定了贫富分化、等级分化的社会秩序。因此，“礼”并非“礼节”、“礼貌”那么简单。“礼”的本质是“异”，即差异，用来显示社会中各等级之间的差异，也就是说，贵与贱、尊与卑、长与幼、亲与疏的各色人等之间，必须遵守各自的行为规范，用来显示贵贱、尊卑、长幼、亲疏之间的差异，绝对不可混淆：贵者有贵者之礼，贱者有贱者之礼；尊者有尊者之礼，卑者有卑者之礼；长者有长者之礼，幼者有幼者之礼；亲者有亲者之礼，疏者有疏者之礼。这样就形成了君臣、父子、兄弟、夫妇、朋友之间的上下尊卑关系，人人必须遵守，不得有所逾越。如果大家都遵守“礼”，那么这个社会的运行就非常有序了。

周公把“尊礼”看作统治者推行德政的重要内容，也是“小邦周”取代“大邑商”的合法依据。周公要求成王到新都洛邑举行祭祀、即位大典，并且主持政务。在即将还政的时刻，周公语重心长地对成王说：王啊，你开始用“礼”接见诸侯，在新都祭祀文王，这些“礼”是非常有秩序而不紊乱的。如果人民不重视“礼”，那么他们就会轻慢你的号令，使事情错乱。

这种有秩序而不错乱的“礼”，是非常繁琐的，至今仍可以从《礼记》中看到，周礼有五类：吉礼（祭祀礼）、凶礼（丧葬礼）、宾礼（交际礼）、军礼（征战礼）、嘉礼（吉庆礼）。每个贵族从出生到死亡，从人事到祭祀，从日常生活到政治活动，都必须按照与其身份合适的“礼”行事，必须体现社会等级所制约的人际关系。社会的等级体现在“礼”中，使“礼”有了严格的等级差别，以区别不同等级的人之间的贵贱、尊卑、长幼、亲疏差异。如果违背了“礼”，就是“僭越”。所以孔子要说：“非礼勿视，非礼勿听，非礼勿言，非礼勿动。”

一个社会不承认差异，就没有动力。但是一个社会只讲差异，不讲和同，就无法和谐。因此周公在“制礼”的同时又“作乐”，使“礼”与“乐”相辅相成，或者说相反相成。“礼”讲究差异，“乐”则讲究和同。《礼记·乐记》说：“乐者，天地之和也；礼者，天地之序也。和，故百物皆化；序，故群物皆别。乐由天作，礼以地制。”也就是说，社会需要秩序，也需要和谐。“乐”当然是音乐，但是它超越了音乐，带上了浓厚的政治色彩、社会色彩。“乐”的功能按照古人的说法，是通伦理，和天地，养万物，化异同，成天下。讲得通俗一点，就是以音乐激起人们的共鸣情绪——喜怒哀乐，产生同类感，仿佛“四海之内皆兄弟”。

相比较而言，周乐似乎没有周礼的知名度高。其实周乐也是很显赫的，至今在《诗经》“大雅”、“小雅”、“颂”等篇章中，依稀可以看到周乐的影子。周公制作的《大武》乐舞，就是《诗经·周颂》的一部分。据专家考证，《大武》有舞有歌，舞分六场，歌分六章。舞的内容：第一场武王带兵出征，第二场灭亡殷国，第三场征伐南国，第四场平服南国，第五场周公统治东方，第六场班师还朝。他们分别是《诗经·周颂》的“我将”篇、“武”篇、“赉”篇、“般”篇、“酌”篇、“桓”篇。这种由编钟、编磬演奏的雅乐，伴随着舞蹈，出现在政治、宗教仪式中，显示着等级森严的社会还有上下和谐的另一面。

《乐记》说：如果君臣上下一起在宗庙中共同聆听音乐，就可以达到“莫不和敬”的效果；如果同族老小一起在乡里共同聆听音乐，就可以达到“莫不和顺”的效果；如果父子兄弟在家庭中聆听音乐，就可以达到“莫不和亲”的效果。总起来说，“乐”的功能就是使君臣之间、父子之间显得“和合”，万民之间显得“附亲”，增加凝聚力、亲和力。因此“礼”与“乐”，亦即“异”与“同”，两者缺一不可，否则社会就会失衡。《礼记·乐记》说得好：

——“乐者为同，礼者为异。同则相亲，异则相敬”。意思是说，“乐”的和同使人们相互亲爱，“礼”的差异使人们相互尊敬。

——“礼义立则贵贱等矣，乐文同则上下和矣”。意思是说，有了“礼”，贵贱的等级差别就显示出来了；有了“乐”，各色人等上下之间就和谐了。

——“乐至则无怨，礼至则不争”。意思是说，有了讲究和同的“乐”，人们就不会埋怨；有了讲究差异的“礼”，人们就不会相争。

周公实在是一位了不起的政治家，深谙治国之道，既强调差异，又注意和同，“礼”和“乐”不可偏废。一言以蔽之，这就是礼乐文明的精髓。杨向奎《宗周社会与礼乐文明》意味深长地指出：没有周公不会有武王灭殷后的一统天下，没有周公不会有传世的礼乐文明，没有周公就没有儒家的历史渊源。没有儒家，中国传统的文明可能是另一种精神状态。所以孔子要梦见周公，称赞说：“郁郁乎文哉，吾从周。”

“五四”时期，“打倒孔家店”，冲决旧礼教，革命精神可嘉，但在狂热之中全盘否定传统的礼乐文明，无论如何是形而上学的、缺乏历史主义的态度。

4. 解读“封建”的本意

周朝建立以后，为了稳定新征服的地区，实行大规模的“封建”。所谓“封建”，其本意是“封邦建国”。“封”的意思是累土，在两个部族交界处，垒起土堆作为标识，称为“封”。“邦”的意思是指疆界所至之地，与“国”的意思不同，当时所谓“国”，多指诸侯的都城而言。

周朝一共封建了七十一国，其中少数是异姓诸侯，多数是周王室的同姓（姬姓）诸侯，目的是“封建亲戚，以藩屏周”——由王室亲戚转化而来的同姓诸侯构筑一道屏障，捍卫周天子（周王）作为天下共主的权威。

“封邦建国”既是巩固和扩大周朝统治的手段，又是贵族内部权力与财产再分配的方式。因此在封建七十一个诸侯之中，同姓（姬姓）诸侯占了五十三个之多，便不难理解了。但是为了稳定大局，也封建了十八个异姓诸侯，目的是安抚这些有功或有传统势力的异姓贵族，并且利用他们作为同姓诸侯的外围屏障，控制戎狄蛮夷部族，扩大周朝的统治疆域。

既然“封建”是权力与财产的再分配，它必须符合“礼”的规范。根据《孟子》、《管子》的说法，天子（王）的封土是“方千里”，公、侯的封土是“方百里”，伯的封土是“方七十里”，子、男则是“方五十里”，不满五十里的便是

"附庸"。当然,具体实施时,数字未必如此精确,公、侯、伯、子、男之间有严格的等级差异,则是肯定的,正如《孟子》所说:"天子之地方千里,不千里,不足以待诸侯。诸侯之地方百里,不百里,不足以守宗庙之典籍。"

周天子封建诸侯有一套隆重的"策命礼",以显示天子(王)与诸侯邦国的关系。在太庙进行的策命礼仪,首先由天子向诸侯授予册封文书,然后由主管国土和人民的大臣向诸侯"授土"、"授民",意味着把一方土地以及土地上的人民分封给了诸侯,周天子通过诸侯对那些地区实行间接的统治。天子(王)与诸侯的关系,同后世的皇帝与封疆大吏的关系,截然不同。周天子的权力不过是对诸侯国进行巡狩、赏罚,诸侯的义务不过是向周天子述职、缴纳象征性的贡赋;当诸侯国受到外来侵略或发生内讧时,周天子要给予保护或调解。

"封建"是层层进行的,诸侯还会把土地和人民分别授予卿、大夫。周天子把土地和人民授予诸侯,叫做"建国";诸侯把土地和人民授予卿、大夫,叫做"立家"。这样就构成了金字塔形状的封建体制:金字塔顶端是天子(王),第二层是几十个诸侯,第三层是数量较多的卿、大夫,第四层是数量更多的下层贵族——士,最低层是数量庞大的庶民。就天子和姬姓诸侯这一系统而言,封建和宗法有着密切的关系。周天子既是政治上的共主(国王),又是天下同姓(姬姓)的大宗。政治上的共主和血缘上的大宗,紧密结合,成为"封建"的精髓;或者说,周天子(周王)把封建制度与家族关系结合起来,把政治领袖与家族首脑合而为一。

政治和血缘的结合,看似牢不可破,其实不然。既然周天子授土授民给诸侯叫做"建国",诸侯授土授民给卿、大夫叫做"立家",那么对于卿、大夫、士而言,就有"国"和"家"的对立,只知效忠于"家",而不知效忠于"国"。对于诸侯而言,只关心自己的"国",而不关心周天子的"天下"。这种离心力,是封建制度的致命弱点,春秋战国时期的争霸与兼并,充分证明了这一点。许倬云《中国古代社会史论》说:"春秋的诸侯国不是一个纯粹的政治机构。国家就像一个放大了的家庭,国君君临天下但并不治民。"这在现今人们看来是不可思议的事,在当时却习以为常,也许这就是"封建"的特点。

西方学者认为,周朝建立以后的四五个世纪,与欧洲的 feudalism 时代十分相似,或者说,周朝的封建制度与欧洲中世纪的 feudal system 十分相似。在欧洲中世纪，君主赏赐给臣属的土地叫做采邑，接受采邑的贵族必须对君主尽一定的义务——主要是服兵役。一些贵族也层层分封土地，形成封建等级制度。国王居于金字塔的顶层，以下是公爵、侯爵、伯爵，再下面是子爵、男爵，骑士位于低层，以下是底层民众。

欧洲中世纪的这种 feudal system 或 feudalism，近代日本学者在翻译时，借用周朝的"封建"一词，译作封建制度、封建主义，应该说是形神兼备的翻译。如果认真加以比较，与欧洲 feudalism 时代相似的，只有周朝建立以后的四五个世纪。秦始皇废封建置郡县，秦以后的中国很难说是 feudalism 时代。对此，前辈学者早就有所论述。

吕思勉《中国制度史》在论述古代中国的"国体"时，把它划分为三个时代：(一)部落时代，(二)封建时代，(三)郡县时代。他认为，秦朝以后，由封建时代进入郡县时代，也就是中央集权的帝国时代；此后虽然出现了"封建的四次反动"，因为不合时宜，都以失败而告终。这种立论，既是从"封建"的本意出发，也是对国体特征的一种判断。

现代中国史学的奠基人顾颉刚与傅斯年也探讨过这个问题。1926 年 11 月 18 日，顾颉刚写信向傅斯年请教一个"疑难问题"："在《论语》上看，孔子只是旧文化的继续者，而非新时代的开创者。但秦汉以后是一新时代，何以孔子竟成了这个时代的中心人物？用唯物史观来看孔子学说，他的思想乃是封建社会的产物。秦汉以下不是封建社会了，何以他的学说竟会支配得这样长久？"对于顾氏"用唯物史观"得出的结论："秦汉以下不是封建社会"，傅氏是深表赞同的，他在回信中对"封建"的含义作了分析："封建一个名词之下，有甚多不同的含义。西周的封建，是开国殖民，所以封建是一种特殊的社会组织。西汉的封建是割裂郡县，所以这时所谓封建但是一个地理上之名词而已……封建社会之灭，由于十二国七国之兼并，秦只是把六国灭了罢了。封建社会制早已亡，不待秦……封建之为一种社会组织，是在战国废的，不是在秦废的。"两位大师的书信往还，看似闲聊，其实是在探讨一个十分复杂的学术问题。

明白了这些背景，再来看黄仁宇的观点，就不会感到突兀了。黄氏在《放宽历史的视界》中，分析"中国的封建制度只有古代商周间的一段"时，如此写道："很多现代中国的作者，称之为'封建社会'，并且以此将它与欧洲的 feudal system 相比拟，其结果总是尴尬。欧洲之 feudal system 被称为 feudalism，起源于法国大革命之后，当时作者以此名词综合叙述中世纪一般政治及社会特征，并未赋予历史上的意义……征之中国传统文献，'封建'也与'郡县'相对，所以将汉唐宋明清的大帝国、中央集权、文人执政、土地可以买卖、社会流动性大的郡县制度称为封建，更比拟为欧洲的 feudal system，就把写历史的大前提弄错了。"黄氏的《万历十五年》中文本自序，也有类似意见："今天通用的'封建'一词，是日本学者在一百年前从 feudal system 翻译过来的。其实，中国的官僚政治，与欧洲的 feudal system 差别很大。当时译者对中国明清社会的详情并不了解，而欧洲的 feudal system 也只是在近三四十年来，经多数学者的苦心研究，才真相大白。本书的英文本论述明代社会，避免了 feudal system 的字样，在中文本中也不再用'封建'一词来概括明代的政治与经济。"

这些大师的意见是值得当今人们深长思之的，嗤之以鼻或者乱扣帽子是不能解决问题的。

封建的本质是分土分民，与它相联系的，必然是领主式的土地关系，具体表现为农村公社的井田制度。

西周时代的"邑"、"里"，就是农村公社。邑、里奉祀社神的地方称为"社"，于是邑、里也称为"社"。它们又与井田相关联，《周礼》说："九夫为井，四井为邑。"

关于井田最权威的记载是《孟子》。孟子生活的时代，井田已经分崩离析，这使他耿耿于怀。当一些国君向他征求治国方略时，他总是说，要施仁政，而"仁政必自经界始"——仁政的第一步就是恢复井田制度。根据孟子的说法，井田制度是这样的："方里而井，井九百亩，其中为公田，八家皆私百亩，同养公田，公事毕，然后敢治私事。"农田划分为整齐的棋盘状的九块，每一块一百亩，八家农民必须优先共同耕种中间的公田，然后才可以耕种自家的一百亩份田。由于每家农民耕种同等数量的份田，所以过着没有什么差别的生活。这当然是后世儒家对于井田制度的理想化描述。

农民替领主代耕"公田"，作为交换的代价，就是可以把自己那块份地的收获归于自己。这种方式当时叫做"藉"或"助"。《春秋》鲁宣公十五年"初税亩"，左氏、穀梁、公羊三家的注释都说，在此之前没有"税亩"(征收土地税）这种方式，而是“藉而不税”。所谓“藉”，就是“借民力而耕公田”。由于这种方式影响了农民的积极性，在公田上出工不出力，因此公田的产量大大不如私田（份地）。周宣王即位后，宣布“不藉千亩”，井田制度终于走到了它的尽头。后来商鞅变法，废除井田制度，是顺应历史潮流之举，它是与郡县制取代封建制同步的。

但是事物的发展并非一帆风顺，时时出现反动。正如吕思勉所说，秦以后由封建时代进入郡县时代，此后出现了“封建的四次反动”。第一次是项羽，企图复辟六国贵族的封建制度，结果自取灭亡。第二次是建立汉朝的刘邦，在继承秦朝中央集权的郡县制的同时，以封建制作为补充，封建刘氏宗室为同姓诸侯，以为可以成为帝国的屏障，结果适得其反，引来了吴楚七国之乱。平定叛乱之后，汉景帝与汉武帝采取种种措施，限制诸侯王国的权力，使得封建制度名存实亡。第三次是晋武帝司马炎，为了确保篡夺而来的司马氏政权，把二十七个司马氏宗室封建为诸侯王。结果导致一场持续十六年之久的八王之乱，随之而来的是西晋王朝的瓦解。第四次是建立明朝的朱元璋，把他的二十几个儿子封建为藩王，建文帝为了加强中央集权，准备削藩，却招来燕王朱棣的武装反叛，即所谓“靖难之役”。朱棣作为藩王时反对“削藩”，成为皇帝（明成祖）以后，大力“削藩”，所以后来的藩王与先秦的诸侯是不可同日而语的。可见封建制度早已不合时宜，与帝国的郡县制度格格不入。

井田制度也有过几次反动。井田废除以后，小农经济蓬勃发展，由于土地私有伴随的买卖、兼并，带来了贫富两极分化。首先发难的是儒家公羊学大师董仲舒，他认为“富者田连阡陌，贫者无立锥之地”，是商鞅废除井田制度造成的；解决这一社会问题的药方，就是恢复井田制度。鉴于井田制度难以恢复，他提出一个折中方案——“限田”，目的在于“塞兼并之路”。但是没有能够付诸实施，因为过于理想主义，根本无法操作。后来的王莽重弹董仲舒的老调，凭借手中的权力，颁布王田令，强行实施土地国有化，恢复井田制度，结果以彻底失败而告终。但是，这并未使后世政治家、思想家引以为戒。被誉为“中国十一世纪改革家”的王安石，对井田制度也推崇备至，主张模仿王莽，恢复井田。新儒学大师朱熹也主张恢复井田，说：“而今要行井田，索性火急做。”连民主革命先行者孙中山也认为，“井田制的道理和平均地权的用意是一样的"，"像周朝所实行的井田制度，汉朝王莽想行的井田方法，宋朝王安石所行的新法，都是民生主义的事实"。

议论归议论，井田制度在历史上再也没有重新出现，是不争的事实。回顾这样的历史，实在是耐人寻味的。

【第三讲】

老子、孔子与诸子百家

孔子不仕退修诗书图

美国学者伯恩斯和拉尔夫合编的《世界文明史》常有一些真知灼见，例如他们说："由于一些无法解释的原因——或许仅仅由于巧合——在古代世界的三个相隔很远的地区，在大约同一时候都开展着高度的哲学活动。当希腊人正在探讨物质世界的性质、印度思想家正在思考灵魂和神的关系时，中国的圣人正试图去发现人类社会和贤明政治的根本区别。"他们还指出："中国的思想家对自然科学和玄学都没有多少兴趣，他们提供讨论的哲学是社会的、政治的和伦理的。从规劝和改良的语气来看，这种哲学无疑反映了一个屡起冲突、政治混乱的时期……哲学家们在晚周时期大动乱的形势下，力图提出稳定社会和安抚人心的原则。"这种极富思辨色彩的评述，对于理解中国传统思想，理解老子与道家、孔子与儒家，是颇有启发意义的。

春秋时代社会剧烈变动，《诗经·十月》用这样八个字——"高岸为谷，深谷为陵"，来形容这个时代翻天覆地的变化，原先高高在上的忽然跌落到谷底，原先在谷底深处的忽然跃升至峰巅。西周时代等级森严的"封建"秩序，早已荡然无存。《左传》昭公三十二年（公元前510年），史墨对赵简子说"社稷无常奉，君臣无常位"的形势时，特别强调"《诗》曰'高岸为谷，深谷为陵'"，以期加深语气。在争权夺利之中，社会弊端暴露无遗。思想家们力图提出稳定秩序和安抚人心的道理，出于对现实的不满，更加流露出对"大同之世"的怀念，于是，复古与怀旧成为一股思潮。

1. 老子与《道德经》、道家

老子即老聃，姓李名耳，楚国人。他曾经担任周朝的史官——"守藏室之史"，负责管理藏书，因此见闻广博，熟悉典章制度。据说孔子还屈尊向他请教"周礼"，可见他是一个很有学问的人。由于对时局丧失信心，对世事感到厌倦，他便西行出关，到西部山中寻求清静解脱。

他应关令尹之请，把他的思想写成《道德经》（即《老子》）。这篇文字简略含义晦涩的文章，充满了神秘的色彩。开篇第一句话就令人费解："道可道，非常道。名可名，非常名。"——凡是可以言说出来的道，不是亘古不变的道；凡是可以标注出来的名，不是亘古不变的名。他不但把"道"说得尽善尽美，而且把远古先民的原始生活理想化。他认为，用结绳记事而不是用文字，那种极乐无知的生活远比现在美好。他针对当时社会变革的"有为"，鼓吹"无为"，即无所作为。他认为任何社会进步都会招致祸乱，生产发展会增长人们的贪欲，而贪欲是争斗的根源；文化提高会增长人们的智慧，而智慧是争斗的工具。因此他主张回到没有文明的时代，回到浑浑噩噩的"小国寡民"世界，回到"老死不相往来"的"无为"状态。这显然是一种对现实绝望的复古主义。

胡适 1954 年在台湾大学演讲，认为老子提倡的是"无政府主义"。他说，老子主张"天道"，就是"无为而无不为"。老子认为用不着政府；如其有政府，最好是无为、放任、不干涉，这是一种无政府主义的政治理想；有政府等于没有政府；如果非要有政府不可，就是无为而治。显然，老子对于当时的政府很不满意，所以说了这样的话："民之饥，以其上食税之多，是以饥；民之难治，以其上之有为，是以难治。"意思是说，人民之所以饥饿，是因为政府征税太多；人民之所以难统治，是因为政府太想有所作为。

令人惊叹的是，这种消极无为的思想，用一种充满哲学思辨的方式陈述出来，闪烁着炫目的火花。他指出，世上的万事万物都是对立统一的，如正与奇、福与祸、刚与柔、强与弱、多与少、上与下、先与后、实与虚、智与愚、巧与拙。矛盾的双方是对立的，也是可以互相转化的，这就是所谓"有无相生，难易相成，长短相形，高下相盈"，也就是所谓"祸兮福之所倚，福兮祸之所伏"。

西方哲学的热门话题："世界从何而来？"老子的《道德经》有这样精彩的解答："天下万物生于有，有生于无"；"道生一，一生二，二生三，三生万物。"在老子看来，"无"比"有"更加根本，"无"是天下万物的根源，"无"就是他反复论述的"道"。

老子说："有物浑成，先天地生。寂兮寥兮，独立而不改，周行而不殆，可以为天下母。"——有一种在天地之前生成的东西，它寂然不动，寥然空虚;它独一无二,自古至今不改变,流行于万物而不倦怠;它产生天下一切,可以做天下一切之母。这就是“道”。被他阐述得如此深奥莫测的“道”,给中国传统文化带来深远影响,因此后人把他创立的学派称为道家。

比老子晚200年的庄子,发挥老子的思想,后人并称他们为“老庄”,成为道家的二巨头。庄子,名周,在宋国做过漆园吏,拒绝楚庄王的聘请,过着隐居生活。他把老子的深奥哲理用生动的寓言表述出来,率性、适已、汪洋恣肆。他认为,“道”是宇宙万物之源,世上本无事物,由道派生出天地、帝王,派生出一切事物,以及它们的真伪是非。“彼亦一是非,此亦一是非”,世俗的见解,如儒家、墨家所宣扬的是非,都只是相对的是非,相对的是非不能作为绝对判断的标准。“道”是变幻不定的,分什么彼此,分什么是非?不如浑浑沌沌,一切听其自然。这是一种逃避现实的消极思想,主张无已、无名、无功,甚至忘记自身的存在,达到与天地万物浑然一体的境界,也就是“天地与我并生,而万物与我为一”的“无差别境界”。

具体到对于历史的看法,庄子和老子一样,都有一种今不如昔的史观。庄子说:黄帝治理天下,“使民心一”;尧治理天下,“使民心亲”;舜治理天下,“使民心竞”;禹治理天下,“使民心变”,结果导致“天下大骇”。在他看来,夏禹时代显然比不上黄帝时代,也比不上尧舜时代。

不过庄子自有他的魅力,道家学说的相对性、神秘性,在他那里得到淋漓尽致的发挥。最让人津津乐道的例子是,庄子梦为蝴蝶,醒来后,竟然不知自已是梦为蝴蝶的庄子,还是梦为庄子的蝴蝶?

请看庄子的名言:

——适来,夫子时也;适去,夫子顺也。安时而处顺,哀乐不能入也。(该来之时,人们应时而生;该去之时,人们顺理逝去。人们的生死顺时应势,就不会因此而忽喜忽悲。)

——天无为以之清,地无为以之宁。(天无所作为才清高,地无所作为才宁静。)

——予恶乎知说生之非惑邪?予恶乎知恶死之非弱丧而不知归者邪?……人生天地间,若白驹过隙,忽然而已。(我哪里懂得贪生不是迷惑呢?我哪里懂得畏死不如后生之视死如归呢?……人生活在天地之间,就像白马飞驰着越过一条缝隙,转瞬即逝。)

道家的创始人老子，后来被道教推崇为教主，因此，后世把道家与道教混为一谈。其实，两者之间不啻天壤之别。

2. 孔子与儒、儒家

孔子是儒家的创始人，但是，“儒”或“儒者”早在孔子之前就已存在。根据许慎《说文解字》的解释，“儒”的本义是柔，是“术士之称”。“儒”原本是一种拥有某些技能的术士，并没有后来那么光芒四射、令人敬仰。根据墨子的说法，“儒”这种术士，不过是专门操办红白喜事的专家而已。墨子说，“儒者”特重礼仪、声乐，善于操办丧事，但是他们有一套与繁杂仪式相关的学问，自视甚高，不从流俗。看来“儒”的社会地位并不高，只是有点学问，处世显得有点特立独行。

孔子自己谈起“儒”或“儒行”来，就美化多了。他在回答鲁哀公关于什么是“儒”或“儒行”时，一口气列举了十六种“儒行”，例如：儒者有宴席上的美酒佳肴等待别人聘请，有刻苦治学得来的学问等待别人咨询，有忠诚信义这样的美德等待别人举荐，有身体力行的精神等待别人录取等等。孔子总结说，所谓“儒者”，不会因为处境困苦贫贱而灰心丧志，不会因为富贵而得意忘形，不会蒙蔽君王，不会连累长辈，不会使官员糊涂，因为有这样的美德，所以才叫做“儒”。

冯友兰《原儒墨》说得好：“儒家与儒两名，并不是同一的意义。儒指以教书相礼等为职业之一种人，儒家指先秦诸子中的一学派。儒为儒家所自出，儒家之人或亦仍操儒之职业，但两者并不是一回事”；“孔子不是儒之创始者，但乃是儒家的创始者”。

孔子名丘，字仲尼，生活在约公元前551年至公元前479年之间。他祖上原是宋国贵族，因内讧逃到鲁国。孔子自称“吾少也贱”，那意思是说，他少年时家境贫寒，出身微贱。不过另一层意思他自己不好意思说出来：他是个私生子。司马迁在《史记》中说，孔子的父亲叔梁纥六十四岁时与颜家少女“野合而生孔子”。所谓“野合”，按照古人的理解，就是“男女苟合”，“野合而生”当然是非婚生子无疑。以往的儒生都自认为孔门弟子，本着为尊者讳的立场，百般否认这点，其实是大可不必的。

孔子二十岁当上了鲁国贵族季氏的家臣，担任管理仓库、牛羊的小差使。他受过良好的传统武士教育，熟悉礼、乐、射、御、书、数六艺，从小就从事儒者的职业活动——祭祀礼仪，又善于射箭、驾车，孔武有力，并不是一个文弱书生。由于他精通六艺，三十岁就开始招收学生讲学。其间只有短暂的三年时间担任鲁国的官职：司空（掌管工程）、大司寇（掌管刑狱），其余时间都在从事教育。然而孔子本人却十分热衷于政治，总想当官，可是政见不合时宜，总是蹉跎困顿，怀才不遇。于是，他把郁积于心中的政见通过讲学的途径，尽情地抒发出来。他的学生把它记录整理成书，那就是影响中国政治二千年的《论语》。

孔子为儒家构建了一个体大思精的政治伦理体系，具有普遍的永恒的价值，影响之深远，是中国任何一个学派或思想家无法望其项背的。

孔子主张“仁”，“仁者爱人”，是他的思想核心。“克己复礼为仁”，是他的政治理想；“己所不欲，勿施于人”，是处理人际关系的准则；“节用而爱人，使民以时”，是对执政者的要求。在孔子看来，“仁”应该是“礼”的基础，应该把“仁”注入“礼”，“礼”才能永葆活力。孔子生活的鲁国，保存了西周的典章制度，“礼”与“乐”有着深厚的土壤。他崇拜“制礼作乐”的周公，自命为当代周公，十分景仰西周的礼乐文明，对当时“礼崩乐坏”现象十分不满。齐景公向他请教执政的要旨时，他回答：“君君，臣臣，父父，子子。”强调维持贵贱尊卑等级的“礼”，来抨击破坏礼制夺取政权的田氏。晋国推行法治，铸造刑鼎，他反对说：晋国要灭亡了，因为它丧失了治国的度了。

这个“度”，就是周礼的贵贱有序，晋国铸造刑鼎，依法治国，就是“贵贱无序”。鲁国的贵族季氏使用周天子的乐舞，他认为是“僭越”。季氏征收土地税（田赋），他认为违反了“周公之典”，因为井田制是“藉而不税”的。这种捍卫礼乐文明的向后看的政治观点和思想方法，渗透了怀旧的保守主义，成为后世儒家坚信不二的教条。

孔子主张学生要学社会、学历史，所以他说自己“述而不作，信而好古”。近则夏商周三代，远至大同之世，无所不学。他整理的《诗》、《书》、《礼》、《乐》、《易》、《春秋》，既是他学历史的凭借，又是孔门讲学的教材，成为后世的儒家经典——“六经”，成为中国传统文化的核心内容。

春秋晚期出现的私学（与官学相对而言），为统治者培养政治家、战略家，孔子办学，为出身寒微的人才开辟一条从政之路，或许可以说是孔子最为了不起的成就。胡适说："孔子是了不得的教育家"，"他提出的教育哲学可以说是民主、自由的教育哲学，将人看作是平等的"。那就是"有教无类"，而且教育的目标是"安人"、"安百姓"，把教育个人与社会贯连起来。教育的目标不是为自己自私自利，不是为升官发财，而是为"安人"、"安百姓"，也就是后来儒家之书《大学》里所说的"齐家"、"治国"、"平天下"。因为有这个使命，受教育的人，尤其是士大夫阶级，格外有一种尊严，愿意"杀身以成仁"。

孔子死后，他的弟子出于对他的道德学问的敬仰，以各种方式把它发扬光大，曾子、子思、孟子的著作《大学》、《中庸》、《孟子》，分别发挥了孔子在《论语》中提出的政治伦理。这就是被后世学者奉为儒家经典的"四书"。

孟子被誉为"亚圣"，其地位仅次于"圣人"孔子。孟子（公元前390—公元前305年），名轲，是孔子的孙子（子思）的再传弟子，后人把子思与孟子称为"思孟学派"。他生活在中国历史上最不安定的战国时代，他在游说中向各国君主提出的治国方略，极具雄辩力量和理想色彩。由于当时各国都在谋求富国强兵之道，密切关注相互间攻伐的胜负，孟子仍一味大谈夏商周三代的德政，几乎得不到任何当权者的响应。梁惠王听了他的游说，以为他太迂阔——"迂远而阔于事情"。齐宣王听了他关于用"仁术"、"恒产"之类"王道"来统一天下的理论，先是笑而不答，继而勃然变色，"王顾左右而言他"。孟子主张效法先王，实行王道——仁政，这种仁政是以夏商周三代为楷模的。他在游说滕文公时，大谈"仁政必自经界始"——仁政应该从恢复西周的井田制着手，因为井田制下人人都有一块份地，贫富分化不甚显著，这是仁政的基础。时代变化了，继续兜售这套仁政，当然是徒劳的。

其实，当时的梁惠王、齐宣王都想倚重他，利用他的学术声望，来扩大自己的政治势力。如果孟子能够放弃那套迂阔理论，稍加迁就，那么立刻就可以成为卿相。一个布衣学者，发表一番意见，便可以改变一国之命运，也可以使自己飞黄腾达。然而孟子并没有迁就，当然也没有腾达，这使后世知识分子感慨不已。明白了这一点，便可了解传统中国的知识分子，何以始终瞧不起天文历算医药音乐这一类知识，以为是雕虫小技，不肯潜心研究，因为他们有更大的追求——治国平天下。

孔子和孟子的学说，在当时并不时兴，没有成为官方钦定的御用学说，实在是一个值得注意的现象。美国学者罗兹·墨菲(Rhoads Murphey)在《亚洲史》中说，孔子成了教育家，偶尔到一些地方统治者那里当顾问。他从无固定正式职务，也没有实际的政治权势。他像柏拉图那样想找一个可能按照他的建议行事的统治者，但他也像柏拉图那样始终未能找到。他的一些学生成了他的追随者，尽管从未像柏拉图学园那样组织起来。他死后的最著名追随者和学说注释人是孟子。孔子和孟子活在纷乱的春秋战国时代，他们想通过个人道德修养来恢复秩序和社会和谐，这一点与佛教和耆那教的起源背景颇为相似。

这种情况，到了汉武帝时代才发生变化，那就是"罢黜百家，独尊儒术"，使得孔子、孟子的儒家学说获得了唯我独尊的地位。

确实，把孔子、孟子奉为宗师的后世儒生，莫不以"格物、致知、正心、诚意、修身、齐家、治国、平天下"作为追求的理想境界，尽管能够进入理想境界的人微乎其微，人们依然乐此不疲。儒家思想的魅力，不能不令人叹为观止啊！

3. 墨家与法家

西汉初的司马谈把诸子百家概括为阴阳、儒、墨、名、法、道德等六家，西汉末的刘歆则把诸子百家概括为儒、墨、道、名、法、阴阳、农、纵横、杂、小说等十家。这十家中，讲文学的小说家，讲合纵连横的纵横家，讲君民并耕和农业技术的农家，讲各派学说综合的杂家，讲名、实关系与逻辑的名家，讲阴阳五行的阴阳家，其影响远远不如儒、道、墨、法四家。儒、道二家已如上述，下面再介绍墨、法二家。

墨家和儒家当时都号称显学，儒、墨显学之争是百家争鸣的发端。

墨家的创始人墨子，名翟，宋国人，长期居住于鲁国。他出身贫贱，生活俭朴，所谓"量腹而食，度身而衣"，与孔子"食不厌精，脍不厌细"的态度截然不同。鲁国是儒家的基地，墨翟最初追随孔门弟子学习儒家学说，后来反戈一击，批判儒家，另外创立墨家。

墨子提出十大主张：兼爱、非攻、尚贤、尚同、尊天、事鬼、非乐、非命、节用、节葬。墨家主张兼相爱，反对儒家的爱有差等；主张交相利，反对儒家的罕言利；主张非命论，反对儒家的天命论；主张事神鬼，反对儒家的不事神鬼；主张节葬，反对儒家的厚葬；主张非乐，反对儒家的礼乐。

他的"非命"、"非乐"，旨在强调人力的作用，在动乱的社会中，"赖其力者生，不赖其力者不生"；"强必饱，不强必饥"，不能听天由命。

他的"尚贤"——任人唯贤，主张选拔贤人来治国，所谓贤人，是不分贫富、贵贱、远近、亲疏，即使是农夫与工匠，如果有才能，也可以举荐。这样，就可以做到"官无常贵，而民无终贱"——官僚不可能永远位居显贵，人民不可能始终地位低贱。

他认为社会动乱的原因在于人与人之间不能互爱互利，因此提倡"兼相爱，交相利"，以缓和冲突。由"兼爱"发展到"非攻"，认为攻人之国最为不义。在这一点上，墨家与儒家是有共同语言的。孟子就对各国以富国强兵为目的的变法表示强烈反对，说他们是"暴君污吏"，高唱"善战者服上刑，连诸侯者次之"。

值得注意的是，儒墨显学最终分道扬镳，儒家日趋显赫，而墨家却日渐销声匿迹。原因何在？学者们给出了两种解释。

其一是，墨子不仅是思想家，也是科学家，他的门徒在数学、物理学、医学、逻辑学方面都有所建树。后期墨家走向独树一帜的道路，放弃政治，埋首于科学，取得了卓越的成绩，却淡出了人们的视线。墨家从此不再具有显学的地位，而日趋衰微。道理很简单，它已逐渐远离知识分子关注的焦点——治国平天下，理所当然地被人们淡忘、冷落。

其二是，墨家与儒家合流，墨学被儒学所吸收。蒙文通《论墨学源流与儒墨汇合》指出，儒家、墨家同为鲁人之学，"六经"是儒家、墨家共有的经典。墨家以极端平等思想，摧破周秦的贵族政治，从此，"墨家之要义，一变而为儒家之大经；自取墨以为儒，而儒之宏卓为不可及也；非入汉而墨翟之学失其传，殆墨学之精入于儒，而儒遂独尊于百世也"。

法家的命运并非如此，始终与儒家并驾齐驱，历代统治者都是"王道"与"霸道"两手并用，或者说是"儒表法里"——儒家理论的表面掩盖着法家理论的实际，因此法家对中国历史的影响是深远的。

法家的创始人李悝，被魏文侯任命为相国，主张以法治国，进行变法。他编成中国第一部系统的法典——《法经》，共分六编：盗法（针对侵犯私有财产），贼法（针对侵犯人身），囚法（用于断狱），捕法（用于捕亡），杂法（用于惩罚越城、赌博、欺诈、不廉、淫侈等未发行为），具法（根据具体情况加重或减轻刑罚的规定）。《法经》的本意是以法治来保障魏国的变法有序地进行，然而它的影响超越了魏国。商鞅从魏国进入秦国，帮助秦孝公变法，便是遵循《法经》行事的。以后的《秦律》、《汉律》都是在《法经》的基础上逐步扩充而成的。

齐国稷下道家的代表人物，与宋钘、尹文、田骈齐名的慎到，主张国君“无为而治”，同时极力提倡法治，尤其讲求“势”，用权势制服臣民。慎到已经不是道家，而是从道家分化出来的法家。

慎到讲究“势”，申不害则讲究“术”。申不害被韩昭侯任命为相国，进行变法，使韩国社会安定、国力强盛。申不害的法治，强调“术”——“因任而授官，循名而责实”。君主应该加强对臣下的监督、考核，掌握生杀奖惩之权。

这样，法家就有三派：“任法”一派以商鞅为代表，讲究法律和赏罚的执行；“用术”一派以申不害为代表，讲究对官吏选拔、监督、赏罚、驾驭的方法；“重势”一派以慎到为代表，讲究运用国君的权势，保持国君的地位。

韩非认为，他们各有欠缺。秦用商鞅之“法”，国富兵强，但“无术以知奸”，因而秦强盛数十年而“不至于帝王”。韩昭侯用申不害之“术”，但法令不统一，使奸臣有机可乘，韩国“不至于霸王”。因此，韩非主张取长补短，把“法”、“术”、“势”三者结合为一体，并由此制订出治国方略。首先，要加强中央集权——“事在四方，要在中央。圣人执要，四方来效”。其次，必须用“术”——“因任而授官，循名而责实，操杀生之柄，课群臣之能”，才能剪除私门势力，选拔法术之士。再次，以法为教，以吏为师，禁止私学。

韩非是法家的集大成者。他是韩国的贵族，多次上书劝谏韩王，未被采纳。而秦王政（即后来的秦始皇）读到他的《孤愤》、《五蠹》等文章，却极为赞赏。公元前234年，他作为韩国使节出使秦国，向秦王提交《存韩书》，希望秦国不要兼并韩国。这显然与既定的国策——扫灭六国、统一天下——是相悖的。秦王政把韩非的《存韩书》交给丞相李斯去处理。李斯与韩非都是荀子的学生，在以法治国这点上有着共识，但是李斯对韩非入秦势必影响自己的仕途有所顾忌，于是出于妒忌而杀死韩非。这实在是一场历史的误会。韩非虽死，他的理论却成了秦的官学。

4. 士与百家争鸣

如果要深入追究的话，百家争鸣局面的出现，与士的演变有很大的关系。

士，起源很早，经过长期的演变，到了西周已经形成一个庞大的阶层，属于贵族的最低阶层，拥有一定数量的“食田”，受过六艺（即礼、乐、射、御、书、数）教育，能文能武，战时可以充当下级军官，平时可以作为卿大夫的家臣。春秋战国之际，士这个阶层发生了分化，既没有了“食田”，又没有了原先的职守，成为传授知识的教师，或者主持宗教仪式的赞礼人。于是，士逐渐成为知识分子的通称。

当时的大气候、小气候都为学派的蓬勃发展和竞争提供了有利条件。官学的垄断局面被打破，私学兴起，聚徒讲学成为一时风尚，著名学者都在那里聚徒讲学。士这个知识分子群体，也把追随名师作为进入仕途的门径。由于士的活动能量相当可观，各国有权势的大臣都私家养士，培植学派，为自己制造舆论。当时的名人，诸如齐国的孟尝君田文、赵国的平原君赵胜、魏国的信陵君魏无忌、楚国的春申君黄歇、秦国的文信侯吕不韦，门下食客（即私家养士）动辄几千人。这些作为食客的士，各为其主，出谋划策，奔走游说，著书立说，势必形成各学派之间的互相诘难、辩论，成为百家争鸣的另一个侧面。

日本前辈史家内藤湖南在《中国上古史》中，把这种士称为“游士”，他认为，战国是一个游士活跃的时代，是一个游士以一家之学为列国所用并且有所成效的时代。这一时代的游士，与孔子之前的子产和晏子作为国臣而发挥作用，有所不同，他们是被用为诸侯的宾师而不是臣下，发挥作用的。在“四君”（孟尝君、平原君、信陵君、春申君）时代就是如此，他们都以养士为荣，游士们也充满自信。曾几何时，陆续走向了堕落。尽管如此，他们在百家争鸣中的贡献，依然是不可否认的。

百家争鸣是在政治、经济各方面的激烈而深刻的变革，在思想文化领域的反映，各种思潮、学派互相交锋、激荡，为中国历史呈现了一幅群星灿烂的画面。

那个时代的学术是相当务实的，主动触及时事，注重矫正社会弊病。所谓“拨乱世，反之正”，不仅是儒家，而且是其他各家的共同愿景。不过他们关于矫正社会弊病的手段各不相同，于是便有了思想的争鸣与交锋。所谓百家争鸣，包含两种形式。一种带有较强的学术性——某个学派独立地阐述自己的学说思想，与别的学派进行辩论。另一种带有较强的政治性——游士们向各国诸侯游说，兜售自己的政治主张。前一种形式，在介绍道家、儒家、墨家、法家时已经有所交待。以下专门就后一种形式稍加说明。

战国的诸子百家主张学以致用，必须用自己的学说去游说诸侯，推出自己的政策主张、治国方略，必须在辩论中说服诸侯及其大臣。因而各学派的巨子几乎都是伶牙俐齿、口若悬河的雄辩家。像韩非那样口吃，只是个别的例外。

孟子到处游说，能言善辩，一个叫公都子的人问他：别人都说您喜欢辩论，请问为什么？孟子答：我是不得不辩论啊！世道衰微，荒谬的学说、残暴的行为都出来了，臣杀君，子杀父。我要端正人心，消灭邪说，不得已而辩论的。

当时游说之风很盛。一个很平凡的士，通过游说，一旦国君赏识，便可提拔为执政大臣。例如：商鞅原本是魏国丞相公叔痤的家臣，进入秦国游说秦孝公，做到了秦国的最高官职——大良造。又如：张仪本是魏国人，进入秦国游说后，做到了秦惠王的丞相。

商鞅入秦后，与秦国大臣甘龙、杜挚展开了一场关于“法古”与“反古”的大辩论，就是百家争鸣中最为精彩的一幕。甘龙、杜挚认为效法古代、遵循礼制没有什么过错。商鞅反驳道：每个时代都有各自的教化，为什么要效法古代？每个时代都有各自的帝王，为什么要遵循过去的礼制？他认为，治理国家没有一成不变的道理，必须因时制宜，不必效法古代。因此不必非议反对古代的人，这个时代不需要抓住以往礼制不放的人。他的结论是："当时而立法，因事而制礼。"——立法必须因时制宜，礼制必须适应具体情况。这种反对"法古"、"循礼"的观点，反对复古主义、安于现状的观点，反映了法家对儒家、道家的交锋和争鸣。

在宽松的学术政策之下成长起来的稷下学宫，为百家争鸣推波助澜。齐国首都临淄是春秋战国时代首屈一指的大都市，不仅是一个经济中心，而且是一个文化中心。《史记·苏秦列传》说，临淄有居民七万户，"其民无不吹竽鼓瑟，弹琴击筑，斗鸡走狗，六博蹋鞠者。临淄之途车毂击，人肩摩，连衽成帷，举袂成幕，挥汗成雨，家殷人足，志高气扬"。齐国的国君比较开明，在这个万商云集的寸土寸金之地发展文化，在临淄西边的稷门外的稷下，设立学宫，招徕各派学者前来著书立说，这些人被尊称为"稷下先生"。齐威王、齐宣王时代，稷下学宫出现了盛极一时的景况，聚集了一大批著名学者，例如：淳于髡、慎到、宋钘、尹文、田骈、环渊、荀卿等。

齐国虽然崇尚黄老之学，但对各家各派兼容并蓄，采取"不治而议论"的方针，使稷下学宫成为百家争鸣和思想交流的中心。孟子与齐威王、齐宣王政见不同，还是受到礼遇。齐宣王曾多次向他请教大政方针。后来孟子离开时，齐宣王还想挽留他，打算给他豪华住宅和优厚俸禄。邹衍本是齐国人，因不满于齐国，到了燕国。齐襄王当政时，他又回到稷下学宫，可以自由地宣扬他的学说。正是这种宽容氛围，使百家争鸣蔚为大观。

【第四讲】

秦汉：中华帝国的初建

秦兵马俑

西方学者把秦朝至清朝的二千多年,称为中华帝国时期。因为,从秦朝开始有了皇帝制度与帝国体制,而此前的夏商周三代的最高统治者,都不过是"王",而不是皇帝。西周与东周(春秋战国)的封建体制下,作为政治上的"共主"的周王,通过诸侯对王畿以外的地区实行间接的统治。秦朝建立了中央集权的郡县制,由皇帝直接统治全国所有的郡县,直至乡村。这种皇帝制度与帝国体制的建立者,就是"千古一帝"秦始皇。仅就这一点,秦始皇的历史功绩就值得大书特书。

黄仁宇把由秦至清的历史,区分为三个阶段:秦汉是第一帝国时期,唐宋是第二帝国时期,明清是第三帝国时期。似乎有点套用欧洲历史的模式。但也不无道理,显现了这三个时期的历史特点。

1. 秦始皇:皇帝制度与帝国体制

春秋的列国争霸,战国的七雄兼并,预示着统一的大趋势。统一本身已无争议。孟子在当时指出,整个局势最后必定是"定于一",不过这位"亚圣"主张以"仁政"来统一,反对以暴力来统一,这种善良愿望终于化作泡影。秦的统一是由一系列充满暴力的战争来实现的,在当时形势下,战争是实现统一的唯一可供选择的途径。

秦王政(即后来的秦始皇)斥逐了丞相吕不韦,重用尉缭和李斯,加紧了灭亡六国的战争步伐。从公元前230年至公元前221年,陆续灭亡了韩、赵、燕、魏、楚、齐六国,在中华大地上建立了统一的秦帝国,从此,"海内为郡县,法令由一统",中国历史第一次进入了帝国时期。

秦的统一,反映了春秋战国时代历史的大趋势,具有坚实的基础。随着商业与交通的发展,中原地区与周边地区的联系比以前更为密切,正如《荀子》所说,当时已经出现"四海之内若一家"的状况。各国的变法虽然有程度不同的差异,但总体目标是一致的——打击旧势力,扶植新势力,这种同一性为统一奠定了基础。秦国的商鞅变法,比其他六国的变法更为彻底，取得国富民强的后果，而且社会体制也显得更为先进，由它来完成统一是水到渠成的事。

秦始皇实施商鞅变法以来的政策，使统一大业有了成功的可能。这主要表现在以下几方面。第一，在商鞅废除井田制，承认土地私有与买卖的合法化的基础上，颁布"使黔首自实田"政策，要土地所有者自报田亩数字，以便征收赋税，进一步从法律上肯定土地私有制，继续推行"强本弱末"（重农抑商）政策。第二，继续推行二十等爵制，奖励军功，增强军事实力。第三，听从李斯的主张，拒绝王绾、淳于越关于封建诸王的建议，在战争中兼并的新地区，普遍推行郡县制，以郡县制取代封建制。第四，在商鞅变法的基础上，进一步统一法律、度量衡、货币、车轨、文字、历法。

公元前221年，秦始皇结束了长期的分裂局面，建立了统一的中央集权的秦帝国。它是一个以咸阳为首都，东至大海，西至青藏高原边缘，南至岭南，北至河套、阴山、辽东的大一统王朝。

为了显示这个王朝的史无前例，他把传说时代三皇、五帝尊号中的"皇"与"帝"结合起来，自称"皇帝"，以示大一统帝国统治者至高无上的地位。他自称"始皇帝"，后世子孙世代相承，递称二世皇帝、三世皇帝……虽然秦朝二世而亡，以后历代王朝都没有废弃这位"始皇帝"创建的皇帝制度和皇帝这个称号。

秦始皇创建了前所未有的帝国体制，一个管辖全国的由三公九卿组成的中央政府。从形式上看，秦的三公九卿与西周的三公六卿有些类似，但职责有很大的不同。西周的三公即太师、太傅、太保，类似于后世的宰相，却并无总理全国政务的权力；六卿即太史、太祝、太卜、太宰、太宗、太士，大多与宗教事务有关。秦的三公九卿则不然。三公即丞相、御史大夫、太尉。丞相协助皇帝处理全国政务；御史大夫是副丞相，协助皇帝掌管图籍章奏，监察百官；太尉协助皇帝掌管全国军事。三公之下有九卿：廷尉掌管司法；治粟内史掌管租税收入和财政开支；奉常掌管宗庙祭祀礼仪；典客掌管民族事务与对外关系；郎中令掌管皇帝侍从；少府掌管皇室财政与官手工业；卫尉掌管宫廷警卫；太仆掌管宫廷车马；宗正掌管皇室宗族事务。三公九卿分工负责，权力集中于皇帝，大政方针都由皇帝裁决。

秦兵马俑的几种类型

长信宫灯

（出土于中山靖王夫人墓）

金缕玉衣

（出土于中山怀王墓）

在行政体制上，废除地方分权的封建制，改为中央集权的郡县制，在地方建立直属于中央的郡、县两级行政区划。起先把全国分为三十六郡，以后又增至四十余郡。郡的长官是郡守，其副职是郡尉（分管军事），另外还配备郡监（监郡御史）——直属于中央的御史大夫，代表中央监控地方。郡级行政区划之下，设立若干县，按照县的大小，设立县令或县长。县级行政区划之下有乡，乡级官员有三老（掌教化）、啬夫（掌赋税诉讼）、游徼（掌治安）。乡以下还有亭、里的建置，亭设亭长，里设里正。

这是一种先秦时代没有的中央集权体制，皇帝的政令，通过三公九卿，直达于郡、县、乡、亭、里。这是秦始皇最具历史意义的创制，其起因当然与战国时代的列国纷争有关。为了避免再度出现那种状况，秦始皇断然决定废止封建——封邦建国的制度，用中央集权的帝国体制取代封建制度，其历史意义无论如何估价，都不嫌过分，因为这种帝国体制一直延续了两千年。

这种中央集权体制，必须有高度统一的保障措施与之配套。

首先，全国必须在文化上高度统一。这就是所谓"车同轨"、"书同文"、"行同伦"，简言之就是度量衡、文字、货币、车道，乃至意识形态，都趋于高度统一，使中央政令可以畅通于各地，地方与中央保持一致。值得注意的是，"车同轨"、"书同文"、"行同伦"的说法首次出现于《中庸》一书中："子曰：愚而好自用，贱而好自专，生乎今之世，反古之道，如此者灾及其身者也。非天子不议礼，不制度，不考文。今天下车同轨，书同文，行同伦……"人们必定要问：秦始皇时代的事迹为什么出现在《中庸》之中？

日本学者内藤湖南指出，一般认为《中庸》是孔子之孙子思的作品，但从"车同轨"、"书同文"、"行同伦"判断，它反映了秦始皇的思想，应是秦始皇时代的作品，这些话后来又出现在《史记·秦始皇本纪》中，决非偶然。它大抵是荀子学派的观点，由荀子的学生李斯付诸实施。

其次，全国必须在交通上高度统一。驰道与直道的建造，目的就在于此。从公元前220年开始建造以首都咸阳为中心的帝国公路——驰道，向东直通燕齐地区，向南直通吴楚地区。公元前212年，秦始皇又命蒙恬将军建造北方边防公路——直道，它起于咸阳北面秦始皇的夏宫云阳，朝北进入鄂尔多斯地区，然后跨越黄河北部大弯道，到达九原（今内蒙古包头西北）。

与此相呼应的是开边与移民。在北征匈奴以后，在新开拓的黄河两岸直到阴山的广大地区内，设置三十四县，归三个或四个郡管辖，陆续迁徙有罪官吏与内地民众前往开发，以增强这些地区与内地的同一性。出于同样的目的，在南征取得胜利后，在百越地区设置了闽中郡、南海郡、桂林郡、象郡，并把五十万内地囚徒谪戍那里，戍边与开发同时并举。

再次，统一舆论，控制意识形态。秦始皇把法家思想作为官方意识形态，把法令当作统治者意志，独立于传统道德和习俗之外。因此强调"以法为教，以吏为师"，对于以古非今的舆论，毫不留情地予以打击。这就是遭致后世无穷非议的"焚书坑儒"。其直接起因是，博士淳于越提出恢复封建制的建议，秦始皇让大臣们讨论。于是引出了李斯与淳于越之间的一场大辩论，辩论的主题就是：郡县制与封建制究竟孰优孰劣？秦国自从商鞅变法以来就开始用郡县制取代封建制，已是大势所趋，淳于越企图开倒车，完全不符合秦的发展趋势，谁是谁非是很清楚的。李斯取得辩论的胜利后，上纲上线，以为淳于越背后有一批反对现政权的舆论制造者。他认为，搞"私学"的人，"不师今而学古"，"道古以害今"，一句话，就是以古非今，用历史来反对现实。从这种估计出发，李斯建议焚烧私人所藏的《诗》、《书》等典籍，今后如果再有"以古非今者"，一概灭族。秦始皇批准了这一建议，导致"焚书坑儒"局面的出现。所谓"焚书"，仅指《诗》、《书》之类，决没有销毁全部书籍的意图，其实际损失也没有历来想象的那么严重。所谓"坑儒"，是处死私下诽谤秦始皇的方士与儒生四百六十余人。秦始皇的本意，是要统一舆论，维护中央集权的皇帝制度的权威，是可以理解的。但是手段过于简单粗暴，令人反感。

其实关于"焚书"的主张，《管子》、《韩非子》早已经提出，秦始皇不过下令付诸实施而已。当然所谓"焚书"不可能把禁书都烧光，目的是显示象征性的威慑作用。用政治权力来统一舆论，规定人民必须把当代法令文件当作教材，而讲解当代法令文件的是政府官吏，这就是"以法为教，以吏为师"。

事实表明，用"焚书坑儒"的手法来统一舆论，控制意识形态，是不可能成功的。正如一位诗人所说:“坑灰未冷山东乱,刘项原来不读书。”秦朝是被刘邦、项羽推翻的,但是刘邦、项羽并不是读书人。奇怪的是,以后的皇帝还是屡屡重操秦始皇的故技,把读书人视为仇敌,大兴文字狱,何其愚蠢乃尔!

2. 刘邦:庶民皇帝,布衣将相

项羽和刘邦联手推翻了秦朝,在争夺天下的斗争中,一个以悲剧告终,一个以喜剧收场,正所谓“成者为王,败者为寇”。这两个本没有什么文化的草莽英雄,都在《史记》中留下了诗歌,不过一个抒发的是失败的无奈,另一个抒发的是胜利的豪情。

公元前202年,刘邦大举进攻,并约韩信、彭越会师。项羽兵败,退至垓下,落入汉军的包围圈。夜深人静,汉军中高唱楚军士兵家乡的民谣。项羽陷入“四面楚歌”的境地,无法入眠,起身饮酒,陪伴他的是宠姬虞美人,还有一匹名叫“骓”的骏马。这位末路英雄面对绝境,慷慨悲歌:

力拔山兮气盖世,时不利兮骓不逝,
骓不逝兮可奈何!虞兮虞兮奈若何!

项羽反复高歌自己即兴创作的诗篇,虞美人在旁应和,凄惨的情景令一代英豪潸然泪下。走投无路的项羽,率八百骑兵突围,在乌江自刎。

刘邦打败了项羽,又平定了异姓诸侯王的叛乱,建立大汉帝国已成定局。志得意满的他路过家乡沛县,邀请故人、父老、子弟一同联欢。酒酣气益振,刘邦手舞足蹈,敲打乐器,仰天长啸:

大风起兮云飞扬,
威加海内兮归故乡,
安得猛士兮守四方!

刘邦建立的汉朝,最大的贡献就是“汉承秦制”。也就是说,他虽然推翻了秦朝,却继承并维护了秦始皇开创的中央集权的帝国体制。他接受了皇帝称号,皇帝之下设三公九卿,地方行政系统郡、县、乡、亭、里,与秦制完全一样。郡有郡守(后更名为太守)、郡尉等,分别掌管政治、军事、监察之权。县分大小,万户以上设县令,万户以下设县长,下设丞、尉,分别掌管文书、治安之权。基层组织是里，十里为亭，有亭长；十亭为乡，有三老（掌管教化）、啬夫（掌管诉讼、收税）、游徼（掌管治安）。

然而，汉高祖刘邦在继承秦的郡县制时，犹豫不决，进两步退一步，在郡县制与封建制之间采取折中主义。他在推行郡县制的同时，部分恢复了封建制，封建了大批异姓诸侯王、同姓诸侯王。

这当然是有原因的，从客观上看，当时恢复封建制的呼声一时甚嚣尘上。秦统一后，以郡县制取代了封建制，确立了以皇帝制度为核心的中央集权体制，但是基础并不牢固，法律秩序与政治制度并未深入人心，被打败的六国仍拥有各自的传统势力。如果说项羽的恢复封建制，是迎合六国贵族复辟的愿望，那么刘邦的封建异姓诸侯王则是迫于形势，出于无奈。他为了利用各种势力，击败项羽，封建了楚王韩信、淮南王英布、梁王彭越、赵王张敖、韩王信、燕王臧荼、衡山王（后改称长沙王）吴芮。这种妥协，埋下了分裂的潜在危险。在消灭了异姓诸侯王以后，又封建了九个同姓诸侯王：燕、代、齐、赵、梁、吴、楚、淮南、淮阳。原因在于错误地总结秦朝二世而亡的教训，以为是废除了封建制，"孤立而亡"。希望同姓诸侯王起到"屏藩"作用，使皇帝不至于"孤立"。他在封建同姓诸侯王时宣布："非刘氏而立，天下共击之。"其目的显然想仰仗刘氏宗室的血缘关系，构筑皇权的屏障。然而事与愿违，效果适得其反。这些王国封地大，权力重，俨然独立王国。郡县制与封建制同时并存，形成奇特的"郡国制"。这种"一国两制"，是历史的倒退，不久就遭到了惩罚，同姓诸侯王联手反叛中央，发动了"吴楚七国之乱"。

刘邦建立的汉朝，开创了一个新局面：庶民皇帝，布衣将相。

刘邦曾任沛县的一个亭长，秦制十里一亭，设亭长，掌治安警卫、治理民事，多以服兵役期满的农民担任，相当于现今一个行政村的村长。这种低贱的身份，使他成为历史上第一个庶民皇帝。他手下的大臣，除了张良是韩国丞相之子，张苍是秦朝的御史，叔孙通是秦朝的博士，其余都是一介平民，即所谓布衣。萧何是沛县的小吏，曹参是沛县的牢头禁子，王陵、陆贾是所谓"白徒"（平民），等而下之，樊哙是杀狗的屠夫，周勃是为人操办丧事的吹鼓手，灌婴是一个丝织品小贩，娄敬是一个车夫，彭越、黥布则是盗贼出身。这些人在开国以后，都当上了将军、丞相级别的官僚，所以被称为

"布衣将相"。这是在秦汉之际社会大动乱中形成的大变局,贵族世家纷纷从政治舞台上消失,使平民布衣成为舞台的主角。这种"庶民皇帝,布衣将相"格局,对汉朝的政治产生了巨大影响。

刘邦鉴于秦朝以严刑峻法治国,过于苛暴,当然不会继续采用法家理论。那么是否会倾向于儒家理论呢？也不会。出身低贱的他,凭借武力打天下,一向对高谈阔论的儒家嗤之以鼻,常骂儒生是"竖儒"、"腐儒"。秦末高阳儒生郦食其怀才不遇,托沛公(刘邦)麾下骑士引荐,骑士对他说,沛公不喜欢儒生,有戴着儒生高帽子的来客,沛公就把他的高帽子解下来,在里面小便。对儒生蔑视到这种程度,郦食其还是要去谒见。刘邦召见郦食其时,正坐在床边让两个婢女为他洗脚,极为倨傲不恭。打败项羽后,刘邦说,打天下哪里用得着腐儒！透露了他始终瞧不起儒生的原因。不过他身边还是有几个并不死守教条颇知变通的儒生,如陆贾、叔孙通之流。

刘邦当了皇帝后,陆贾经常在他面前称赞儒家的《诗》、《书》,刘邦以为陆贾不了解形势,对他说,我的天下是在马上打下来的,那里用得着《诗》、《书》！陆贾申辩说,在马上打天下,难道还可以在马上治理天下吗？刘邦以为他说得有理,就叫他总结秦朝灭亡的原因。陆贾写成《新语》十二篇,说秦朝专任刑法是它迅速灭亡的主因,因而主张,以"教化"劝善,以"法令"诛恶,实行"无为"政治:稳定得像没有什么事那样,安静得像没有喧闹声那样,有官府而不扰民像没有官吏那样,各村各户过着恬静的生活像没有什么人那样。刘邦对此十分欣赏。

汉朝建立伊始,庶民皇帝和布衣将相虽然进入巍峨的宫殿,却不懂得君臣礼仪。他们起自民间底层,无拘无束惯了,常在大殿上饮酒喧哗,拔剑击柱,使得刘邦感到"威重不行",没有皇帝的威严和架势。叔孙通是一个颇知变通的儒生,对刘邦说,儒者虽然难于进取,却可以守成。他为此专门制订了一套兼采周礼与秦仪的宫廷朝仪制度,实施以后效果很好。刘邦第一次领略了作为皇帝的威风凛凛,不无得意地说:"吾乃今日知为皇帝之贵也。"

刘邦需要一套兼容道、法、儒各家之长的治国理论,黄老之学适逢其会。黄老之学原本是齐国稷下学宫的一个学派,是以道家为主兼有法、儒的复合思想。这个学派主张，道生法，守道就是遵法，法和礼并用，达到“清静无为”的境界。这种“无为而治”，反映了人民厌恶暴政，渴望宁静安定的愿望。刘邦之所以欣赏陆贾的“无为”主张，原因就在于此。刘邦起于社会底层，制订政策注重符合实际情况。他的主要助手、丞相萧何，依然保持先前县衙小吏的作风，不受传统礼制的束缚，制订法律、政策都从实际出发。

推行黄老思想的著名人物曹参，同样是县衙小吏出身。汉初他在齐国辅佐刘邦的长子齐王时，得到专门研究黄老之学的盖公的真传："治道贵清静而民自定。"他在齐国做了九年丞相，实行无为而治的结果，齐国大治，政绩在各诸侯国中名列第一。丞相萧何死后，他被调到中央继任丞相，把“治道贵清静而民自定”奉为宗旨，实行“无为而治”。曹参向惠帝解释“无为而治”的缘由，问："陛下比高皇帝如何?"惠帝说："我哪可比高皇帝!"又问："陛下看我比萧何哪个能干?"惠帝说："你似乎不及萧何。"曹参说："陛下说的是。既然陛下比不上高祖，我比不上萧何，我们谨守他们的成规，无为而治岂不很好?"惠帝说："很好。"这就是《史记》所说的“萧规曹随”、“举事无所变更”、“一遵萧何约束”。也是当时民谣所说："萧何为法，讲若划一。曹参代之，守而勿失。载其清静，民以宁一。"无为而治，并非无所作为，而是遵照汉高祖、萧何制订的政策，继续照办，不作更张。

高祖死后，惠帝即位，实权操在吕后手中，继续实行无为而治。司马迁在《史记》中说："政不出房户，天下晏然。刑罚罕用，罪人是希，民务稼穑，衣食滋殖。"文帝时期依然如此。文帝本人“好刑名之言”，屠夫出身的陈平长期担任丞相，崇尚黄老之术，文帝的皇后窦氏也喜欢黄老之学，甚至强令其子(包括后来的景帝)研读黄老学派的著作。在文帝与窦氏熏陶下的景帝，继续采用黄老之学，宽松刑法，精简官吏，轻徭薄赋，提倡农桑。不过也稍有变化，兼采若干法家学说，他所信任的大臣晁错，就主张以法治国。景帝批准了御史大夫晁错的“削藩”主张——削弱同姓诸侯王权力。结果，早有谋反企图的吴王刘濞，联合其他六个诸侯王，起兵反叛，打出的旗号就是“请诛晁错，以清君侧”。

以黄老思想为指导的无为而治，缔造了历史上有名的“文景之治”，出现了空前富庶的景象。“吴楚七国之乱”结束了无为而治，接下来是汉武帝大展宏图的时代。

3. 汉武帝:大汉帝国的威仪

汉武帝刘彻是秦始皇以后又一位雄才大略的皇帝,他把秦始皇创建、汉高祖重建的帝国体制进一步强化、完善,使大汉帝国尽显其威仪,并且走向了顶峰。

汉武帝为了提高皇帝的威权,双管齐下。一方面,有意削弱丞相的职权,扩大太尉的职权,把太尉改为大司马,又加上大将军的称号,大司马大将军分割了丞相的军权。另一方面,建立宫廷决策班子,任命一些高级侍从(侍中、给事中),可以直接与皇帝讨论国家大政方针;还起用高级宦官担任中书,掌管尚书之职——出纳章奏,掌握机要。于是形成宫内的决策班子,称为"中朝"或"内朝",使得以丞相为首的中央政府机构——"外朝",沦为执行一般政务的行政机构。

汉武帝为了加强中央对地方的控制,创建刺史制度。全国分为十三部,由皇帝向每一部派遣一名刺史,代表中央负责监察地方。这种监察权,包括视察政治状况,决定官员的任免升降,平反冤假错案,监察郡国一级长官与地方豪强。西汉有一百零八个郡国一级政区,由中央直接管理似乎鞭长莫及,刺史部的建立解决了这一难题。刺史部就是一个监察区,负责监察若干郡国。然而刺史的地位不高,俸禄仅六百石,而郡国守相俸禄二千石,以小制大,用小官来监察大官,可谓一举两得:既防止监察区成为变相的一级行政区,又收到中央管理之效。

汉武帝为了加强中央军权,改变军队分散于全国各地而首都内外没有重兵的状况,设立中央常备兵。先是设立期门军、羽林军,选拔陇西、天水等六郡所谓"良家子",训练成为精锐部队;以后又训练阵亡将士子弟,称为"羽林孤儿",很有战斗力。中央常备军的建立,对于帝国体制具有重要意义,它是历代王朝"内重外轻"(重中央轻地方)兵制的开创。

汉武帝为了加强中央财政,任命理财家桑弘羊主管财政,进行改革。首先是"盐铁官营",把生产与销售盐铁的权利收归国家垄断,打击操纵盐铁经营的地方豪强势力。其次是"平准均输"。平准法是由中央政府在首都长安设置平准官,按照价格波动,收购或抛售货物,调解供需，控制市场。均输法是由中央政府在各地设置均输官，调节各地运往首都的物资，以保证军需供给，都市消费，仓库积储。平准均输政策打击了奸商囤积居奇、哄抬物价，既维护了民众利益，又加强了中央集权国家的财政基础。

雄才大略的汉武帝在位的半个多世纪，使泱泱大汉登上了顶峰，帝国已强大到足以向边陲地区及亚洲腹地不断地发动军事远征。向西南远征的结果，在云南和四川设立了牂牁郡、越嶲郡、益州郡；对南越的远征，把中华帝国的版图扩大到越南的北部，汉朝在这片地区建立了九个郡；向东北远征的结果，在朝鲜半岛设立了四个郡。很长一段时间里，集中兵力在北方与西北方。从公元前 133 年起，在名将李广、卫青、霍去病的指挥下，向经常骚扰中原的游牧民族匈奴发起攻势，不久在西北边陲设立了朔方郡和五原郡。

张骞两次出使西域，完成了探索中亚的史诗般功业。张骞的第一次出使旨在联合在阿姆河流域的大月氏夹击匈奴，第二次出使旨在联合伊犁河流域的乌孙夹击匈奴，目的都是"断匈奴右臂"。张骞归国后向汉武帝报告了在西域的见闻，关于中亚的第一手资料，其中包括少许有关印度和前往印度的路线等情况，也提到中国丝绸出口的最西面的目的地——罗马帝国，这是中国首次得到关于罗马帝国的消息。今人仍可从《史记·大宛列传》看到当时的盛况。

从当时的首都长安向西，前往河西走廊，再由武威经张掖、酒泉，到达敦煌。从敦煌西行，经玉门关、阳关往西的商路有两条：一条是南道——从鄯善沿南山（昆仑山）北麓至莎车，西越葱岭（帕米尔），到达大月氏、安息诸国，再西去可以抵达大秦（罗马帝国）；另一条是北道——沿北山（天山）南麓西行，越过葱岭的北部，向西可以到达大宛、康居、奄蔡诸国，再往西可以抵达大秦。这就是彪炳于史册的丝绸之路。

西域的开通，使丝绸之路在全球历史上声名远扬。中国的使臣和商人到达奄蔡（今里海东岸）、安息（波斯，即今伊朗）、条支、黎轩（地中海东岸）。中亚、西亚各国的使节和商人来到中国。中国的精美丝绸由中亚、西亚运到罗马帝国，成为罗马元老院议员和贵族夫人的珍贵服装面料。罗马人当时仅仅知道中国是丝绸的产地，因此把中国称为 Seres，即拉丁语的"丝绸”。但是,安息和中亚各国都极力想维持各自在丝绸之路中的利益,不愿意中华帝国和罗马帝国直接接触。

对此,墨菲《亚洲史》写道:“于是,中国和罗马这两个在领土大小、发展水平、国力和成就方面都相近的帝国,除旅行者讲述的故事外,基本上互相不了解。如果中国人与罗马或印度帝国及其先进文明有过接触,他们很可能在这种经验的基础上形成一种不同的更开放的对待外部世界的态度。与中国一样,罗马和孔雀印度都修建了道路、堤防和规划完善的城市,在扩张主义的世界性体系下融合了不同的文化,与自己帝国边境的‘野蛮人’进行斗争。三国之中,汉帝国最大也可能人口最多和最富裕,尽管它的文化发展水平和技术成熟程度也许与古印度和罗马相当。”墨菲还指出,在中亚塔什干附近的塔拉斯河两岸,汉朝军队击溃了包括一些雇佣军的匈奴联军。根据中国史书记载,这些雇佣军可能是罗马帝国派来的援军,因此中国人也许看到过罗马士兵——用盾牌交搭头上以避箭矢的龟甲形连环盾编队,这可能是中华帝国与罗马帝国唯一一次直接接触。

由此也引申出另一历史之谜。据说,公元前53年,古罗马“三巨头”之一的克拉苏率领大军东征安息,在卡莱尔(今叙利亚的帕提亚)遭到安息军队围歼,统帅克拉苏阵亡,罗马军团几乎全军覆没,只有克拉苏的长子率领第一军团六千余人突围,以后却神秘地失踪了,成为罗马史上的一桩悬案。

经过中外学者的研究,这批古罗马人后来在中国西北建立了一个城市——骊靬。有的学者在《汉书·陈汤传》中发现,公元前36年,西汉王朝的西域都护甘延寿和副校尉陈汤,率领四万将士西征匈奴,注意到匈奴单于手下有一支奇特的雇佣军,其独特的阵法、战法带有古罗马军队的特色。这支军队可能就是失踪的罗马第一军团。值得注意的是,后来河西地区突然出现了一个叫做“骊靬”的县,修建了骊靬城堡。这可以在《后汉书》中找到佐证:“汉初设骊靬县,取国名为县。”骊靬是汉朝对罗马帝国的称呼,所谓“取国名为县”,就是用罗马国名为县名。失踪的罗马第一军团的后裔,以后就在这里繁衍生息。

骊靬古城位于今甘肃省永昌县,现在只留下一些遗迹。据考古学家研究,骊靬遗址的古城墙是“重木城”——城墙外加固重木,这种防御方式是古罗马所独有的。当地的村民带有欧洲人的体格特征:个子高大,眼窝深陷,头发呈棕色，皮肤呈深红色。最有意思的是，村民至今保留了古罗马人的斗牛遗风。

这一骊靬之谜，如果得到证实，可以再现二千年前世界上东西方两个帝国之间的密切关系，再现过去和现在之间的对话，让历史的魅力显露得淋漓尽致。不过一些学者认为，要解开这一谜团，历史依据尚嫌不足。我们不妨寄希望于未来。

一系列伟大成就，使汉武帝踌躇满志，忘乎所以，接连不断发动了十几次战争，造成人民无法忍受的苦难。这无论如何是他的一大败笔。他死后，朝廷大臣提议给他一个“世宗”谥号，意为开创新纪元的典范。遭到经学家夏侯胜的强烈反对，理由是这位已故皇帝野心勃勃的战争给人民带来无穷灾难。杨联陞《中国历史上朝代轮廓的研究》指出：一般来说，中国传统是从一个朝代的创立者那里期望军事上的业绩，而从他的继承人那里期望内政上的成就，因而就区分出创业之君与守成之主。一个朝代中期的扩张主义皇帝常常遭到指责。

4.“罢黜百家，独尊儒术”——中央集权的意识形态

汉初奉行黄老思想，无为而治，最大的贡献是培养国力，但不适合帝国体制的中央集权化倾向。文景之治的太平盛世，国力日趋富强，为汉武帝的“有为”提供了基础。大有作为的时代当然不需要主张“无为”的黄老之学，“罢黜百家，独尊儒术”就成为当时的最佳选择。

儒家学说在秦朝受到压迫，陈胜起义之后，孔子的八世孙孔鲋前往投奔，为之出谋划策，儒家的反秦心态由此可见一斑。汉高祖刘邦虽然不喜欢儒家，但对儒家的政策已经比较宽松，儒生叔孙通为汉高祖制订宫廷礼仪，就是儒家学说复兴的一个标志。在鲁国，还重演了久已断绝的大射礼、乡饮酒礼，讲习传统礼乐之风也已蔚然兴起。因此，“罢黜百家，独尊儒术”是一个逐步演变的过程，汉朝采用儒家学说，并非始于汉武帝时代，而是从汉初时代就已经开始了。文帝、景帝时期，由“无为”到“有为”，由黄老到儒学的转化悄然进行。

建元元年(公元前140年)汉武帝即位,这位十六岁的少年皇帝颇想有所更张,接连三次下诏向有识之士策问古今治乱之道。景帝时代曾任博士的大儒董仲舒,援引《春秋》"大一统"理论,在三次上书对策——即所谓"天人三策"中,提倡以思想的大一统来保持政治的大一统。他对《春秋公羊传》的"大一统",作这样的发挥:"春秋大一统者,天地之常经,古今之通谊也。今师异道、人异论,百家殊方,指意不同,是以上无以持一统,法制数变,下不知所守。"因此他主张:"诸不在六艺之科、孔子之术者,皆绝其道,勿使并进。"所谓"六艺之科",就是儒家的《诗》、《书》、《礼》、《乐》、《易》、《春秋》,也就是"孔子之术"。董仲舒的意思是要运用政权的力量阻止其他各家学说与儒家学说"并进"。

董仲舒是"春秋公羊学"大师,倾心研究《春秋公羊传》,他的政治理想就是"大一统",接近于孟子的思想而超越了孟子的思想。他不仅要求政治的大一统,而且要求意识形态的大一统,儒家学说的大一统。"春秋公羊学"的这种政治色彩是汉武帝所需要的。另一位"春秋公羊学"大师公孙弘,以博士的学究身份而出任丞相,预示了一个新局面的出现。汉初的丞相如萧何、曹参之类,都是县衙的小吏,其后的丞相大多是有战功的不学无术之流。公孙弘向汉武帝建议,向儒家学者开辟登上政治舞台的途径,并且制度化,从而使得儒家学说带上了浓厚的政治色彩。

其实早在董仲舒对策之前,汉武帝已经采纳丞相卫绾的建议,罢黜专治法家、纵横家学说的"贤良"。以后,汉武帝又用"好儒术"的田蚡为丞相,放手让田蚡把不研究儒家经典的"太常博士"一律罢黜,把黄老刑名等百家之学排斥在官学之外,以优厚的待遇延揽儒生进入政府。汉武帝为了表彰儒学,设立"五经博士"(专门研究《诗》、《书》、《礼》、《易》、《春秋》的博士),使儒学从此成为官学。他根据董仲舒、公孙弘的建议,在首都长安建立太学(国立大学),教授五经,从学习五经的太学生中选拔官吏。郡县也设立学校,配备经师,教授五经,培养官吏的后备队。这一系列措施,就是所谓"罢黜百家,独尊儒术"。

对于"罢黜百家,独尊儒术",一向有所误解。误解之一是,以为这一国策是董仲舒一人促成的;误解之二是,既然是"罢黜百家",就以为从此禁绝了儒家以外的诸子百家。其实不然。近年来中外学者对此作了澄清,汉武帝“罢黜百家，独尊儒术”并非仅仅采用董仲舒一个人的建议；汉武帝也没有禁绝儒家以外的各家学说，其本意是确立儒家在官学中的“独尊”地位，不许其他学派分沾。这些学派依然可以在民间自由流传，并没有禁绝。

刘桂生的论文《近代学人对“罢黜百家，独尊儒术”的误解及其成因》，对此作了深入的检讨，他指出：汉武帝“罢黜百家，独尊儒术”，至少并非仅仅采用了董仲舒的建议；董仲舒要“罢黜”的不过是那些新来对策的专治杂学的人，并非禁绝儒家以外的各家；其用意只在于确立儒家在官学与朝廷政治中的地位，不许其他学派分沾，而不是禁止诸子百家在社会上流传；读书人若要研究，尽可自便，只是不能用来猎取功名富贵。如此而已。但是到了 19 世纪与 20 世纪之交，梁启超、章太炎、邓实、刘师培等著名学者，共同认定汉武帝时的“罢黜百家，独尊儒术”就是学术文化上的专制独裁，是造成中国文化学术落后的祸根罪源，也是导致中华民族濒于灭亡的重要原因。由此形成定见与成说。此后的胡适、冯友兰、翦伯赞、侯外庐、郭沫若等著名学者，都沿用此说。刘桂生列举大量历史事实证明，这种定见与成说是一种误解。在我看来，这种误解，既有对历史的解读失误，更有非学术成分的干扰，加以清算是完全必要的。不管你对此有何异议，他毕竟动摇了先前过于简单化的思维定势，无论如何是有启发意义的。

从汉武帝时代开始，儒学成为五经博士研究与教授的经学；经学特殊地位的确立，显示儒学的官学化得以确立，成为“学而优则仕”的工具。注释和阐述儒家经典的经学，成为当时社会独一无二的显学，成为一门政治色彩浓厚的正统学问，成为知识分子关注的焦点。通晓经学，就意味着打开了通向高官厚禄的门径。在长安的太学里，五经博士对学生的教育，都把“通经”——精通五经及其标准注释，作为“致用”——进入官场的途径。

因此汉武帝以来，经学日趋昌盛。太学中的博士，就是专门研究一部经典的经师，他们以诠释儒家经典为终身职业。他们决不怀疑“五经”中的圣贤言论的绝对正确性，他们一辈子就是读懂它、注释它，所谓“皓首穷经”是他们的写照。这些经师搞的是章句之学，即一字一句的训诂、解读、注释。因此文本就有了“经”、“传”、“解诂”不同等级之分，例如《春秋公羊传何休解诂》，“春秋”是五经之一，“公羊传”是公羊高这个人对《春秋》经文的注释，“何休解诂”是何休这个人对《春秋公羊传》的注释。

董仲舒就是“春秋公羊学”大师，声称他的学说都是从《春秋公羊传》推演出来的。它写的《春秋繁露》一书，强调“地”必须服从“天”，“卑”必须服从“尊”，“下”必须服从“上”，“臣”必须服从“君”，这就是“礼”。礼的主要原则是“以人随君，以君随天”，“屈民而伸君，屈君而伸天”。董仲舒的尊君与大一统主张，最直接地反映了汉武帝时代中央集权帝国体制的政治需求。具体化为伦理道德，便是“三纲”与“五常”。三纲即君为臣纲、父为子纲、夫为妻纲；五常即仁、义、礼、智、信，提供了社会各色人等的行为规范和心灵归依。董仲舒把《春秋》的微言大义系统化，提高了《春秋公羊传》的地位，神化孔子和《春秋》。从此，儒家走上了宗教化的道路，成为儒教，孔子的偶像也被请进孔庙（文庙），受到供奉、崇拜。

在现实政治中，汉武帝的“独尊儒术”是有所保留的。他并不完全依赖儒士，在宗教方面，相当依赖道家方士；在政治方面，相当依赖法家。儒家拘泥迂腐的作风，和他好大喜功的秉性格格不入。他所用的大臣，大多是既精通儒术又深知刑法的人。他的治国方略可以概括为“儒表法里”，即以儒术的外表掩盖法术的内里。精通黄老思想的汲黯曾当面揭穿汉武帝“独尊儒术”是“内多欲而外施仁义”，即仁义掩盖下的法治。丞相公孙弘精通儒术，也通晓法术，能以儒术缘饰法术，深得汉武帝赏识。

儒表法里，成为后世统治者的治国秘诀。汉元帝在做太子时，见其父汉宣帝所用的大臣多是一些精通法律的“文法吏”，以法治国，便劝谏说，陛下治国太偏重于刑法，应该起用儒生，实行德政。汉宣帝勃然变色，斥责道：“汉家自有制度，本以霸王道杂之，奈何纯任德教，用周政乎？”那意思是说，汉朝治国的制度，就是霸道和王道两手并用，不可能纯粹使用周朝的那种德政。从中透露出，所谓“独尊儒术”的背后，王道和霸道，亦即儒术和法术并用的秘密。

看得出来，汉武帝“罢黜百家，独尊儒术”，是为了中央集权寻找意识形态的支撑。运用政权力量控制意识形态，其实是法家的发明，商鞅、韩非、李斯都精于此道，秦始皇根据他们的理论，用“焚书坑儒”的手段控制意识形态，并不成功。汉武帝用功名利禄来引诱士人——只有精通儒家经学才可以进入仕途，把士人的聪明才智束缚于儒家经学之中，专注于诠释章句，而无暇旁骛，终于达到了目的。他的这套衣钵，为后来很多治国者所继承。

随着经学成为显学，它的弊端日益显露，正如吕思勉所说，经学大师郑玄遍注群经，在汉朝号称最博学的人，他的经说支离灭裂，于理决不可通，自相矛盾之处不知凡几。此等风气既盛，经学家大多变为没有脑筋的人，虽有耳目心思，都用在琐屑无关大体之处。

【第五讲】

经学、谶纬、清议、玄学

魏晋人士的宽松装束

竹林七贤（砖刻）

《汉书·儒林传》说:“自武帝立五经博士,开弟子员,设科射策,劝以官禄,讫于元始,百有余年,传业者浸盛,支叶蕃滋。一经说至百余万言,大师众至千余人。盖禄利之路然也。”按:元始是汉平帝年号,即公元1年至5年。从汉武帝建元五年(公元前136年)设置五经博士,到汉平帝元始年间,将近一百四十年,在功名利禄的刺激下,儒家经学获得突飞猛进的发展,两个数据是令人吃惊的:一部篇幅不大的儒家经典,对它的注释竟然长达一百多万字;以此为专业的经学大师竟然多达一千余人。由于功名利禄之所在,士人们乐此不疲,博士弟子由武帝时期的五十人,逐步递增,昭帝时期增至一百人,宣帝时期增加了一倍,即二百人,元帝时期增加至一千人。对于这个数量,成帝并不满意,当年孔子以一介平民而有弟子三千,皇帝的博士弟子只有一千人太少了,于是博士弟子增加到三千人。到了东汉顺帝时期,太学的博士弟子增加到了三万人,还有不少人不远万里来到京师,在太学附近的私塾里学习经学,在账册上有记录可查的人数不下万人。两者相加共计四万人,俨然一支浩浩荡荡的经学大军。

1. 古文经学与王莽“托古改制”

比数量的增加更值得注意的是,经学向政治的渗透,达到了无孔不入的地步。汉元帝虽然多才多艺,精通书法、音乐,会作曲、演奏乐器,但毫无政治才干。他所用的大臣,多是迂腐的经学家。朝廷上讨论大政方针,处理军国大事时,无论皇帝还是大臣,只会引用儒家经典语录,来判断是非曲直,根本不从实际出发进行决策。汉成帝更加沉迷于经学,任用刘向整理儒家经典,就是突出表现。他一味按照儒家经典的教导来包装自己,仪容端庄,不左顾右盼,外表上一派帝王气象,却不知如何执政。当大臣们引用儒家经典语录,批评他作为皇帝的“失德”时,尽管内心不以为然,还是不得不屈从于经学,诚恳地接受,以显示纳谏的雅量。

如此众多的人在经学中讨生活，竞争之激烈可想而知，由此激化了经学内部的学派之争。这就是所谓今文经学（经今文学）与古文经学（经古文学）持续不断的争论。

何谓今文经学（经今文学）？原先五经博士讲解儒家经典所用文本，是用“今文”——当时通行的文字（隶书）书写的。汉武帝所立的“五经”十四博士，都是今文经学家，由于当时通行全国，没有必要特别标明“今文”的名称。

何谓古文经学（经古文学）？所谓古文，是指战国时代东方地区的文字，汉代已经不通行。这些古文书写的儒家经典文本，大体是汉武帝末年鲁共王为了扩建王府，拆毁孔子故宅，在孔府墙壁中发现了一批“古文经”，即古文《尚书》、《礼记》、《论语》等。孔子的后代孔安国向汉武帝敬献这批“古文经”，希望把它们也列为太学的钦定教材。从事校勘古籍的经学家刘歆，向汉哀帝提出，应该把“古文经”立于学官，作为太学的教材，引起了一场争论，使得今文经学与古文经学两大学派的对立，势如壁垒。今文经学始终占据上风，可以在官方的学校里正式传授，古文经学只能在民间私人传授。

令人难以预料的是，处在劣势的古文经学，被王莽利用来篡夺汉室政权，成为其进行“托古改制”的手段。

好大喜功的汉武帝，轰轰烈烈的一生以悲剧告终，征伐匈奴的惨败，国内的饥馑动乱，使他处在内外交困之中，他的晚年是在忏悔痛恨中度过的。公元前 87 年，他在巡行途中一病不起，永别了他统治了五十四年的大汉帝国。此后的汉昭帝、汉宣帝还算称职，能够维持先前的鼎盛局面。以后的继承人每况愈下，相继即位的汉元帝、汉成帝、汉哀帝、汉平帝，一代不如一代。终于导致外戚在宫廷政治中的作用逐渐扩大，王莽篡夺政权就是这种形势的产物。

王氏的外戚地位来源于汉元帝的皇后王政君（王莽的姑母），王莽凭借这一特殊背景，以大司马大将军身份掌握宫廷大权。他从步入政坛到当上皇帝，用了三十一年时间。这一段历史，在东汉官方的《汉书》里，完全被扭曲了，王莽被写成乱臣贼子，他在篡汉前所做的好事被写成虚伪做作、收买人心。其实王莽深受儒学熏陶，很注意“正心诚意”、“修身齐家”，处处以周公为榜样。如果王莽的改革能够成功，他所建立的新朝得以延续，那么对他的评价也许会是另一个样子。

王莽的悲剧在于，过分迷恋于已经风靡一时的儒家经学，企图用儒家经学重建一个理想世界。汉朝遗留下来的社会问题十分严峻地摆在他面前，为了摆脱困境，他立志改革。然而这种改革的着眼点不是向前看，而是向后看，被史家称为“托古改制”。改革的一切理论根据就是一部儒家经典《周礼》。《周礼》一书是周朝制度的汇编，古文经学家认为是周公亲自编定的作品，但是其中充斥了战国时代儒家的政治理想，很可能是战国时代的作品。

王莽本身就是一个经学家，对经学十分痴迷，他言必称三代，事必据《周礼》。为他提供经学顾问的是西汉末年的经学大师刘向的儿子，后来成为新朝“国师公”的刘歆。还在平帝时代，王莽就支持刘歆，把古文经立于学官，设立古文经学博士。王莽篡汉后，刘歆成为四辅臣之一，以“国师公”的身份，用古文经学为新朝建立一套不同于今文经学的理论，用来“托古改制”。王莽似乎有意效法孔子，事事处处学习周公，把周公视为政治的楷模，使他的改革显得迂腐不堪，与时代格格不入。看来他完全忘记了当年汉宣帝对太子（即后来的汉元帝）的教训：“汉家自有制度，本以霸王道杂之，奈何纯任德教，用周政乎？”时代不同了，把周公治理周朝的德政，用来治理汉朝，未免过于迂腐、背时。

何况王莽“托古改制”企图解决的首要问题是长期困扰社会的土地问题和农民问题，也就是土地兼并及其所带来的贫富两极分化问题。这是一个根本无法用儒家经典的教条解决的问题。早在汉武帝时代，董仲舒就把当时出现的“富者田连阡陌，贫者无立锥之地”的状况，归结为废除井田制、土地私有化的结果。因而他的解决方案的最高理想，就是恢复井田制。但是，井田制由于不合时宜早已退出历史舞台，要恢复它无异于痴人说梦！他退而求其次提出一个折中方案：“限民名田”——限制人民占田超过一定数量。在土地私有化，并且可以自由买卖的时代，企图“限民名田”，是经学家按照儒家教条炮制的平均主义空想，写在纸面上很好看，根本无法实施，董仲舒不过是一阵空喊而已。哀帝的辅政大臣师丹，继续重弹董仲舒的老调，再次提出“限田”建议，得到哀帝的批准，丞相孔光、大司空何武制订了

“限田限奴婢”的具体条例，企图限制人民占有土地与奴婢的数量。在那个时代，土地与奴婢是权势地位的象征，那些有权有势的人岂肯自动放弃土地与奴婢！师丹、孔光之流的“条例”，也是一阵空喊，引起了社会震动，终于不了了之。

王莽的改革比董仲舒、师丹更为雄心勃勃，不仅要“限田”，而且要恢复井田制。他在诏令中宣布：“更名天下田曰王田”，也就是恢复井田制，实行土地国有化；按照《周礼》记载的井田模式，把全国的土地重新平均分配——人均不得超过一百亩。这纯粹是经师们的空想，如果按照人均一百亩的标准平均分配土地，全国的土地根本不够分配。更何况土地的私有和买卖，是当时蓬勃发展的小农经济的基础，取消土地私有，禁止土地买卖，显然是倒行逆施，得不到任何社会阶层，包括农民的支持。三年后，王莽不得不承认土地国有化改革的失败，承认原先存在的一切都是合理的。

王莽还按照《周礼》，企图实行西周的“官商”政策，由专职官员代表国家对工商业和物价进行控制，主要的经济部门与物资由国家专营、专卖。结果是官商的弊端显露无遗，把社会经济搞得一团糟。王莽不得不在垮台前一年宣布废除这项改革。至于按照《周礼》，恢复古代的货币、官制，弄得整个社会乱七八糟，完全是一班腐儒在上演一出又一出闹剧。

王莽妄图按照儒家经学重建一个“大同”世界，一劳永逸地解决社会问题。其初衷似乎无可厚非，关键在于向前看还是向后看？要解决社会问题，倒退是没有出路的，倒行逆施的结果，不但无助于社会问题的解决，反而使社会濒临崩溃的边缘，引来了绿林、赤眉起义，王莽的新朝仅仅存在了十几年，就寿终正寝，根本原因就在于此。

2. 光武中兴与谶纬

公元25年，赤眉军逼近首都长安时，打着“复高祖旧业”的汉朝皇室后裔刘秀，在鄗县（今河北柏乡北）南面的千秋亭，登上皇帝的宝座，宣告光复汉朝。不久，刘秀攻下洛阳，在此定都。史家把以长安为首都的前汉称为西汉，把以洛阳为首都的后汉称为东汉。刘秀就是东汉的第一个皇帝——光武帝，对于汉朝而言，这就是“光武中兴”。

刘秀是汉高祖刘邦的八世孙，他的六世祖长沙王刘发是汉景帝之子，刘发之子刘买被封为春陵侯。到父亲刘钦时，家道中落，刘秀只身闯荡社会，进入太学，专心攻读《尚书》。他不像刘邦那样粗鲁，而是有文化修养，也不像刘邦那样有英雄气概，而是并无宏大志愿。他的愿望就是：“仕宦当作执金吾，娶妻当得阴丽华。”执金吾不过是负责京都治安的小官，阴丽华则是出身南阳富家的绝色美女。后来他不仅娶到了阴丽华，而且当上了东汉的开国皇帝，出乎他自己的预料。由于他的皇室后裔背景，以及文化修养，在那个群雄纷争时代，明显高于农家出身的草莽英雄之上。当他的车队进入洛阳时，刘秀的随员仪表堂堂，两旁迎候的父老们喜极而泣：没有想到今日还能重见“汉官威仪”！

刘秀要再现“汉官威仪”，必须对王莽的倒行逆施进行拨乱反正，重建汉高祖、汉武帝所确立的大汉体制。

当务之急是“解王莽之繁密，还汉世之轻法”，也就是废除王莽新设立的繁苛细密的法令，恢复汉初的法简刑轻、务用安静的局面。使得东汉光武一朝刑法宽松，社会稳定。

其次是必须清除王莽恢复的西周官制，继承和发展汉武帝强化的中央集权的帝国体制。西汉末年，丞相、太尉、御史大夫所谓三公，改称大司徒、大司马、大司空，由于外戚专权，总是占据大司马大将军之位，大司徒形同虚设。刘秀为了削夺大司马大将军的权力，恢复大司马的原来名称——太尉，把大司徒、大司空的“大”字去掉，削弱三公的权力。但是矫枉过正，使得三公成了一个摆设，三公的职责都转移到本来替皇帝掌管文书的尚书台。皇帝通过尚书台控制中央政府，使得三公成为没有实权的虚位，日常政府事务由尚书台处理，直接对皇帝负责。于是形成了这样的奇特局面：三公高高在上，享受一万石的俸禄，却没有权力，叫做“有位无权”；尚书台的长官尚书令掌管朝廷大权，却没有三公的地位，俸禄只有一千石，叫做“有权无位”。中央的最高官僚不是“有位无权”就是“有权无位”，皇帝“集权”的目的自然达到了。

与此同时，代表中央控制地方的刺史制度得到强化。西汉末年，把刺史改称州牧，俸禄从六百石增至二千石，但职权没有变化，仍无固定治所。刘秀定制，把州牧恢复为刺史，扩大它的权力，一是让刺史有固定的治所，向十二个州派遣十二名刺史，使得刺史成为州一级行政区的最高长官，每年年底回京述职，朝廷据此对地方官作出升降任免的决定。这毫无疑问是加强了中央对地方的控制，但是刺史权力的扩大，州成为管辖若干郡县的大行政区，为日后的地方割据埋下祸根，是当初始料不及的。

刘秀推翻了王莽，依然面临王莽企图解决的社会问题——限田限奴婢，也就是限制土地兼并以及农民沦为奴婢的问题。王莽作了尝试没有成功，刘秀力图以另一种形式来解决它。在东汉初建的十几年中，它六次颁布诏书，解放奴婢；三次颁布诏书，禁止虐杀奴婢，收到了明显的效果。但是在解决土地问题时，遇到了强大的阻力。他下令"度田"——检核耕田面积，遭到豪强地主的百般阻挠，地方长官慑于豪强的压力，并不认真"度田"。更为严重的问题在于，刘秀的近亲、近臣都是豪强地主，又是最有权势的特权阶层，尽管田宅逾制，却无法检核。事情终于不了了之。原因很简单，掌握政权的特权阶层不可能推行一种剥夺自身权益的政策。

刘秀的太学生出身，以及精深的经学修养，使得他在推行汉武帝的"独尊儒术"这点上，尤为得心应手。东汉建立之初，他就下令恢复汉武帝的五经博士，《易》立四博士，《尚书》立三博士，《诗》立三博士，《礼》、《春秋》各立二博士，共五经十四博士，在太学教授学生。东汉的太学，规模大于西汉。考古发现的洛阳太学遗址有两处，一处东西长200米，南北宽100米，另一处南北长200米，东西宽150米。有内外讲堂各一座，讲堂长十丈、宽八丈，讲堂附近有太学生宿舍。太学生称为博士弟子或弟子，也称诸生，每年都要考试——射策与对策。为了营造文化氛围，在太学周围建造一批图书馆，例如辟雍、东观、兰台、石室等。

刘秀精通经学，也爱好谶纬。谶纬其实是经学的衍生物。汉朝思想的主要特点是儒家学说与阴阳五行学说相结合，以一种神秘主义的方式解释五经，于是形成一种谶纬之学。谶是假托神灵的预言，常附有图画，也称图谶；

纬是与经相对而得名的,是假托神意解释五经的书。有学者认为,谶纬的出现,与汉武帝的封禅有关。所谓封禅,是用宗教的办法来操办古代相传的祭祀礼仪,于是就导致谶纬的产生。也有的学者说,谶是预言,在西汉这种预言之学十分盛行。纬是经书传注之外的书,西汉末年人荀悦说,纬书大约形成于西汉末年、光武中兴之前。东汉人张衡认为,纬书产生于西汉哀帝、平帝之际,据说西汉末年流传的谶纬图书有 35 种,这得益于王莽的提倡。王莽为了当上皇帝,所使用的主要策略,就是利用谶纬。东汉初年,谶纬更为盛行,谶纬图书增加到 81 种。这和刘秀信奉谶纬有关。刘秀这个人很有学问,却对谶纬深信不疑。具有讽刺意味的是,王莽当上皇帝,利用了谶纬,刘秀推翻王莽当上皇帝,也是利用了谶纬。看来,谶纬比经学还要神通广大。刘秀不仅称帝时利用谶纬《赤伏符》,证明他做皇帝合乎天命;而且在施政时,任用官员时,都要引用谶纬,几乎言必称谶,事必依纬。中元元年(56 年),光武帝宣布图谶于天下,使谶纬成为与五经同等地位的法定经典。为此他下令在首都洛阳建造宣扬谶纬之学的礼教性建筑——明堂、灵台。

在这一点上,刘秀与王莽颇为相似,不过刘秀略逊于王莽一筹。王莽虽然迂腐,但是为了政治目的而利用谶纬时,心里很明白那是假的,实际上并不相信谶纬。刘秀为了政治目的利用谶纬,却是发自内心的,他对谶纬深信不疑。日本学者内藤湖南说:“充分利用这种谶纬学说的是王莽。他通过伪造谶而夺取了汉室。让人不可思议的是,光武帝也以谶纬为武器,推翻了王莽,使汉室中兴,这真是因果报应。光武帝是谶纬的虔诚信奉者,他无论做什么事都要靠谶纬来决定。学问固然是很重要的,但同时他又把谶纬视为圣人创造的东西,认为它与经书有同样的价值。不管是怎样的学者,只要他不喜欢谶纬,便不能得到光武帝的信任。当时也有反对谶纬的人,桓谭便是其中之一,其所著的《新论》没有流传下来。这个人是坚决反对谶纬的,因此没有得到光武帝的任用。郑兴也不相信谶纬,当光武帝问到他时,他委婉地说自己没有学过谶。后汉时期,谶纬之学相当盛行。王符的《潜夫论》中有‘卜列’、‘巫列’、‘相列’、‘梦列’等篇,他抨击了当时盛行的这些事物。总之,就连后汉末年的大学者郑玄也为纬书作过注释。从某种意义上讲,由于以往学问的普及,当人们把学问变成一种已经玩熟的玩具时,便不再满足于对经书的一种解释,而开始依据不同的知识来加以穿凿附会。”

说得多么好啊！

谶纬有如巫师出祟，经学仿佛走火入魔了。

3. 东汉的清议与太学生运动

中元二年(57年)，光武帝还没有来得及祭祀明堂、登临灵台，就与世长辞。他的中兴大业由明帝、章帝所继承，最为耀眼的是，水利专家王景治理黄河成功，出现了持续八十多年没有灾害的盛况，成为历史上罕见的一页。与此相映成趣的是，班超出使西域，稳定了边境形势。这些镜头从一个侧面显示，东汉虽然平淡，也有辉煌的一面。

明帝、章帝时代中兴气象继续发展，和帝以后，中兴气象消失，外戚、宦官的争权夺利是一个关键。

光武帝为了加强皇权、削弱相权，在宫中任命一些宦官担任中常侍、黄门侍郎等官职，传达皇帝的诏令，批阅尚书进呈的公文，使宦官的权力陡然膨胀。和帝以后，皇帝都是幼年继位，由母后临朝听政。这两种因素与皇权加强、相权削弱相互作用，为外戚、宦官挟主专权提供了方便。

外戚专权自然与皇后有很大关系。西汉的皇后大多出身微贱，难以形成有势力的“后党”。东汉则不然，皇后大多出身名门之家，例如，明帝的马皇后的马氏家族、章帝的窦皇后的窦氏家族，都是世家大族；和帝的阴皇后的家族是皇亲国戚，和帝的邓皇后出身于功臣世家。其后的皇后，莫不如此。与此相关联的是，东汉的皇后大多有较高的文化水平。最突出的是明帝的马皇后(明德皇后)，一向好学，精研儒家经典，俨然一位女经学家。此人极有文才，亲自为明帝撰写《起居注》，被后世视为皇后的楷模。明代编撰女性教材《闺范》时，把明德皇后列为开篇第一人，决非偶然。其他如窦皇后、阴皇后、邓皇后都很有学问。当时后宫有皇后与嫔妃的教师——赫赫有名的班昭(《汉书》编者班固的妹妹)，是当时著名的才女，人称“大家”。她不仅把班固未完成的《汉书》续修完成，而且教授马融等通读《汉书》，把马融培养成著名的经学家。由她出任后宫的女教师，反映了皇后嫔妃追求学问的强烈欲望，这种盛况后世似乎很难看到。

但有一利必有一弊，由于学问的兴盛，皇帝从名门望族中挑选皇后，结果导致了外戚势力的兴起。为了摧毁这种势力，皇帝不得不起用宦官，于是导致宦官专权。如此循环往复，形成了东汉政治的一大特色。

光武帝、明帝鉴于西汉末年外戚专权的前车之鉴，对此有所提防，皇后阴氏家族、马氏家族成员，都难以染指权柄。加之光武帝享年六十二岁、明帝享年四十八岁，皇后临朝称制的可能性极小。此后的皇帝大多短命，为母后临朝、外戚干政提供了较大的空间。

和帝十岁即位，窦太后临朝称制，他的哥哥窦宪以大将军头衔出任侍中，掌握内廷和外朝大权，他的三个弟弟同时封侯，掌握机要部门，于是乎窦氏党羽都成了朝官或刺史，刘家天下几乎成了窦家天下。深居宫中的和帝与内外臣僚隔绝，要从外戚手中夺回政权，只能依靠最亲近的宦官。宦官郑众利用所掌握的禁军权力，剪除了窦氏势力。和帝为了酬谢郑众，封他为侯，让他参与朝政，开创了宦官封侯专权的先例。和帝死，临朝称制的邓太后不立和帝的长子刘胜，而立才一岁的刘隆作为傀儡，是为殇帝。殇帝在位不到一年即夭折，邓太后立十三岁的安帝为傀儡，自己与兄弟邓骘把持朝政。邓太后一死，安帝利用宦官李闰、江京剪除邓氏势力，而皇后阎氏的兄弟阎显等人也乘机身居要职，形成外戚与宦官联手掌控朝政的奇特局面。安帝死，宦官孙程等拥立十一岁的济阳王刘保为顺帝，处死阎显，把持朝政。顺帝为了抑制宦官，先后任命皇后梁氏之父梁商及其子梁冀为大将军。顺帝死后，梁太后与梁冀先后立冲帝、质帝、桓帝，梁冀专擅朝政达二十年之久。桓帝羽翼丰满后，利用宦官单超等人之手，剪除梁氏势力，此后宦官独揽朝政。如此循环往复，外戚和宦官走马灯似地交替把持政权，结党营私，以谋取小集团利益为指归，朝廷政治势必日趋腐败。

外戚与宦官为了夺取权力，都必须拉拢一批官僚为帮手，形成政治的帮派，即所谓朋党。这种朋党又与士人的门生故吏集团发生千丝万缕的关系。当时的士人通过察举、征辟进入仕途，官僚利用察举、征辟的权力，与被他察举、征辟的门生故吏结成集团，号称门生故吏遍天下。经学的发展形成学派门户之争，当时的士人崇尚名节，弟子以坚守老师的学派门户壁垒为最高荣誉。太学里面的学生有三万多人，他们都有各自的学派门户与老师，砥砺名节，壁垒分明。朋党之争因此而复杂化。

在政治腐败的浊流之中，官僚士大夫中有一批独立不羁，不随波逐流的清流名士，他们品评人物、抨击时弊，号称“清议”。这种“清议”，在腐败成风的当时，起到了激浊扬清的作用，实属难能可贵。

顺帝阳嘉二年(133 年)，洛阳发生强烈地震，顺帝下诏求言。清议派李固上书指责外戚宦官专权的弊端，批评权势显赫的梁氏家族，建议削夺外戚权力，还政于帝。太史令张衡也呼吁把威权还给皇帝。

三万多名太学生是清流派的同盟军，他们熟读经书，却又不忘时政，在舆论上支持清议派。桓帝永兴元年(153 年)，冀州刺史朱穆弹劾贪官污吏及宦官党羽，无端遭到贬官。太学生刘陶等数千人游行到皇宫，上书请愿，迫使桓帝赦免朱穆。几年后，刘陶出任谏议大夫，依然保留太学生时代的锋芒，上书言事，直言不讳地指出，“天下大乱，皆由宦官”，遭到宦官诋毁，被迫害致死。

在太学生看来，国家命运系于阉宦之手是奇耻大辱，因此他们最为推崇的官僚就是敢于反对宦官的李膺、陈蕃、王畅等清议派，称李膺是“天下楷模”，陈蕃是“不畏强御”，王畅是“天下俊秀”。李膺作为清议派的首领，抨击弊政无所顾忌，公卿以下大小官僚莫不害怕他的“贬议”。他出任河南尹，巫师张成之子杀人，他不顾大赦令毅然将犯人处死。张成得到宦官的后援，到处扬言，李膺结成朋党，讽议朝政。张成的弟子牢修甚至上书诬告李膺：“养太学游士，交结诸郡生徒，更相驱驰，共为部党，诽讪朝廷，疑乱风俗。”桓帝不辨青红皂白，勃然震怒，下令全国“逮捕党人”，“布告天下”。李膺等二百余人被捕，漏网者悬赏捉拿，一时间，缉捕人犯的使者四面出击，相望于道。次年，由于尚书霍谞、城门校尉窦武出面营救，李膺才得以赦免回乡，但是以“党人”的名义禁锢终身，永远不许为官。这就是第一次“党锢”之祸。

有意思的是，当时社会舆论都倾向于“党人”，把那些遭到迫害的清议派人士尊称为三君、八俊、八顾、八及、八厨，引为社会楷模。《后汉书·党锢传》写道：“自是，正直废放，邪枉炽结，海内希风之流，遂共相标榜。”社会舆论如此品评那些清议派人士：

陈蕃等为“三君”——“一世之所宗”；

李膺等为“八俊”——“人之英也”；

范滂等为“八顾”——“能以德行引人”；

张俭等为“八及”——“能导人追宗”；

度尚等为“八厨”——“能以财救人”。

朝廷的本意是企图以“党锢”的手段打击清议，左右舆论，结果适得其反。“党人”范滂出狱还乡，南阳士大夫自发出城迎接，车辆达几千辆之多，显然把他看作衣锦荣归的英雄。度辽将军皇甫规仰慕“党人”的高风亮节，竟以自己不在党籍为耻辱，上书朝廷自请按照“党人”治罪。

这是多么具有讽刺意味的一幕！

幼小的灵帝即位后，窦太后临朝称制，外戚窦武以大将军身份掌权，与太傅陈蕃合作，起用被禁锢的“党人”，企图一举消灭宦官势力。宦官发动宫廷政变，劫持窦太后，挟制灵帝，窦武兵败自杀。陈蕃率领僚属及太学生，冲入宫门援救，被捕后死于狱中。宦官乘机诬告“党人”谋反，大肆镇压，凡是“党人”及其门生、故吏、父子兄弟及其亲属，都遭到牵连，终身禁锢。这是第二次“党锢”之祸。

党锢事件毫无疑问是对持不同政见者的镇压，所谓“党人”，其实并没有结成什么“党”，所谓“共为部党”云云完全是诬陷不实之词。李膺、陈蕃、刘陶、范滂等人，不畏强暴，伸张正义的气概，为后人所景仰。正如《后汉书》所说：“咸能树立风声，抗论昏俗，而驱驰险厄之中，与刑人腐夫同朝争衡。”他们忠于职守，抨击弊政，极力反对宦官专权，宁愿丢官丧命，也不屈从于他们的淫威。这种清流，这种清议，不独令古人，也令今人感慨系之。

4. 魏晋风度与玄学

在中国历史上，很多好的东西，被后人一借用，立即变味，甚至变得面目全非，成为障人耳目的幌子。“禅让”就是一个典型。它的本意是对尧舜时代权力交接时“传贤不传子”的美德的一种褒奖。后世的野心家却把它用作篡夺政权的一块遮羞布。220年，曹操之子曹丕威逼汉献帝让出皇位，自己称帝，为了掩人耳目，美其名曰“禅让”。历史似乎在开玩笑，好像真有因果报应。266年，司马炎模仿曹丕篡夺汉室政权的把戏，篡夺曹魏政权，迫使皇帝“主动”让位，自己假惺惺推却一番，篡位终于美化成了“禅让”。于是乎，双方都成了尧舜般的圣君。

关键人物就是那个臭名昭著的司马昭。曹魏的皇帝曹髦不甘心受其挟制，发牢骚说：“司马昭之心，路人所知也。”他企图有所反抗，结果被杀身死。司马昭另立曹奂为傀儡皇帝，魏国的曹氏政权实际已成为司马氏政权。

当时不少基于正统观念的士人，多对司马昭的政治野心极为反感，又怕在改朝换代中招来杀身之祸，不得已采取玩世不恭的态度，回避现实政治的敏感问题，明哲保身。所谓“竹林七贤”——嵇康、阮籍、山涛、阮咸、向秀、王戎、刘伶，就是他们的代表人物。他们有的崇尚虚无，蔑视礼法；有的纵酒昏睡，放浪形骸。表面看来非常清高洒脱，内心却极其痛苦。他们越想远离政治，政治越加不放过他们。司马氏深知这些知名人士的分量，对他们分化瓦解，软硬兼施，逼迫他们公开表示与司马氏合作的政治态度。山涛、阮籍、向秀等人不得不先后屈服于司马氏。山涛在曹爽被杀后，隐居不出，迫于司马氏的政治压力，违心地出来做官。生性高傲、放荡不羁的阮籍，为了保全自己，故意装作“不与世事”。无奈抵抗不住司马昭的威逼利诱，违心地写了“劝进表”，替司马氏歌功颂德。在险恶的政治风云的历练下，阮籍竟然做到“口不臧否人物”的地步，为了保全自己，宁肯人格分裂，成为一个假面人。

嵇康却全然不变，宁折不弯。结果，阮籍得以终其天年，嵇康则丧命于司马氏之手。嵇康也有不得已的苦衷，他因为与曹氏宗室联姻，故而不肯倒向司马氏。山涛引荐他出来做官，他愤然写了一封绝交信，表明自己淡泊宁静的心态：“但欲守陋巷，教养子孙，时时与亲旧叙离间，陈说平生，浊酒一杯，弹琴一曲，志意毕矣。”谈起嵇康的《与山巨源绝交书》，台湾大学教授台静农别有一番解释：“又如山巨源与嵇叔夜，两人应该是相知的了，因为当时竹林名士，行迹上是一群高级酒徒，心情上多少具有共同呼吸之感。

后来山公将委身司马氏为选曹郎，居然荐叔夜自代，使叔夜不得不写那封绝交书。虽是好友，出处岂能强同？山公行事，又不像有意拖人下水的人，那么山公真是不知叔夜的人了。叔夜那封绝交书招致的后果，不知山公作何感想。”招致的后果实在是严重的，司马昭不放过他，捏造一个罪名，把他处死。嵇康死时才四十岁，临刑还弹了一曲《广陵散》。原先和嵇康一起打铁（避祸的幌子）的向秀，见嵇康被杀，无可奈何地前往洛阳，投靠司马昭。

司马昭多年苦心经营，取而代之的条件成熟了。265年，司马昭死，其子司马炎重演曹丕篡汉的“禅让”故事，废魏帝曹奂，自立为帝，改国号为晋。这一切竟然是在“禅让”的幌子下进行的。“禅让”的含义完全异化了。

这是一个动乱而黑暗，迷惘而绝望的时代，名士们慑于统治者的淫威，苟全性命于乱世，讲自己不想讲的话，做自己不想做的事，心灵完全被扭曲了。这就是“魏晋风度”。鲁迅的名篇《魏晋风度及文章与药及酒之关系》，是一篇讲演稿，对此有精辟而诙谐的论述。

名士们对天下对自己陷入了绝望，对人生对未来丧失了信心，于是好走极端，摆脱名教而自命通达。根据《三国志》的说法，这种“通达”和曹操有很大的关系，所谓“魏文慕通达，天下贱守节”。其实后来名士们的“通达”完全是慑于政治淫威的伪装，和曹操无关。

魏晋风度大致有三种形式。

第一种是以放浪形骸的怪诞，显示特立独行。儒家一向讲究仪表端庄，儒冠儒服，循规蹈矩，道貌岸然。魏晋名士却一反常态，或者过分讲究化妆，使男人女性化；或者不修边幅，放浪形骸。史书上说：“士大夫手持粉白，口习清言，绰约嫣然”，一副娘娘腔。尽管有些做作，人们还能够接受。另一些人就令人吃惊了，他们放浪不羁，以丑为美，说丑话做丑事，不以为耻，反以为荣。他们接待宾客时故意穿破衣烂衫，“望客而唤狗”；参加宴会时，故意不拘礼节，“狐蹲牛饮”。更有甚者，客人来访时，赤身裸体，一丝不挂，美其名曰“通达”。“竹林七贤”之一的阮籍酒醉之后，脱光衣裤，岔开双腿坐在床上，称为“箕踞”。当时人席地而坐的一般坐姿，或是跪坐，或是盘腿坐，在现代日本人那里还可以看到。两脚伸直岔开，形似簸箕的“箕踞”坐法，是对礼法的极大蔑视。另一“竹林七贤”刘伶，在室内一丝不挂，面对来访的友人，竟然辩解说：我把天地当作建筑物，把房间当作裤子衣服，诸君为什么走进我的裤子中来？

他们为什么要这样？表面上看来似乎是对儒家礼教的背叛，深层的原因在于，不满于黑暗的社会现实，又无力改变它，只得以一种"佯狂"的样子，逃避现实。当时人把他们看作疯子、狂人，其实他们内心十分清醒而极其痛苦，用怪诞的言行来宣泄不愿同流合污的心情。

第二种是饮酒与服药，麻醉自我以求解脱。魏晋名士的饮酒没有一点诗意，而是为了躲避政治灾祸，阮籍就是一个突出的例子。司马昭之子要迎娶他的女儿，阮籍极不愿意，又不能公开拒绝，于是乎大醉六十日，使得司马昭无从开口，又不能把他处死。他为了避免在政治上表态，经常酩酊大醉。钟会多次用敏感的时事话题询问，企图抓住把柄，都是由于阮籍"酣醉"，无功而返。正如《晋书·阮籍传》所说："籍本有济世志，属魏晋之际，天下多故，名士少有全者，籍由是不与世事，遂酣饮为常。"

服药是变相的服毒，与饮酒有异曲同工之妙，追求的是自我麻醉。当时名士们流行服食寒石散（五石散），从眼前讲，为了忘却人世间的烦恼；从远处讲，向往神仙生活，追求解脱。何晏就喜欢服药，表面的结果是"心力开朗，体力转强"，实际是慢性中毒，内热难耐，冬天也要用冷水浇身才能缓解。所以魏晋名士大多身穿宽大的旧衣服，脚拖木屐，为的是服药后容易散热又不损伤皮肤。名士们如此自讨苦吃，目的无非是暂时忘却社会的烦恼和精神的痛苦。

第三种是逃离现实，隐居山林。这是逃避现实、保全自己最潇洒最安全的方式。洁身自好的高士们，既可以保持正直的人格和气节，又可以委婉地显示与当权者的不同政见以及不合作的态度。陶渊明的《桃花源记》构建了具有诗情画意的乌托邦，从另一个侧面反映了这种倾向。"桃花源"并非纯属虚构，而是当时中原地区占据山险平敞之地的堡坞共同体的理想化。陈寅恪《桃花源记旁证》指出，"陶渊明《桃花源记》寓意之文，亦纪实之文"。士人隐逸的目的，"或隐居以求其志，或曲避以全其道，或静己以镇其躁，或去危以图其安，或垢俗以动其概，或疵物以激其情"。王安石关于桃花源的诗，如此吟咏道："世上那知古有秦，山中岂料今为晋。"在社会动乱不定，改朝换代频繁进行的时世，令人无所适从，与世无争的隐逸生活，成为高士们的最佳选择，是可以理解的。

《晋书·隐逸传》记载隐士孙登的事迹，说他在汲郡北面的山上，挖掘一个土窟居住，夏天把草编为衣裳，冬天则把长发披在身上御寒。平时喜好阅读《易经》，弹一弦琴自娱。他从来不发脾气，有人把他投入溪水中，想看他发怒的样子，不料孙登上岸后大笑不止。司马昭知道后，派阮籍前往观察，阮籍与他搭话，他竟一言不发。嵇康和他交往三年，始终不回答问话，令嵇康感慨叹息不已，临别前对他说：先生真的没有话可说吗？孙登说：火要用其光，人要用其才，用才在乎识真，你才多而识寡，在这个世界上很难立足。后来嵇康果然遭致非命，死前作忧愤诗曰："昔惭柳下，今愧孙登。"

在这种情况下，士人们的精神支柱分崩离析，纷纷跳出儒家经学的圈子，寻求新的信仰，于是玄学应运而生。

汉朝的经学弊端丛生，一是沉迷于繁琐的传注，二是经生只知墨守家法，只以师传之说为标准，三是迷信谶纬，使经学神秘主义化。三者的共性是拘泥，是僵化，是教条。这样的经学，在动乱的时代，毫无可取之处，既不能治国安邦，又不能消灾避祸。人们纷纷寻求代替它的东西，于是出现了用道家思想诠释儒家经典的怪现象，儒道合流，形成魏晋时期一种特殊的意识形态——玄学。

何晏、王弼以老庄学说解释《易经》、《论语》。何晏的《论语集解》、《论语正义》、《论语义疏》，王弼的《论语释疑》、《周易注》、《易略例》，是这一时期的代表作，反映了魏晋名士喜好老庄，喜欢独立思考的风格。何晏虽然标榜淡泊名利，却始终喜好世俗的功名，结果死于司马氏之手。王弼英年早逝，只活了二十四岁，但他的思想受到世人敬佩，王弼生长的正始年间，正是魏晋新思潮勃兴之际，士人们固然可以自由思想，却又倍感失去信仰的痛苦，便借谈玄说道的清谈来抒解心中的郁闷。才思敏捷的王弼，开魏晋玄学风气之先，披着儒家外衣的道家思想一时风靡天下，名士无不以谈玄成名。

阮籍、嵇康以老庄为师，反对名教，崇尚自然。高傲的阮籍会用青白眼看人，顺心的用青眼（黑眼珠）看，不顺心的则翻白眼，视而不见。《晋书·阮籍传》说他"见礼俗之士，以白眼对之"，"由是礼法之士疾之若仇"。阮籍却安之若素，他非常蔑视那些"惟法是修，惟礼是克"，用礼法来约束自己的假名士，在《大人先生传》中，称他们为“裈中之虱”。阮籍把自己的本性伪装起来，装成恶人的样子，目空一切地故作豁达，根本的原因就在于此。嵇康标榜“老子、庄周吾之师也”，《晋书·嵇康传》说，嵇康“不涉经学，又读《老》、《庄》，重增其放”。因此，他敢于“非汤武而薄周孔”，指斥“六经未必为太阳”，高唱“越名教而任自然”。

魏晋风度与玄学是后人永久传诵的话题，新见迭出。旅美作家木心在《哥伦比亚的倒影》中，如此写道：“滔滔泛泛间，‘魏晋风度’宁是最令人三唱九叹的了；所谓雄汉盛唐，不免臭脏之讥；六朝旧事，但寒烟衰草凝缘而已；韩愈、李白，何足与竹林中人论气节。宋元以还，艺文人士大抵骨头都软了，软之又软，虽具须眉，个个柔弱无骨，是故一部华夏文化史，唯魏晋高士列传至今掷地犹作金石声，投江不与水东流，固然多人是巧累于智俊伤其道的千古憾事，而世上每件值得频频回首的壮举，又有哪一件不是憾事。”这种汪洋恣肆的品评流露的是真性情，于偏激中闪现独具只眼的史识，端的是在“三唱九叹”了！

庄园仓库模型

庄园模型

管弦乐队（彩绘木雕）

舞蹈（彩绘陶俑）

汉化的北魏文官
（彩釉瓷俑）

鲜卑贵族乘坐中原牛车
（铜器陪葬品）

北魏　铜鎏金佛像

【第六讲】胡人汉化与汉人胡化的时代

萧绎《职贡图》(局部)

西晋八王之乱以后，北方游牧民族南下，纷纷建立割据政权，中原地区陷入分裂状态，直到北魏统一北方，长达一百三十多年，历史上称为五胡十六国时期(304—439年)。这一时期表面上看来，似乎是一个大分裂大动乱时期，其实深入探究起来，应该说是由分裂走向统一的时期。关键就是胡人汉化与汉人胡化，各民族在融合中求同存异，为大一统帝国的重建奠定了基础。

1. 五胡十六国时期的汉胡互化

北方游牧民族南下，进入汉族农业区，必然为先进的社会所同化，这就是所谓汉化。它当然是一个缓慢的过程，匈奴及其他民族的汉化都是如此。

从东汉初年南匈奴进入山西，到西晋初年匈奴部众的南迁，持续了二百多年，匈奴逐步汉化。以至于匈奴人建立的政权，称之为“汉”，是“十六国”之一。大约在曹操晚年，匈奴贵族因上代是汉朝皇帝的外孙，而改姓刘。汉国的建立者刘渊，在学习汉族传统文化方面很下功夫，他师事著名经学家崔游，学习《毛诗》、《京氏易》、《马氏尚书》，尤其爱好《春秋左氏传》。他能背诵孙、吴兵法，熟读诸子百家以及《史记》、《汉书》，颇为自负，自命汉初辩士随何、陆贾与名将周勃、灌婴四人才干集于一身。304年，他起兵反晋，为了争取汉人的支持，宣称自己是“汉氏之甥，约为兄弟”，因此他立国号为“汉”，自称汉王，追尊蜀汉后主刘禅为孝怀皇帝，以示自己的政权是汉朝宗室的延续。刘渊建立汉国后，任用他的经学老师崔游为御史大夫，东汉大儒卢植的曾孙卢志则被任命为其子刘聪的太师。由此不难看出，十六国的第一个政权的建立者——匈奴人刘渊——汉化程度之深。

建立后赵国的羯族人石勒，汉化程度也很深。他认识到羯族力量有限，要巩固后赵政权，必须争取汉人合作，尽量利用汉人的治理方略。他重用“博涉经史”的汉人张宾为谋主，言听计从，下令胡人不得凌辱衣冠华族（汉人），派官员到各地劝课农桑。他不识字，却喜欢听人讲经、诵读史书，虽在戎马倥偬之中，也不稍懈怠。他设立太学和郡国学，用儒家经学培养包括羯族将领子弟在内的人才，并且建立秀才、孝廉试经之制，用儒学选拔官员。

氐族建立的前秦国的君主苻坚，重用汉族寒门士人王猛，按照汉法改革政治，发展经济、文化，对王猛主张“宰宁国以礼，治乱邦以法”，十分欣赏与支持。他广修学宫，亲临太学考试学生经义优劣，奖励儒生，争取汉族士大夫的支持。他对博士王寔说，朕一月之内三次亲临太学，发现人才，躬亲奖励。其目的在于，不使周公、孔子的微言大义在我手里失传，是不是可以追上汉武帝、汉光武帝了？王寔回答道，陛下神武拨乱，开庠序之美，弘儒教之风，汉武帝、汉光武帝不值得相提并论。

这样的事例可以举出很多。他们的共同之处在于，胡人汉化，中原的儒学起到了关键作用。魏晋南北朝史专家何兹全说：西晋末年，随着士族上层的渡江南下，装在他们头脑里的玄学也被带过江去，原先影响甚微的经学士族留在北方，他们保持着汉朝经学重礼仪的传统。而胡族政权武力占据北方，要立国中原，必须熟悉儒学传统，崇尚中原文化，以汉法治汉人。胡族君主与汉人士族在这种背景下，进行了卓有成效的合作，儒学显示了强大的生命力与同化作用。

民族的同化总是双向进行的，胡人汉化的同时，就是汉人胡化。所谓汉人胡化，是在长期的交流中，汉人在生产、生活中潜移默化地吸收了胡人的习俗。这种变化，从东汉末年已经开始，《后汉书·五行志》写道：“灵帝好胡服、胡帐、胡床、胡坐、胡饭、胡箜篌、胡笛、胡舞，京都贵戚皆竞为之。”你看，皇帝对胡人的一切生活方式都很感兴趣，包括胡人的服装、胡人的帐篷、胡人的高足家具、胡人的饮食、胡人的乐器、胡人的舞蹈等等。由于皇帝的倡导，京都的达官贵人都竞相仿效，兴起了汉人胡化的之风。这种风气到五胡十六国时期达到高潮。

特别值得一提的是“胡床”——胡人发明的高足座椅。中原汉人一向的习惯是席地而坐，或是跪坐，或是盘腿坐，并无坐椅子、凳子的习惯。所以竹林七贤双脚前伸的坐法被称为“箕踞”，是极不恭敬的失礼举动。胡人发明的座椅，被汉人称为“胡床”，它还有这样一些别称：绳床、交椅、交床、逍遥座、折背样、倚床。胡床自北而南广为流行，促使高足家具的兴起，终于改变了汉人席地而坐的习惯。“筵席”一词与席地而坐的习俗紧密相连，举行宴会时，在地上铺上大的“筵”，再铺上小的“席”，作为座垫，中间有矮足的称为几、案的桌子。这种筵席方式，至今在日本、韩国依然可以见到。胡床及高足家具流行后，人们不再席地而坐，宴饮搬到了高高的桌子上，但“筵席”的说法一直沿用下来，不过已经失去了它的本意。

十六国时期，随着骑马民族的南下，把畜牧及与其有关的生产技术带到了中原地区。据北魏贾思勰《齐民要术》记载，牛、马、骡、羊等牲畜的饲养、役使方法，兽医术、相马术，以及制作毛毡、奶酪、油酥的技术，逐步为汉人所接受。《齐民要术》还谈到胡人的饮食习惯对汉人的影响，它提到的“胡物”有：胡饼、胡椒酒（筚拨酒）、胡饭、胡羹、羌煮等，看来中原地区的汉人已经把胡人的饮食习惯吸收到自己的生活中，逐步采用烧烤兽肉、奶酪为饮料的胡人习俗。

胡语、胡歌、胡乐、胡舞、胡戏的流行，给中原文化增添了新的活力和色彩。北方汉人子弟以学习胡语为时髦之举，久而久之，北方汉语中充斥了“胡虏”之音。胡乐对中原音乐的影响是深远的，胡笳、羌笛、琵琶等乐器，随着民族大迁徙，从漠北、西域以及其他地区传入中原，使传统音乐显得更加丰富多彩。西晋后期，天竺国送给凉州刺史张轨乐工二十二人，乐器一部，其中有笛子、琵琶、箜篌、五弦琴、铜鼓、皮鼓等，还带来了天竺调等乐曲。前秦末年，吕光远征西域，又获得筚篥、腰鼓、答腊鼓，以及龟兹乐曲。

我们不难从中窥知，当年中原胡歌、胡乐盛行的斑斓景象，汉胡互化的累累硕果。我们先人的这种大智慧，令人敬佩，也令人感动。

2. 汉化色彩浓烈的北魏改革

北魏文明太后、孝文帝的改革的最大特点在于，把胡人的汉化进程纳入政治体制，使之法制化、常规化，使北方地区的胡人与汉人的差别日趋缩小，以至于融为一体。这是北魏改革最为了不起的成就。中国历史上的改革多得数不胜数，但是像这样的改革却为数不多，因此特别值得重视。

北魏道武帝定都平城（今山西大同）后，日趋强盛，到太武帝时结束了十六国的混乱局面，于439年统一北方，与接替东晋的宋——南朝的第一个政权相对峙，历史进入了南北朝时期。这就使北魏统治者面临严峻的挑战：曾经一度统一北方的前秦，淝水之战失败后分崩离析，北方出现了更大的分裂局面；北魏应该采取何种对策来巩固统治，才不至于重蹈覆辙。矛盾集中在改革鲜卑旧俗和加速汉化这两大焦点上。文明太后冯氏和孝文帝拓跋宏的大胆改革，成功地解决了这一矛盾。

文明太后冯氏是北魏第四代文成帝的皇后，第五代献文帝在位时开始左右朝政，在他的控制下，郁郁不得志的献文帝传位给五岁的儿子拓跋宏。不久，冯氏毒死献文帝，自己以太皇太后的身份临朝称制，成为当时改革的最重要决策人。改革的核心就是鲜卑的汉化，这和她的汉族出身有着密切关系。

冯氏是北燕王室的后裔，长乐信都（今河北冀县）人，曾祖冯安于4世纪末迁徙至昌黎（今辽宁朝阳东南）。407年，冯安子冯跋自立为北燕王，据有辽东一带，以后由于内讧而被北魏吞并。冯氏被掳入宫中，因为其姑母是魏太武帝的贵妃（左昭仪），使冯氏得以借光，她先是被选为魏文成帝的贵人，两年后立为皇后。以后她临朝称制十多年，表现出非凡的政治家才能。《魏书·皇后传》说："自太后临朝专政，高祖雅性孝谨，不欲参决，事无巨细，一禀于太后。太后多智略猜忍，能行大事，生杀赏罚，决之俄顷。"一看便知，这是一个颇有政治才干的女强人，可以和后来的武则天相媲美。

她第一次临朝听政时，就下令在全国各地普遍建立学校，不仅表现出对于文治的重视，而且规定学生"先尽高门，次及中第"，正式承认汉人门第，迈开了汉化的第一步。她第二次临朝听政时，以孝文帝的名义发布诏书，向各级官吏及百姓征求意见，希望直言极谏，凡是有益于统治、有利于人民，可以端正风俗的意见，一定予以采用。表示要大张旗鼓地开展一场政治改革运动。

这场政治改革围绕一系列制度建设而展开。

颁布官吏俸禄制度。北魏早期的官吏没有俸禄，实行一种落后的供给制，弊端甚大，贪赃枉法盛行。太和八年(484年)颁布官吏俸禄制度，按季发给俸禄，并且规定：从此以后，再有贪赃绢一匹以上者，立即处以死刑。

颁布均田令。太和九年(485年)，文明太后冯氏根据汉人官员李安世的建议，颁布均田令，由中央政府派出官员，前往各个州郡，与地方官一起"均给天下之田"，到一定年龄可以受田，超过一定年龄则要还田，其目的在于"劝课农桑，兴富民之本"。这就是影响中国历史几百年的均田制度。所谓均田，并非不顾土地关系现状，重新平均分配土地，而是对荒地、无主地以及所有权不确定的土地，由政府按照劳动力加以分配。十五岁以上的男子可以受露田(不栽树的土地)40亩，妇女受露田20亩；男子每人还可以受桑田(栽桑、枣、榆树的土地)20亩，作为世业(可以世代相承)，不宜栽种桑树的地区，男子给麻田10亩，妇女5亩。

实行三长制。太和十年(486年)文明太后冯氏根据汉人官员李冲的建议，在地方基层建立三长制(即五家立一邻长，五邻立一里长，五里立一党长)，代替原先以宗族为单位的宗主督护制。已经实行了七十多年的宗主督护制，最大的弊端就是"民多隐冒"，宗主荫庇依附人口，"三十、五十家方为一户"，不利于中央政府对地方的控制。为了进一步巩固北魏对中原的统治，必须摈弃这种落后的宗主督护制，建立地方基层行政体制。当李冲提出废除宗主督护制建立三长制的建议时，文明太后大力支持，召见公卿百官前来议论，明确表态："立三长，则课有常准，赋有恒分，苞荫之户可出，侥幸之人可止，何为而不可！"

实行租调制。这是与均田制配套的措施，它是以每户受田已足的假定为依据的，也就是说，在每户(一夫一妇)受田已足的情况下，每年向政府缴纳帛一匹(麻布之乡则为布一匹)、粟二石。从西魏大统十三年计账文书可知，租调的征收率，与各户实际受田状况无关，同一户等的丁男或丁妻，不论受田已足、未足，都是课取划一的租调。由此可见，均田制的实施致力于调整土地关系，但根本的出发点是便于政府向农户征收划一的租调，作为中央集权体制的财政基础。

太和十四年(490年)文明太后死，魏孝文帝亲政，进一步强化改革，重点是改革鲜卑旧俗、实行全面汉化。

迁都洛阳。太和十八年(494 年),孝文帝把首都从平城(大同)迁往洛阳,促成鲜卑人的一次大规模南迁,以及随之而来的全面汉化。以平城为中心的代都地区的恶劣自然条件,决定了它对人口的承载量是有限的。为了摆脱这一困境,一向热衷于汉化的孝文帝义无返顾地决定迁都洛阳,走向全面汉化之路。由平城一带迁往洛阳的移民约一百零八万左右,其中包括鲜卑文武百官及士兵二十万,以及这些人的家属。为了缓和部分鲜卑贵族不愿离开故土的情绪,孝文帝特许他们"冬则居南,夏便居北",也就是说,他们可以冬天住在洛阳,夏天回到平城一带,这些人被称为像候鸟一样南北迁徙的"雁臣"。这当然是不得已的过渡方式,南迁与汉化的最终目标是不变的。孝文帝后来规定,迁居洛阳的鲜卑人,死后一律葬在洛阳,不许归葬代北,逐渐以洛阳为籍贯,割断与代北的联系。迁居洛阳的鲜卑人,经过三十年,大体上已经汉化。一个统治民族仅仅经过三十年时间,就与被统治民族相融合,不能不说是孝文帝汉化政策的极大成功。

改革鲜卑旧俗,推行全面汉化政策。孝文帝本人在北魏诸帝中汉化色彩最浓,汉文化修养最深,深知鲜卑族必须汉化才能巩固政权,统一南北。《魏书·高祖纪》说他:"雅好读书,手不释卷。'五经'之义,览之便讲,学不师授,探其精奥……才藻富赡,好为文章,诗赋铭颂,任性而作。有大文笔,马上口授,及其成也,不改一字。"他以大儒自居,以儒学治国,在这点上,比南朝的君主有过之而无不及。

其一是恢复孔子的"素王"地位,尊孔祭孔活动的规格逐步升级,迎合中原士大夫的夙愿,笼络大批汉族士人。

其二是实行礼治,改革鲜卑旧俗。其中最为突出的是语言改革,禁止三十岁以下官员说鲜卑话,犯禁者一律要受到降级的处分。这一改革措施,孝文帝称为"断诸北语,一从正音",他的意思就是,断绝"北语"即鲜卑话的流传,而把"正音"即汉语作为官场通行的普通话。与此相关联的是,孝文帝下令,把鲜卑复音的姓氏改为音近的单音汉姓,他自己带头,把皇族的姓氏"拓跋"改为"元",他的姓名由原先的"拓跋宏"改为"元宏"。其他如"丘穆陵"改为"穆","步六孤"改为"陆","贺赖"改为"贺","独孤"改为"刘","贺楼"改为"楼","勿忸于"改为"于","纥奚"改为"嵇","尉迟"改为"尉","达奚"改为"奚"等,一共 118 个复姓改为单姓。

其三是鲜卑的门阀化。孝文帝亲自拟订条例,规定鲜卑的穆、陆、贺、刘、楼、于、嵇、尉八姓,与汉族士族中的范阳卢氏、清河崔氏、荥阳郑氏、太原王氏四姓的门第相当,使鲜卑八姓迅速门阀化。

其四是促使鲜卑人与汉人通婚,孝文帝自己带头,迎娶崔、卢、王、郑以及陇西李氏之女入宫,并且强令六个兄弟都聘娶汉人士族之女为正妃。鲜卑皇族和汉人士族通婚,一般鲜卑人便群起而效仿,入居中原的鲜卑人很快被汉族融合了。

孝文帝的全面汉化政策,使胡族政权不但在政治上而且在文化上被中原文明所同化,正如《魏书》所说:"礼仪之叙,粲然复兴;河洛之间,重隆周道。"原先胡人与汉人的差别,逐渐转化为士人与庶人的差别。日本学者谷川道雄在他的论著中指出,力求突破种族血缘的阻碍,建立一个更具有公共性的国家,是北魏孝文帝汉化政策的目的及意义所在。从这种宏观视野考察汉化政策的观点,不仅独具只眼,而且富有理论穿透力。

北魏一代,从经学角度看,儒学无可称道;从政治文化角度看,儒学的作用非常了不起,它加速了胡汉差别的消失,加速了民族融合的进程,也使中原传统文化得以发扬光大。割江而治的南朝已不再是正统的代表,恰恰是北魏统治下的中原才是传统文化的中心。

梁武帝派陈庆之护送魏北海王元颢回洛阳,在宴会上陈庆之大言不惭:"魏朝甚盛,犹曰五胡。正朔相承,当在江左。"言词中充满对北魏的蔑视,自以为长江以南才是"正朔"的所在。但是当他护送元颢到达洛阳,亲眼目睹洛阳旧貌换新颜,一派欣欣向荣的景象,回到梁朝后对人谈起"正朔"时,观点大变:"自晋、宋以来,号洛阳为荒土。此中谓长江以北,尽是夷狄。昨至洛阳,始知衣冠士族,并在中原,礼仪富盛,人物殷阜,目所不识,口不能传。"你看,原先对北魏带有偏见的南朝官员,面对事实,不得不承认"衣冠士族,并在中原",南朝方面自愧不如。

3. 门阀政治的东晋南朝

历史的发展确实如此,和蓬蓬勃勃、欣欣向荣的北朝相比,东晋南朝显得死气沉沉、萎靡不振。为什么呢？一言以蔽之，门阀政治把一切腐朽引到了极致。

南朝的宋、齐、梁、陈继承了东晋的所谓正统，与北朝相抗衡，然而它们继承正统的同时，也继承了东晋以来门阀政治的一切腐朽方面。

所谓门阀政治，是一种讲究门第阀阅的贵族政治，是东晋以来的政治传统。内藤湖南认为，六朝是贵族政治时代，六朝的贵族不是上古的氏族贵族，也不是欧洲中世纪的领主贵族，只是一种具有地方名门出身的贵族。由汉朝官僚经过多次蜕变而成长起来的六朝贵族，是士大夫集团——以儒学为核心的汉文化向地方普及而形成的新兴士大夫集团，累世为官而形成望族，其基础就是门第。

田余庆《东晋门阀政治》一书指出：没有东汉的世家大族就不可能出现魏晋的士族。世家大族虽然带有时代承袭的性质，但其身份地位与具有法律保障的世袭封君毕竟有所不同。无论东汉的世家大族，抑或魏晋的士族，其成员大都已经变换。促成这一变换的主要原因就在于政治：一是社会大动乱，二是频繁的易代纠纷。东晋士族——门阀士族的当权门户，有琅邪王氏、颍川庾氏、谯国桓氏、陈郡谢氏、太原王氏，在当时起着举足轻重的作用，形成门阀政治。东晋只有皇室司马氏与王氏共治天下，平衡和秩序才得以维持，于是形成了“王与马，共天下”的局面，并被皇室与士族共同接受，成为东晋一朝门阀政治的模式。此后执政的庾氏、桓氏、谢氏，背景有所不同，但有一点是共同的，都必须与司马氏“共天下”。

所谓门阀，有门与阀两层意思，门即门第、门户，阀即阀阅，门阀即门第等级。当时又有“门地”之说，地指地望，即宗族的籍贯。以地望别姓氏，以地望别贵族，是当时社会等级结构的一个外部特征。例如：西晋士族高门王氏，有太原王氏与琅邪王氏之分，当时太原王氏累世身居高官，成为首屈一指的高门；到了东晋，琅邪王氏有开国之功，历任宰辅，一跃而为侨姓士族之首领，第一流的高门。这两个王氏的区别就在于地望。

门阀政治的腐朽性在于，士族高门的子弟，只要凭借显贵的家世，不必凭借自己的才能，就可以稳稳地做上高官。琅邪王氏、太原王氏、陈郡谢氏等莫不如此。王遐出身于太原王氏家族，仅仅因为他的“华族”出身，使他年纪轻轻就当上了光禄寺的高官。庾冰出身于颍川庾氏家族，他自己不无得意地说："因恃家宠，冠冕当世"，仅仅凭借门第，当上了宰相。至于琅邪王氏中王导这一支，从东晋到南齐，一直官运亨通，身居高位，所谓"六世名德，海内冠冕"，当宰相的接二连三。

这就是说，只要是士族高门，甚至是白痴也可以出任高官。因此带来了严重的弊端：一方面，高级士族凭门第而不必凭才能就可以坐至公卿，于是不思进取，终日沉湎于清闲、放荡的生活，而不关心政治，拒绝担任繁杂而辛苦的工作；另一方面，只要门第不垮，荣华富贵唾手可得，养成了高级士族在王朝更迭的斗争中畏葸退缩，明哲保身，甚至见风使舵，随声附和。赵翼《陔余丛考》指出，六朝的忠臣中没有殉节的人。这是因为，每个人都把自家的门第看得最为重要，无论怎样改朝换代，高门大族依然是高门大族，它与皇帝和官位没有关系，因此任何时候都不会考虑为皇帝而殉节。这是极其危险的负面因素，东晋南朝的无可救药，这恐怕是一个最值得注意的关节。

何况这些高门大族的子弟，越来越显得一无是处。他们长期纵情声色，过着骄奢淫逸的生活，对实际事务一无所知。后人这样描述他们："处庙堂之下，不知有战阵之急；保俸禄之资，不知有耕稼之苦；肆吏民之上，不知有劳役之勤。"他们愈来愈文弱，宽衣、博带、高冠、大屐，悠哉游哉。许多人"出则车舆，入则扶持"，一刻也离不开别人的侍候。有的人玩物丧志，甚至连汉魏以来士大夫必须掌握的传统文化知识也完全荒废了，成为高级文盲。

士族高门为了维护自己的社会地位和特权，不仅把持官场，不让寒门庶族插足，而且在婚姻上也有严格限制。士族高门只能和士族高门通婚，如果和圈外人士通婚，就被看作婚姻失类——门不当户不对。因此士族高门非常重视家谱，讲究郡望，谱学成了一门新兴学问。在这种政治气候下，出现了谱学巨擘贾、王二氏。东晋武帝命贾弼之编撰《姓氏簿状》712 篇，收集了十八州一百一十六郡的士族姓氏。自东晋至宋、齐、梁、陈四朝，贾氏家族世传谱学，六代人中五代都有谱学著作。梁武帝任命王僧孺在贾弼之《姓氏簿状》基础上编撰《十八州谱》(后改称《梁武帝总集境内十八州谱》)710 卷，成为门阀政治和谱学的集大成之作。那些名门望族，利用这种新兴的谱学，标榜自己家族源远流长的光荣历史。名门望族的谱牒被官府收藏，作为任命官员的重要依据。刘宋时，刘湛为了便于选官而编撰《百家谱》2卷；萧齐时，王俭掌管吏部，又把它扩充为《百家集谱》10卷。凡是出任吏部官职者，都必须精通谱学，否则便难以称职。萧梁时，徐勉编撰《百家谱》20卷，使官员任命"彝伦有序"——与门第郡望相匹配。

然而，门阀政治在南朝逐渐显露颓势。士族腐朽不堪，不能担任武职，庶人出身的人便以武职为升官的阶梯。南朝的四个开国皇帝——宋武帝刘裕、齐高帝萧道成、梁武帝萧衍、陈武帝陈霸先，都是庶族出身，先掌握军权，而后夺取政权。庶族出身的皇帝自然要提拔庶族官员作为自己的辅佐，因为士族没有处理实际事务的能力，只能担任清闲之职享受高官厚禄。

刘宋时，"手不知书，眼不识字"的农家子弟沈庆之官至侍中，都督三州军事；小贩出身的戴法兴成了宋武帝的南台侍御史、兼中书通事舍人，专管朝廷内务，权倾一时。萧齐时，出身寒微的纪僧真当上了中书舍人，齐武帝力排众议为之辩护说："人生何必计门户？纪僧真堂堂，贵人所不及也。"纪僧真却有点心虚，向皇帝吐露真心说，自己是出身于低下的武官，今日升任高官，乞求成为士族。齐武帝回答说，做士族的事，皇帝也不能决定，必须自己去找士族商量。纪僧真去拜访姓江的士族，遭到蔑视，丧气而归。梁武帝时，侯景从北齐归降梁朝，向梁武帝提出，要同南朝的名门望族王、谢两家联姻，梁武帝劝诫说，王、谢两家的门第太高了，你还是同门第低一些的家族联姻吧。

这些事例表明，南朝虽然已经"寒人掌机要"，对门阀政治进行冲击，但是门阀政治的余威尚存，门第依然是难以逾越的屏障。

侯景之乱使门阀政治受到致命一击，从败象丛生中迅速走向衰微。史籍如此描述当时的情况："梁朝全盛时，贵游子弟多无学术"，"明经求第，则雇人答策；三九公宴，则假手赋诗"；"及侯景之乱，肤脆骨柔，不堪行步，体羸气弱，不耐寒暑，坐死仓猝者，往往而然"。弥漫颓废气氛、号称六朝金粉之地的南朝都城建康，在侯景之乱中被烧掠一空。梁武帝的子孙们分别投靠西魏、北齐，相互火并。陈霸先取而代之，建立南朝的最后一个政权——陈，所能控制的地盘，仅仅限于江陵以东、长江以南的狭小地区，南朝已经摇摇欲坠了。

4. 隋：统一帝国的再建

北朝与南朝的对峙，不过是走向再统一的过渡阶段，短暂的分裂为新的统一提供了可能。这种统一，当然不可能由死气沉沉、萎靡不振的南朝来实现，而必然是由充满朝气与活力的北朝来实现。

北魏分裂为东魏、西魏，由军人分别扶植了两个傀儡皇帝。后来东魏被高氏所挟持，建立北齐；西魏被宇文氏所挟持，建立北周。高氏是汉族与鲜卑族的混血家族，他们希望驯服胡族王公大人，而又不得罪中原士大夫。宇文氏是匈奴族与鲜卑族的混血家族，反对元宏（孝文帝）的过度汉化，希望得到胡族的支持。然而胡人汉化已是大势所趋，一旦条件成熟，以孝文帝的路线达成统一，是顺理成章的。

北周武帝宇文邕灭北齐，使分裂的北中国再度归于一个政权的统治之下。武帝死，宣帝宇文赟继位，一年后传位于其子静帝宇文阐。杨坚以左大丞相、都督内外诸军事的名义，总揽朝政。

杨坚是北周的军事贵族，其父杨忠是北周的重臣，其妻独孤氏出身于北方非汉族中势力最大的门第，其女又是宣帝的皇后。这种特殊身份，把他卷入了权力斗争的尖端。他由隋国公一跃而为隋王，进而废除静帝，建立隋朝。那是 581 年。八年以后，他伐陈成功，统一南北，结束了断断续续的分裂局面。隋文帝杨坚有着汉族与鲜卑族的混合血统，在他身上兼具汉人胡化、胡人汉化的双重色彩，这种汉人与胡人兼容的身份，使他建立的隋帝国具有与先前的汉帝国截然不同的特征。日本学者谷川道雄在《隋唐帝国形成史论》中指出，胡族与汉族人民否定门阀主义身份秩序，追求平等自由身份的努力在东魏、北齐政权下没有成功，但在西魏、北周那里却得到了实现。继承北周政权的隋唐是一个保障胡汉民族融合和自由的公共性国家。

历史常常有惊人的相似之处。隋朝与秦朝都是结束分裂、建立统一的王朝，可惜的是国祚短促，二世而亡。然而在历史上却有着不可磨灭的功绩，汉承秦制和唐承隋制，便是明证。也就是说，泱泱大汉得益于秦的奠基，而盛唐气象离不开隋的创制。

隋的创制是围绕着中央集权的统一帝国的重建而展开的。

第一，创建帝国中央政府的三省六部制度。

隋文帝即位后，采纳大臣的建议，废除北周官制，恢复汉魏旧制。事实上，隋的大部分官署和职称都模仿北齐，而北齐制度则是北魏全面汉化政策的反映。不过“恢复汉魏旧制”的命令，透露出隋朝有雄心使自己成为一个比南北朝割据政权更伟大的统一政权。

三省六部制，是一个伟大的创举。中央政府设立内史省（中书省）、门下省、尚书省，内史省即中书省是决策机构，门下省是审议机构，尚书省是行政机构。凡是国家大政方针，先由内史省（中书省）研究，作出决定，再由门下省审核，如有差失，可以驳回。尚书省则执行中书省和门下省通过的政令。尚书省的长官是尚书令，副长官是仆射，下设吏部（掌管官员铨选）、礼部（掌管礼仪）、兵部（掌管军事）、都官部（即刑部，掌管刑法）、度支部（即民部、户部，掌管户口钱谷）、工部（掌管营建）。六部分工明确，统管全国的政治、经济、军事等各个方面。这种三省六部的帝国中央政府体制，经过唐朝的改进，一直为后世所沿用，实在是一个了不起的创制。

第二，创建帝国的文官考试制度——科举制。

六朝时代，用九品官人法选拔官吏，选拔的标准是门第而并非学识，故而民间谚语说：“上品无寒门，下品无士族。”隋朝初年，为了削弱门阀政治，废除了地方长官辟举本地士人担任官吏的陋习，明确规定九品以上地方官一律由尚书省所属吏部进行考核；以后又规定，州县官吏三年一换，不得连任，不许本地人担任本地官吏。这样就把官吏的任用权，集中到中央，改变了长期以来士族控制地方政权的局面。与此同时，选举（其本意是选贤举能）权也集中到中央。于是废除按照门第高低选用官吏的九品官人法，代之以科举制的条件成熟了。

科举制的创造性在于，用考试来选拔人才，是前所未有的进步。首先设立秀才科、明经科，参加考试的有太学（国子学）、州县学的生徒，也有各州按规定举荐的贡士。考试统一的课程，一律按照才学标准录取；录取和任用权完全掌握在吏部手中。由于秀才科需要广博的学识，除了考试策论，还要加试各体文章，能够录取的人选极少；因此隋炀帝增设了进士科，放宽录取标准。明经科主要测试对某一儒家经典的熟悉程度，进士科只考试策论，看他的文才如何。于是，一般读书人，都可以通过科举考试而进入仕途。科举制经过唐朝的发展，被西方学者誉为世界上最早的文官考试制度，一直沿用到清朝。

第三，创建帝国的人口管理制度——户籍制。

黄仁宇《中国大历史》指出，中国从公元前一直到20世纪，中央政府能向每个农民直接征税，是世界上唯一的国家。秦汉时代中央集权体制可以控制地方基层组织乡、亭、里，必须有严密的户籍制度与之相配合。隋朝建立伊始，户籍极为混乱，一方面存在"诈老诈小，规免租赋"的现象；另一方面存在强宗大族荫庇户口的现象，重整户籍制度便成为当务之急。首先整顿地方基层组织，设保、里、党，由里正、党长负责检查户口，进行户籍整理。以北齐、北周旧制为基础，制订户籍新法，把人口按照年龄区分为：

黄——3岁以下；

小——3～10岁；

中——10～17岁(以后改为10～20岁)；

丁——18～60岁(以后改为21～60岁)；

老——60岁以上。

在这些年龄段中，最重要的无疑是"丁"，即成年劳动力，国家赋役的承担者。有家室的丁男，每年服徭役二十日，缴纳租粟三石、调绢二丈、绵三两。为了防止户籍年龄上的弄虚作假，州县官吏必须经常检查户口，称为"大索貌阅"。地方官每年要亲自实地查验户口、年龄、疾状(健康状况)，称为貌阅(或称貌定、团貌)，就是亲自察看一下人口的相貌，把为了逃避徭役租调的"诈老诈小"者清查出来。

第四，创建帝国的控制体系——开凿以洛阳为中心的大运河。

隋文帝以汉朝古都长安为首都，在这块古老而破落的土地上，重新建造一个硕大无比的大兴城，是世界上罕见的都城。但是要由它来控制新建的帝国，似乎有鞭长莫及之感。隋炀帝即位后，决定迁都洛阳。其主要原因是以洛阳为中心便于控制全国，它是水陆运输的自然中心，储藏与转运物资的枢纽，以后成为沟通南北的大运河的交汇点与辐射点。洛阳不仅是一个都城，而且是整个帝国最大的商业城市，有东市(丰都市)、南市(大同市)、北市(通远市)等商业区，其中东市(丰都市)就有一百二十行、三千余肆，市上"重楼延阁，互相临映，招致商旅，珍奇山积"。因此大运河以洛阳为中心，绝不是偶然的。

运河的开凿，从隋文帝时代已经开始，例如开凿广通渠（从潼关到长安）、山阳渎（通向扬州），不过这些小规模的运河对于统一大帝国而言，显然不相称。隋炀帝花了六年时间连续开凿以洛阳为中心的贯通全国的大运河：

通济渠——从洛阳西苑引穀水、洛水进入黄河，由黄河沿线的板渚进入汴水，由汴水进入淮水沿线的盱眙；

邗沟——由山阳（淮安）抵达江都（扬州），进入长江；

江南河——由京口（镇江）抵达余杭（杭州）；

永济渠——引沁水至黄河，东入卫河，北至涿郡（北京）。

由这四条运河连接而成的大运河，把由西向东的五大水系——沽水（海河）、河水（黄河）、淮水（淮河）、江水（长江）、浙江（钱塘江），互相连接，形成一个完整的水运体系。对于加强首都洛阳与新兴经济重心——江淮、江南地区的联系，对于加强首都洛阳对北方边防的控制，具有重大的作用。这一运河网络把长江流域、黄河流域以及北方长城沿线，连成一体，使隋帝国能够以南方的粮食和其他物资供养政治中心洛阳，并且给北方边境提供战略后勤保障，为再建的统一大帝国提供具体而坚实的物质基础。

经过隋文帝、隋炀帝两代的发展，帝国呈现一派富庶强盛之势。人们或许会因为隋二世而亡，国祚短促，而断定它既贫且弱，其实不然。隋的"国富"历来为传统史家所津津乐道，最有代表性的要数马端临在《文献通考》中所说："古今国计之富莫如隋"，"隋炀帝积米其多至二千六百余万石"。

马端临并未夸大其词。隋文帝在卫州（今河南汲县）设置黎阳仓，在洛州（洛阳）设置河阳仓，在陕州（今河南陕县）设置常平仓，在华州（今陕西华阴）设置广通仓，屯储从各地运来的粮食、物资。隋炀帝又在洛阳附近设置洛口（兴洛）仓、回洛仓。这些仓库十分庞大，例如洛口仓，周围 20 多里，有 3000 个地窖，每个地窖可以储藏粮食 8000 石；又如回洛仓，周围 10 里，有 300 个地窖，每个地窖可以储藏粮食 8000 石。仅此两座仓库所储存的粮食即达 2600 多万石，此外太仓、永丰仓、太原仓所储存的粮食也在数百万石以上。长安、洛阳、太原等地的仓库还储存了几千万匹布帛。直到唐朝初年，这些仓库中的粮食布帛还未用尽。

果然是"古今国计之富莫如隋"！

隋武士俑

唐三彩骆驼载乐俑

骑在骆驼上的乐队

《虢国夫人游春图》所见贵妇人服饰

【第七讲】

唐：充满活力的世界性帝国

唐代宫乐图

伊佩霞(Patricia Buckley Ebrey)《剑桥插图中国史》第五章的标题是“世界性的大帝国:581 年至 907 年的隋唐”,其引言写道:“隋朝(581—618年)于 6 世纪末统一了中国,但却很短命;其后的唐朝(618—907 年)则将中国扩展成一个充满活力的世界性帝国。国家的统一、南北大运河的开通、两座宏伟京城的修建和国内贸易的扩大,均刺激了经济发展。唐朝京城长安发展成世界上最大的城市,有居民百万,吸引着来自亚洲各地的商贾、留学生和朝拜者……唐朝的中国人眼界格外开阔,对其他文化广采博收,音乐和艺术尤其受到异国影响,来自中国本土之外的学说与仪式继续丰富着佛教。”

1. 从李世民到武则天

唐朝的第二代皇帝唐太宗李世民,毫无疑问是秦始皇、汉武帝以来最有雄才大略的皇帝,大唐帝国的声望是和他的名字联系在一起的。

但是任何事情都有一个度,不能讲过头。由于李世民是杀兄逼父取得帝位的,不合乎儒家伦理,因此即位后便致力于篡改国史,为自己辩护,御用文人把太原(晋阳)起兵时的李渊(李世民之父)写成无所作为的庸碌之辈,李世民则成了唐朝的缔造者。其实,李渊决不是庸碌之辈,而是一个有政治远见和军事才能的开国君主。

唐朝的缔造者李渊出生于北方山西地区一个有着汉人与胡人混合血统的贵族之家,他是西魏贵族李虎之孙,本人又世袭唐国公,凭借自己的政治优势,利用隋末的动乱形势,取而代之,建立新的王朝。隋、唐的建立者与西魏有着千丝万缕的关系。西魏宇文泰创建府兵,最高长官有八柱国、十二大将军,隋朝缔造者杨坚之父杨忠是十二大将军之一,唐朝的缔造者李渊的祖父李虎是八柱国之一。而且宇文泰、杨忠、李虎透过突厥望族独孤信维系着一种联姻关系:独孤信的大女儿嫁给了宇文泰之子(即北周明帝），四女儿嫁给了李虎之子李昞，七女儿嫁给了杨忠之子杨坚（即隋文帝）。李渊透过其母独孤氏，与北周及隋两家皇室有着密切的关系。所以李渊取代隋，有如杨坚的取代北周，是贵族政治的产物。

李渊世袭唐国公，任太原留守（指挥部设在晋阳），执掌军政大权。大业十三年（617 年），他见隋王朝已无可挽救，便率部从太原起兵，南下占据长安及渭水一带。这就是反对隋朝的关键之举——太原起兵（或曰晋阳起兵）。为了掩人耳目，李渊暂时捧出隋炀帝的孙子作为傀儡，遥尊隋炀帝为太上皇，李渊则成为事实上的皇帝。第二年，隋炀帝被反隋武装力量处死，李渊便正式称帝，建立唐朝。说李世民是唐朝的缔造者，显然与历史事实不符。

值得关注的另一点是，李世民在"玄武门之变"中所扮演的角色。

唐高祖李渊的皇后窦氏生了四个儿子：三子李元霸早死；长子李建成通常留居长安，协助父皇处理军国大事；次子秦王李世民领兵出征在外。随着李世民在征战中屡建战功，威望日益提高，与皇位的法定继承者李建成争夺皇位的斗争，日趋明朗化。在这场斗争中，四子齐王李元吉一直站在李建成一边。

李建成与李元吉企图削夺李世民的兵权，唐高祖李渊同意这一预谋，但是由于军事行动未停，暂时不便下手。武德九年（626 年），李建成、李元吉加剧了预谋活动，想以李元吉担任出征元帅，削夺李世民的兵权。李世民获悉后，与他的亲密顾问、内兄（妻兄）长孙无忌等人商量，采取先发制人的对策，发动玄武门之变，杀死李建成、李元吉，逼唐高祖李渊立自己为太子。这一事变充满血腥，令人触目惊心：李建成被李世民用弓箭射死，李元吉则死于埋伏；李世民连李建成、李元吉的儿子也不放过，一并杀死。在杀死了他的对手之后，到了葬礼的那天，李世民还假惺惺地在公众面前，装出一副哭得很伤心的样子。两个月之后，唐高祖被迫放弃皇位，李世民终于成了唐朝的第二代皇帝——唐太宗，改年号为贞观，唐高祖被尊为太上皇。李世民的上台充满如此之多的阴谋和血腥，让人心寒；然而唐太宗的御用文人千方百计地粉饰历史，力图掩盖历史的真相，关于玄武门之变便有了不同的说法。

之所以讲这些史实，意图是辩证地看待那些杰出帝王，少一些形而上学，不要一说好就一切皆好。看到了李世民的另一面，并不影响我们对他的雄才大略的肯定。

唐太宗即位后，果断地采取与民休息、不得罪民众的明智政策——“去奢省费，轻徭薄赋，选用廉吏，使民衣食有余”。他深知自己虽然贵为天子，却并不可以为所欲为，道理就在于：

——“天子者，有道则人推而为主，无道则人弃而不用，诚可畏也”；

——“为君之道，必须先存百姓，若损百姓以奉其身，犹割股以啖腹，腹饱而身毙”。

尤为难能可贵的是，他能够虚心听取臣下的反对意见，也就是所谓善于纳谏。他的谋士魏征是一个敢于不看皇帝脸色而讲真话的大臣，提反对意见无所顾忌。唐太宗和魏征之间，一个虚怀博纳，从谏如流；一个直言极谏，面折廷诤，形成中国历史上少见的君臣关系和政治风气。这大概就是被史家所津津乐道的贞观之治出现的根本原因吧。

君臣们同心同德缔造的贞观之治，确实大有可观之处。

一是完善三省六部制度。中央政府设立政事堂，作为宰相的议事机构，一切重大事务，都由政事堂会议讨论，经皇帝批准后颁行。三省的首长——中书省的中书令、门下省的侍中、尚书省的左右仆射——都是宰相，此外，凡是参加政事堂会议的其他官员，如参知机务、参知政事，也是宰相，人数多至一二十人。内藤湖南在《中国近世史》中谈到唐朝三省制度时说：“中书省为天子的秘书官，司掌起草诏书敕令、批答臣下的奏章。这些诏书的颁发或敕令的下行，要取得门下省的同意。门下省有反驳的权力，若中书省起草的文稿有不当之处，门下省可以批驳，甚至将其封还。因此，中书省和门下省须在政事堂上达成协议才成。尚书省是接受上述决议的执行机关。……当然，中书、门下、尚书三省中的要员，皆系贵族出身，而贵族并不完全服从皇帝的命令。因而天子对臣下的奏章批示时，所用的文字，都很友好温和，决不用命令的口吻。”钱穆在《国史新论》中纵论汉唐宰相制度的差异时也有类似的议论：“汉代宰相是首长制，唐代宰相是委员制。最高议事机关称政事堂，一切政府法令，须用皇帝诏书名义颁布者，事先由政事堂开会议决，送进皇宫画一敕字，然后由政事堂盖印中书门下之章发下。没有政事堂盖印，即算不得诏书，在法律上没有合法地位。……在唐代，凡遇军国大事，照例先由中书省中书舍人（中书省属官）各拟意见（五花判事），再由宰相（中书省）审核裁定，送经皇帝画敕后，再须送门下省，由给事中（门下省属官）一番复审；若门下省不同意，还得退回重拟。因此必得中书、门下两省共同认可，那道敕书才算合法。……皇帝不能独裁，宰相同样不能独裁。”

二是完善科举制度。贞观元年，唐太宗通过科举考试选取才士，常举科目有秀才、进士、明经、明法、明书、明算等六科，明法、明书、明算是关于法律、书法、算学的专门科目，取士有限，而且难以进入政界；秀才科须博学的人才能应考，唐太宗时几乎濒于废除；真正成为常举科目的是明经与进士两科。明经科主要考帖经、经义及时务策；进士科主要考时务策、经义，唐高宗时加试杂文（诗赋），唐玄宗时改为考诗赋为主。进士科日益受到重视，大多数官员出身于进士科，因此当时的官员多擅长诗赋文章。贞观晚年，唐太宗扩大进士科，提高进士的进身之阶，起到了推动作用。唐太宗在金殿端门看到新进士鱼贯而出的盛况时，情不自禁地说："天下英雄，入吾彀中矣。"

三是完善法制建设。唐太宗即位后，多次组织名臣研究立法，采纳魏征的建议，确立宽仁、慎刑的宗旨。他命长孙无忌、房玄龄等修订法律，写成《唐律》（即《贞观律》）五百条，涉及名例、卫禁、职制、户婚、厩库、擅兴、贼盗、斗讼、诈伪、杂律、捕亡、断狱等法律。唐高宗时，由长孙无忌领衔，对《唐律》条文加以注疏，编成《唐律疏议》十二篇三十卷。《唐律疏议》对当时的高句丽、日本、安南等国有重大影响，也是宋、明各朝法典的范本。

唐律体现了唐太宗宽仁、慎刑的宗旨，以死刑条目为例，比前朝法律几乎删减了一半，也比号称简约的隋朝《开皇律》更为宽简，把斩刑减为流刑的有92条，把流刑减为徒刑的有71条，还废除了鞭背等酷刑以及断趾等肉刑。断狱律还规定，徒刑以上罪，断案后，如果罪犯不服可以提出再审；死罪则必须经过"三复奏"，三日后才可以执行。法律的本意是为了制止犯罪，宽仁慎刑是一个很高的境界。据说，贞观四年，判处死刑的全国总共才二十九人。法简刑轻，成为太平盛世的标志。贞观一代，君臣上下守法成风，正如《贞观政要》所说："由是官吏多自清谨制驭，王公妃主之家，大姓豪猾之伍，皆畏威屏迹，无敢侵欺细人。商旅野次无复盗贼，囹圄常空，马牛布野，外户不闭。”

晚年的唐太宗为接班人问题所苦恼，为了避免玄武门之变的悲剧重演，他以长子李承乾有“谋反”嫌疑，而废掉了他的太子身份。四子魏王李泰有文学才华，深得唐太宗喜爱，但是由于他图谋夺取太子地位，断断不能立为皇储，否则将为后世所仿效。尽管九子晋王李治软弱无能，唐太宗还是选择他作为接班人。这就是贞观二十三年即位的唐高宗。

唐太宗选择优柔寡断的唐高宗作为皇位继承人，为武则天这位“铁娘子”临朝称制，提供了有利条件，使她从幕后走向前台，行使皇帝的权力。这在当时政坛引起了极大的震动，初唐四杰之一的骆宾王代徐敬业写的《讨武氏檄》如此声讨武则天：

——“伪临朝武氏者，性非和顺，地实寒微”；

——“秽乱春宫，潜隐先帝之私，阴图后房之嬖”；

——“掩袖工谗，狐媚偏能惑主”。

话语十分尖酸刻薄，但也并不全是诬陷不实之词，武则天的品德操守与私生活确有不少令人非议之处。最受人非议的是“狐媚偏能惑主”——她成为唐太宗、唐高宗父子两代皇帝的妻子。贞观十一年，十四岁的武则天成为唐太宗的才人（嫔妃）。唐太宗死，她依照惯例到感业寺削发为尼，本应与世隔绝度过余生。不料，她早已为唐高宗看中，即位不久，就召入宫中，成为他的昭仪（嫔妃）。一个女人能够成为父子两代皇帝的妻子，在中国历史上恐怕绝无仅有，如果没有“狐媚偏能惑主”的本领，断然难以做到。此人不但狐媚，而且诡计多端，在与王皇后、萧淑妃的争宠斗争中，深得唐高宗宠信，尽管老臣长孙无忌、褚遂良极力反对，高宗还是册封她为皇后。

当上了皇后，高宗鉴于健康原因委托她处理朝政，于是形成了这样的局面：“天下大权，悉归中宫，黜陟杀生，决于其口，天子拱手而已，中外谓之二圣。”武则天对于大权在握的“二圣”地位并不满足，他的目标是要当皇帝。高宗想禅位给太子李弘（武则天所生长子），武则天不顾母子之情，用毒酒杀死李弘，改立次子李贤为太子。由于李贤有才干又有文采，在士人中声望很高，武则天恐怕难于控制，就找个借口把他废为庶人，改立三子李显为太子。高宗死，李显即位（即唐中宗），武则天以皇太后的名义临朝称制，第二年就废掉中宗，另立她所生的四子李旦为唐睿宗。武则天以“革命”、“维新”为旗号，借助佛教宣扬她受命于天，唆使一批人上表“劝进”。690年，武则天正式宣布废掉唐睿宗，改唐朝为周朝，自称圣神皇帝，终于使自己成为中国历史上罕见的女皇。问题不在于女人做皇帝，而在于她为此采用的手段无所不用其极。无怪乎《旧唐书·则天皇后纪》的评语，对她没有一句好话，什么“观夫武氏称制之年，英才接轸，靡不痛心”；“吾君之子，俄至无辜被陷，引颈就诛”；“武后夺嫡之谋也，振喉绝襁褓之儿，菹醢碎椒涂之骨，其不道也甚矣”。

当代的历史学家却显得较为宽容。西方学者如此评价：武则天摧毁了她的主要反对派老贵族，为此她把首都东迁至洛阳，并从东部地区选用官吏，以制衡与李唐宗室休戚相关的西北士族的力量。她颁布《大云经》，预言女皇是弥勒佛转世，为她的皇位寻找合法依据。她虽然残忍，却是一位性格坚强能力卓异的统治者。中国学者则充分肯定武则天执政时期的积极贡献，给她以全面的评价。她虽然一度篡夺了唐朝政权改为周朝，但贞观之治仍得以延续，社会经济是向上发展的。她的最大贡献在于，顺应历史潮流，打击士族垄断政治的局面，把政权向一般庶人开放。

从李世民到武则天，唐朝的政治格局已经明朗化，尽管依然是贵族政治，但是东晋南朝的门阀士族的特权逐渐丧失，社会上重视门第郡望的倾向受到了遏制，在实际政治运作中，更加重视功臣良将，重视功名事业，显现出一种新的气象。

2. 盛唐气象：海纳百川的博大胸怀

唐人既不是魏晋以前汉人的简单延续，也不是胡族单向地融入汉族，而是汉胡互化产生的民族共同体。这个民族共同体在唐朝近三百年中，又继续不断地与域外、周边的胡人，以及来唐的外国人融为一体，不断汲取新鲜血液，因而更加生机勃勃，充满活力，以气吞日月的磅礴声势，海纳百川的博大胸怀，刻意求新的独创精神，缔造出中华文明史上光彩夺目的一页。

唐朝前期充满了文化宽容气概，跨越国界的贸易远远超过了汉朝的盛况，与周边或远方国家的文化交流也跃上了新高度，表现出对外来文明异乎寻常的欢迎与接纳。唐文化特别是盛唐文化的繁荣昌盛，仰赖于一种积极的文化政策——立足于我、夷为我用，这是必须以充分的自信心为底蕴的。伊佩霞《剑桥插图中国史》指出："与20世纪前中国历史上任何其他时代相比（除了20世纪），初唐和中唐时的中国人自信心最强，最愿意接受不同的新鲜事物。或许是因为来自异邦的世界性宗教使中国同波斯以东的所有其他亚洲国家建立了联系，或许是因为当时很多士族豪门为胡人后裔，或许是因为中国有强大的军事力量镇守丝绸之路，保证了商旅畅通无阻……总之，这个时期的中国人非常愿意向世界敞开自己，希望得到其他国家优秀的东西。"

在继承传统文化的基础上，大量吸收外来文化，为唐文化提供了融合的广度与深度，在这方面，以乐舞、服饰的引进与更新最为突出。

唐初的祖孝孙把南乐与北曲融为一体，协调"吴楚之音"和"周齐之音"，其成果就是《大唐雅乐》。这是对于传统音乐的整理与融合。唐太宗平定高昌，引进高昌乐，丰富了唐的"十部乐"。其中燕乐、清商乐是传统的雅乐、古乐，其余如龟兹乐、天竺乐、西凉乐、高昌乐、安国乐、疏勒乐、康国乐、高丽乐都是从边疆或域外引进的。例如：开盛唐音乐风气之先的《秦王破阵乐》就充分体现了这种特色，奏乐时，"擂大鼓，杂以龟兹之乐，声震百里，动荡山岳"，这种气势，是先前的雅乐所不具备的。

唐玄宗是一个音乐皇帝，元稹、白居易都推崇他"雅好度曲"，是出色的作曲家，一生作曲无数。他嗜好乐舞大曲、法曲，善于吸收来自西域的胡乐，称为"胡部新声"，加速了华夷音乐的渗透与融合，特别是胡音唐化的步伐。唐玄宗完成了佛曲的改造，发展为舞曲，使胡音一跃而为纯粹的唐舞，千古传颂的《霓裳羽衣曲》便是其代表作。它源于印度佛曲《婆罗门曲》，唐玄宗立足于传统的清商乐，对原曲进行改编，形成了唐乐舞的杰作——《霓裳羽衣曲》。它描写仙女奔向人间的瞬间，把天上与人间、神话与现实融为一体，创造了格调极美的意境。

如果说从《婆罗门曲》到《霓裳羽衣曲》是唐玄宗的创作，那么，从乐曲发展为舞蹈则要归功于杨贵妃。据专家研究，杨贵妃是《霓裳羽衣曲》的编舞者。舞姿极为优美，白居易《霓裳羽衣歌》这样描绘他的观感：

飘然转旋回雪轻，嫣然纵送游龙惊。

小垂手后柳无力，斜曳裙时云欲生。

烟蛾敛略不胜态，风袖低昂如有情。

传说杨贵妃的侍女张云容“善为霓裳舞”，杨贵妃极为欣赏，赠诗一首：

罗袖动香香不已，红蕖袅袅秋烟里。

轻云岭下乍摇风，嫩柳池塘初拂水。

多么富有诗情画意，丝毫看不到《婆罗门曲》的痕迹了。

当时盛行来自西域的“胡舞”，舞步轻快，旋律活泼，在都城长安风靡一时。出于西域的“胡旋舞”，以快速旋转而著称。杨贵妃、安禄山都擅跳此舞。安禄山是个大胖子，体重三百多斤，腹垂过膝，跳起胡旋舞来，动作敏捷有如旋风。白居易《胡旋女》写到由于杨贵妃与安禄山的带头，京城人人跳胡旋舞的景象：

天宝季年时欲变，臣妾人人学圆转。

中有太真外禄山，二人最道能胡旋。

颇有意思的是，风流皇帝唐玄宗有一个女儿（寿安公主）的生母竟然是一个“胡旋女”——名叫曹野那姬的胡人女子。在《新唐书》、《酉阳杂俎》、《唐语林》中都有记载，说寿安公主是曹野那姬所生。据专家考证，曹野那姬是开元年间西域粟特人进贡给唐朝皇帝的“胡旋女”，因为擅长胡旋舞，深受唐玄宗宠爱，成为寿安公主的生母，也就不足为奇了。

从敦煌莫高窟壁画中，我们可以看到当时跳胡旋舞的场景，给人一种亲临现场的感受。敦煌壁画记录了大量乐舞场景，相当多的部分是从国外传入的，如220窟的乐舞是“阿弥陀净土变”，其中的胡腾舞来自中亚，天女们佩璎珞、缠飘带，上身半裸，微扭腰身，舞姿婀娜曼妙。敦煌壁画所显示的乐器达四十多种，打击乐器、吹奏乐器、弹拨乐器、拉弦乐器门类齐全，琵琶、阮咸、箜篌、筚篥、埙、羯鼓、答腊鼓等，大多从西域等地传入。

西京长安、东都洛阳作为全国的政治、经济、文化中心，引领时代潮流，当时最突出的潮流就是胡风盛行，胡乐、胡舞以外，首推胡妆。正如元稹诗所说：“女为胡妇学胡妆，伎进胡音务胡乐。”汉人妇女仿效胡人妇女的服装与装扮，成为时髦风尚。

大将高仙芝远征中亚，带回当地的柘枝舞，舞女的服式——“香衫窄袖裁”，一下子流行起来。入唐的胡旋舞女身穿窄口裤，脚登“小头鞋履”，于是窄口裤、小头鞋履成为流行式样。“小头鞋履窄衣裳”，在当时号称“天宝末年时世妆”，风行一时。一般贵族与士民都竞相仿效，“好为胡妇及胡帽”。

更进一步就是胡服的唐化，即胡服的中国化。文献记载，杨贵妃有“鸳鸯并头锦裤袜”，又名“藕覆”，是最为时髦的打扮，类似今日的连裤袜。一时间，从上到下，新潮服饰大为流行。杨贵妃喜欢“披紫绡”，其姐姐虢国夫人爱穿“罗帔衫”，都是袒肩露颈的宽松服装，完全摈弃了初唐宫人遮盖全身的装束之风，使中原服饰趋向开放。

外来文化从各个方面影响人们的物质生活与精神生活。在长安的东市和西市，以及城中开阔地和指定剧场，中外艺人，表演戏剧、滑稽剧和其他娱乐节目。时髦妇女夸耀她们别出心裁的衣裳和发式。男人和女人，最喜欢的消遣之一是从波斯传来的马球，流传下来描绘马球游戏的画作清楚表明了这一点。从中亚各国以及日本、高丽来的使臣、商贾和香客，促进了人们对中国以外的世界的了解。来自这些遥远地区的物品——马匹、珠宝、乐器和织物——激起了宫廷和京城贵族无穷的兴趣。外来文化对中国艺术产生了深远的影响。臻于完美的银制品，就设计和做工而言，颇有波斯风格。从印度、波斯和中亚传入的新乐器、新曲调，使中国音乐发生了重大变化。

这种对外来文化兼收并蓄、为我所用的胸襟与气度，是唐朝有别于其他朝代的高明之处。正如鲁迅所说：“那时我们的祖先们，对于自己的文化抱有极坚强的把握，决不轻易动摇他们的自信力；同时对于别系的文化抱有恢廓的胸襟与极精严的抉择，决不轻易地崇拜或轻易地唾弃”；“凡取用外来事物的时候，就如将彼俘来一样，自由驱使，决不介怀”。

盛唐社会的自由开放、放任自流，艺坛的思想奔涌、百花齐放，培育了一大批艺术天才，这个时期的诗歌、音乐、舞蹈、书法、绘画都是空前绝后的，它们交相辉映，勾勒出美妙绝伦的盛唐气象。

唐朝是古典诗歌的繁荣时代。原因可能很多，最主要的一条就是进士科考试诗赋，这就意味着作诗成为获取功名的捷径。唐高宗时，进士科加试的“杂文”，就是诗赋，为擅长写诗者提供入仕的正途。唐中宗时，明确了诗赋试与策论试、经义试的同等地位。及至盛唐，以诗赋取士更见推重，唐玄宗时进士及第而位极卿相者，如苏颋、张说、张嘉贞、张九龄等，都精于诗赋。唐朝文人几乎无一不是诗人,其中相当一部分是通过科举考试进入官场,官僚中诗人多如牛毛,为历代所罕见。清朝康熙年间,曹雪芹的祖父曹寅编辑《全唐诗》,收集诗作四万八千九百多首,作者达二千三百多人,说它空前绝后,也不算太过分。

书法在这个时代也登上了艺术的高峰。初唐书坛极力推崇王羲之的瘦硬俊俏笔法,出现了欧(阳询)、虞(世南)、褚(遂良)、薛(稷)四大家,都从师法王羲之入手。唐太宗激励人们学习王羲之的书体,简化笔画,书写省力,使"王书"从艺术鉴赏品,普及于政府文牍部门,进而流布于市井社会。到了盛唐,书法为之一变。颜真卿的书法方正雄健,浑厚庄严,一扫初唐的娟媚风气,创造了与盛唐气象相适应的新书体,不仅终唐之世盛行不衰,而且为以后历代奉为正统书体。

3. 东西方文明的交汇中心——长安

唐朝的都城长安,以其雄伟博大的气势、海纳百川的精神,被当时的人们看作世界的中心,吸引着世界各国的人民,前来一睹其神秘的风采,因而成为东西方文明的交汇中心。

费正清和赖肖尔的《中国:传统与变革》一书指出:长安城是高度集权的唐帝国的中心和象征。作为横跨中亚陆上商路的东端终点,以及有史以来最大帝国的都城,长安城内挤满了来自亚洲各地的人。长安的整个规划和结构表现出唐朝对社会的严密控制,城市的规模和壮丽体现了唐王朝的力量和财富。7 世纪的中国雄踞于当时的天下,超过了汉朝,与地中海世界并驾齐驱。唐朝作为当时最大帝国,受到许多邻近民族的极力仿效。人类中有如此大比例的人注意中国,不仅把它视为当时首屈一指的军事强国,而且视为政治和文化的楷模,这在唐以前从未有过,以后也不曾再有。

长安由宫城、皇城和郭城三部分组成,北面的宫城是皇宫所在地,宫城南面的皇城是中央政府所在地,位于宫城、皇城的东、西、南三面的郭城是官民住宅与工商市肆所在地。外围的城墙周长 36.7 公里,城墙内的面积达 84 平方公里。整个郭城有十三座城门,从皇城的朱雀门到郭城正南的明德门，有一条位居正中的朱雀大街，宽达150～155米。长安城规模之宏大，气势之壮阔，在当时世界上无与伦比。

确实，它的规模和它的地位是相称的。长安不仅是唐朝的首都，全国的政治、文化、经济中心，而且是举世闻名的国际都会，东西方文明的交汇中心。各国使节和商人频繁来此，从事政治和经贸活动，向这里传播域外文化，又从这里带回中国文化；域外传来新声佳曲，经过教坊上演，迅即传遍京城，影响全国。

罗兹·墨菲在《亚洲史》的第七章“中国的黄金时代”中，关于“盛唐时期的长安”有这样的描写：长安是连接中国和中亚及更遥远国家的贸易路线的东端终点，它统辖着甚至超过汉帝国和罗马帝国的世界有史以来最大的帝国。从亚洲各处来的人——突厥人、印度人、波斯人、叙利亚人、越南人、朝鲜人、日本人、犹太人、阿拉伯人，甚至聂斯脱利派基督教徒和拜占庭人——充塞着它的街道，增添了它的国际色彩。它可能是到那时为止已经建成的、经过全面规划的最大城市，在它那雄伟城墙以内居住着约一百万人，另有一百万人住在城墙以外的市区。皇宫面朝南，有一条500英尺宽的中央大道通向南门，这条大道供大多数来访者和一切正式使节或信差使用。这种布局是要让所有来长安的人对帝国的权威和伟大产生难忘的敬畏之情。

丝绸之路在唐朝进入了全盛时期，它东起长安，中经河西走廊，越过葱岭，西至地中海以达欧洲。唐高宗至唐玄宗时期，从事国际商贸的昭武九姓，承担着东西交流的中介使命。

所谓昭武九姓，是中亚粟特地区来到中原的粟特人或其后裔的泛称，有康、安、曹、石、米、史、何等姓。粟特人素以经商著称，长期操纵着丝绸之路上的转运贸易。不仅如此，祆教、摩尼教以及中亚音乐舞蹈与历法的传入中原，中原丝绸、造纸技术的传往西方，昭武九姓是重要的中介。

美国学者谢弗(C. H. Schafer)在《唐代的外来文明》中说：“在唐朝统治的万花筒般的三个世纪中，几乎亚洲的每个国家都有人曾经进入过唐朝这片神奇的土地……前来唐朝的外国人中，主要有使臣、僧侣和商人这三类人。其中包括突厥人、回鹘人、吐火罗人、粟特人、大食人、波斯人、天竺人。他们带来了各自的信仰和宗教。”

波斯的袄教(拜火教),于 6 世纪传入中国,它和伊斯兰教、摩尼教、景教一起在初唐传播。唐朝前期、中期,来经商的胡商日益增多,长安、洛阳两京都有袄教寺院。

阿拉伯帝国(大食帝国)的第三任哈里发奥斯曼派使节来到长安,朝见唐高宗,这是伊斯兰国家和中国的第一次正式外交往来。伊斯兰教随之传入中国。

东罗马帝国(拜占庭帝国)在唐朝被称为拂菻,唐朝长安与拂菻之间,西突厥汗廷与拂菻之间,都有使节和商旅往来,景教(基督教聂斯脱利派)随之传入中国。唐太宗下令在长安城中的义宁坊为景教建立寺院。这就是所谓景教寺或大秦寺。以后吐火罗人出资在那里建立《大秦景教流行中国碑》,一直流传至今。

唐朝与东邻朝鲜、日本的交往则是另外一种景象。

唐文化东传朝鲜,佛教起了媒介作用,其中圆光和尚的贡献最值得注意。他南朝时在金陵(今南京)受戒,隋朝时来到长安,逗留四十年。回国后,深得新罗国王信任,传播佛教,主张五戒(事君以忠、奉亲以孝、交友以信、临阵勿退、慎于杀生),把儒家政治伦理融入佛教教义之中,被尊为圣人。原先的"花郎"(贵族少年)深受影响,身体力行"世俗五戒",形成所谓"花郎魂"。新罗不断派遣留学生来到唐朝,先后达二千人之多,有时一年就有二百名留学生来唐。在晚唐时期的几十年中,在长安科举考试中金榜题名的新罗留学生有五十八人,他们回国后,传播唐朝的政治、文化。新罗国模仿唐朝的国子监,建立国学制度,兼及经学与算学,与传统的花郎教育相结合。

早在隋朝,日本就有"遣隋使"前来,著名的小野妹子使团,以及随行的学问僧、留学生,于唐初学成归国,成为大化革新的中坚力量。唐初以后,日本的"遣唐使"更是络绎不绝。据日本学者研究,日本曾派遣十九批遣唐使,其中两次任命"遣唐使",一次任命"送唐客使",仅限于任命而未成行;余下的十六批中,又有三批是"送唐客使",一批是"迎入唐大使",因此正式遣唐使是十二批。这种遣唐使阵容庞大,有正使、副使等官员,有随行的水手、神职人员、医师、画师、乐师、翻译,还有学问僧、留学生。每一次都有五六百人,需要四艘大船载运。遣唐使每次一般在长安学习一年，部分成员延长一年甚至更长时间。学问僧、留学生在长安学习唐朝的政治制度、文化与佛法，吸收天文、历法、音乐、美术、雕刻以及生产技术，形成唐文化输入的极盛时期。日本仿效唐朝的三省六部设立二官八省，根据唐律制订《大宝律令》，参照唐朝的均田制，实行“班田收授法”。

大化革新是在遣唐使的推动下实行的。大化革新的一大举措是在浪速（大阪）按照长安的模式建立新的首都与政府部门，确立唐朝式的赋税制度。以后又迁都平城（奈良），平城完全仿照唐朝都城长安设计建筑，也有朱雀大街、东市、西市等，不过面积只有长安的四分之一。以后迁都到琵琶湖南岸的平安（京都），仍仿照长安的街市布局。此后一千多年，平安（京都）始终是日本的首都与天皇的驻地。

入唐留学生有姓名可考的二十余人，学问僧见于文献的多达九十余人。

吉备真备，在长安学习十七年，由留学生而升任遣唐使，回国后官至右大臣，致力于推广唐文化。

留学生阿倍仲麻吕，中国名晁衡，在唐朝担任官职，与李白、王维等诗歌唱和。后随遣唐使藤原清和回国。

学问僧空海，在长安三年，潜心学习，回国后采用汉字偏旁创造日本字母片假名。空海还把佛教真言宗（密宗）传入日本，并且在奈良附近的高野山建造了一座寺院，它的大部分建筑物至今犹存。

日本文化的魅力之一，就是大量移植并保留唐朝文化，例如：唐朝宫廷的行为规范，宫廷音乐、舞蹈，以及唐朝的建筑风格等等，许多已经在中国绝迹，而在日本却保留至今。有人戏言，如果想了解唐朝中国是什么样子，应该去日本看一看，此话有相当的道理。

遣唐使的事迹被后人传为佳话，象征着跨越亚洲腹地的丝绸之路的经济文化交流，越过海洋，向东延伸到东北亚邻国，而长安正是这条金色纽带的中心。这是一种多么令人心向往之的景象！

4. 佛经的翻译与佛教宗派的繁荣

中国的宗教很多，但土生土长的宗教只有道教，佛教、伊斯兰教、基督教、祆教、摩尼教等,都是外来宗教。值得注意的是,所有的外来宗教中,没有一个像佛教那样为民众所广泛接受,无论是高层的统治者还是下层的穷苦百姓都虔诚地皈依佛门;并且能够与中国传统文化相融合,在政治、文化、思想、社会各个方面产生深远影响。关键在于,佛教传入中国后,彻底地中国化了。

佛教起源于印度,传入中国的是佛教的一个部派,即大乘佛教。佛教的创始人释迦牟尼本名悉达多,是北印度迦毗罗卫国的王子,二十九岁时出家修行,三十五岁时成佛。山西大同云冈石窟第十二窟,塑造释迦牟尼成佛“四相”:出家相、苦行相、成道相、转法轮相。佛教的主要神祇是菩萨,其中最著名的就是阿弥陀佛(西天第一救世主),以及慈悲女神观世音菩萨。

佛教认为,每个人的生、老、病、死过程,始终贯穿着痛苦,人世间是苦海,是火宅,是秽土。芸芸众生都按照前世业绩,在苦海中无休止地六道轮回。所谓六道轮回,说的是由于善恶业力的不同,来世生命受到不同的因果报应,即地狱、饿鬼、畜牲,以及何修罗、人、天。为了超脱,必须虔诚信佛。佛经指出脱离苦海的道路是“四圣谛”——苦谛、集谛、灭谛、道谛,其中最重要的是灭谛,又叫涅槃。涅槃是一种神秘而微妙的状态,简单地说,就是经过长期修炼,能够“寂灭”一切烦恼,“圆满”一切功德。

佛教从汉朝时传入中土,经过南北朝时期的发展,到了唐朝进入了蓬蓬勃勃的高潮时期,它的标志就是佛经的翻译与佛教宗派的繁荣。

由于《西游记》而家喻户晓的西天取经的唐僧,即唐初高僧玄奘,俗名陈祎,十三岁在洛阳净土寺出家,法号玄奘。贞观元年(627 年),他从长安出发西行,最终抵达佛教发源地印度,先后巡礼佛教的六大圣地,在那烂陀寺拜戒贤为师,学习五年。以后遍访各地,讲习佛法。贞观十九年,携带 657 部佛经的玄奘回到长安,唐太宗派宰相前往迎接,自己则在洛阳接见了他。随后唐太宗下令组织规模宏大的佛经译场,调集高僧协助玄奘翻译佛经。先后共译经 74 部,1335 卷。在译经的过程中,玄奘培养了一批弟子,如圆测(新罗人)、窥基、慧立、玄应等。

唐朝政府非常重视佛经的翻译工作,译场由官方主持,从初唐到晚唐,译经工作不曾间断,著名的译经家数不胜数,玄奘以外,还有义净、实叉难

释迦牟尼成佛前苦修坐像

隋 石雕观音菩萨

敦煌壁画净土变所见西方极乐世界

陀、菩提流志、金刚智、不空、般若等。

佛教在唐朝进入了全盛时代，门户派系逐渐分明，师徒之间不仅传习本派佛学，庙产也由嫡系门徒继承，形成宗法式的嗣法世系——佛教宗派。各有各的特色，各有各的传承，各有各的理论体系、规范制度，各有各的宗内继承权和宗法世系，并且凭借各自的一所大寺院作为该宗派的传教中心。影响最大的是净土宗、禅宗。

净土宗——信徒们虔诚地膜拜阿弥陀佛菩萨，以及他的主要帮手大慈大悲观世音菩萨，以便在西方净土（相对于现世的秽土）——阿弥陀佛的极乐园，得到再生。这一宗派的创始人善导认为，企图依靠个人力量解脱现世的苦难是不可能的，必须依靠佛力的接引，才能脱离现世的秽土，往生西方的净土。它宣称人世间是秽土，阿弥陀佛的极乐世界，没有一切身心忧苦，只有无量清静喜乐，这就是西方净土。它还宣称，人世间穷苦人之所以今生有聋哑盲痴之类苦难，是前世不肯为善的报应，而富人们之所以享受优越生活，都是前世修善积德的结果。

它鼓吹成佛最容易的法门，宣称：只要口中念称阿弥陀佛，就能除去八十亿劫生死之罪，得到八十亿微妙功德。因此净土宗在民间下层广为流行。善男信女不必苦念佛经艰涩的字句，只要不断念称南无阿弥陀佛（“南无”，梵音读作 namo，意为崇拜；“阿弥陀”，梵语译音，意为无量），同时为营造塔庙出钱出力，大修功德，就可以往生西方净土。

禅宗——与流传于下层民众的净土宗不同，禅宗主要流行于有学识的士大夫之中，它的信徒尽管文化程度很高，却并不埋首于佛经文本，而是讲究内心的领悟。禅宗强调的是，通过一代一代的祖师，把佛学的要义通过心灵沟通的方式，传递下去。

禅宗的创始人是从南天竺来到北魏的菩提达摩（一祖）。禅宗的真正形成是在唐朝，实际创始人是中国高僧慧能（六祖）。慧能并不识字，却能对佛法真谛大彻大悟，由此证明信徒是能够通过发自本性的内省而幡然省悟的。据说，慧能的师父弘忍为了选拔传人，考试弟子。弟子神秀作了一首偈句：

身是菩提树，心为明镜台。
时时勤拂拭，勿使惹尘埃。

另一弟子慧能以为神秀对佛的真谛理解不深，就请人代他书写一首偈句：

菩提本无树，明镜亦非台。

本来无一物，何处惹尘埃。

弘忍法师对慧能关于禅宗的彻底领悟极为赏识。慧能认为，一切万法尽在众生自身心中，众生自身之心本来清净；所谓佛、净土，就是世人心性本净的状态；所谓地狱、烦恼，就是世人心性沉沦的状态。既然佛性就在心中，心外本无一物，那么不必修行、布施，也可以顿悟成佛。慧能的徒子徒孙们把六祖的省悟进一步发展，在精神上、意志上改造佛教，改造禅宗，实在算得上是一场宗教革命。禅宗分为北派（渐悟派）与南派（顿悟派），以后南派（顿悟派）盛行，主张不立文字，教外别传，直指人心，见性成佛。所谓“顿悟”，就是不要念经，不要坐禅，不要持斋拜佛，不要一切繁琐的步骤，只要有决心，便可以忽然觉悟。胡适在关于禅宗的演讲中说，禅宗是中国佛教内部的一种革命运动，使佛教中国化、简单化，才有中国的理学。宋明理学的昌明，正是禅学的改进。

禅宗的这一特点，使得佛教儒学化，是佛教中最具有中国化、世俗化的宗派。范文澜说，禅宗僧徒所作语录，除去佛徒必须的门面语，思想与儒学少有区别。影响及于后世的理学（道学），所谓“佛向性中作，莫向身外求”，以及“净心”、“自悟”，为后世理学家所吸收。“净心”即心中没有任何妄念，不染尘埃；“自悟”即自己顿悟，一切皆空，没有烦恼。如果达到这一境界，能净、能悟，佛性就在心中，心外本无一物，只要坚定主观信仰，相信自己内心，就可以解脱苦难，有了这样的觉悟自然顿时成佛。后世理学家的思想与此极为近似。

此外还有**天台宗**（因为以《法华经》为主要经典，又称**法华宗**）、**唯识宗**、**华严宗**等宗派，由于教义深奥、繁琐，流传不广。

佛教在唐朝进入全盛时期，原因就在于它的中国化，与儒家、道家不但不冲突而且融为一体，简而言之，就是儒、道、佛三教合流。禅宗就是一个典型，它在儒学化的同时，强调佛在每个人心中，采用非经院式的口头传教，崇尚自然、简朴，使佛教带上明显的道家色彩。儒、道、佛就这样非常自然地合流了。唐朝一流诗人中，有杜甫这样的儒家诗人，李白这样的道家诗人，也有王维这样的佛教禅宗诗人，绝不是偶然的。

佛教深深地进入了人民生活的各个层面。

佛教对唐朝艺术渗透可以说是无以复加的，石窟艺术在这时得到大发展。敦煌莫高窟、云岗石窟和龙门石窟中的绝大部分，都开凿于唐朝。著名画家吴道子、阎立本、李思训、周昉等画派的作品，在石窟的壁画上都有所反映。石窟的彩塑佛像，写实而浪漫，端庄而优美，被后世视为楷模。

佛教对经济的介入是令人惊讶的。唐朝的寺院经济十分发达，它们大多拥有庄园。寺院庄园田地的来源，与一般庄园相比，有共同性，也有特殊性。共同之处是通过购买与典押等经济手段获得田地，不同的是，寺院还有皇帝的赏赐、信徒的施舍。值得注意的是，信徒的施舍是寺院庄园田地的最大来源，这是宗教与经济的巧妙结合。寺院庄园的管理方式与世俗庄园相似，只是名称稍有不同，管理庄园的僧徒称为“知庄”、“知事”、“知寺”，另外还有寺僧每年轮流的“直岁”——主管庄园中的碾磨、田园、房舍、油坊；还有“庄主”、“庄头人”——主管向政府缴纳赋税、钱谷收支以及农业生产；此外还有“园子”、“看园人”、“耕园人”等劳动者。寺院的庄田，少量由寺院僧众自种，大多租佃给佃户耕种，自己收取地租。寺院庄园凭借地租收入，从事借贷事宜。西方汉学家伯希和、斯坦因在敦煌等地发现的文书契约表明，寺院庄园借贷给附近农民粮食、金钱的事非常普遍，成为地方上重要的经济力量。

佛教终于成为中国人生活中不可分割的组成部分。佛教寺院附设教育儿童的学校，在偏远地区为过往行人提供食宿；在城市中，佛寺是文人墨客聚会之所，常举办送别宴会一类活动。在改变中国人的想象力方面，佛教也发挥了举足轻重的作用。唐代佛经故事流传极广，脍炙人口。

举一个最常见的例子，阴历七月十五的盂兰盆节（也称鬼节），始于南朝，而盛于唐朝。“盂兰盆”一词，是梵文 Ulambana 的音译，本意是“解倒悬”——解救在地狱受苦的鬼魂，它来自佛经中的目连救母故事。据《盂兰盆经》记载，目连为了报答母亲哺育之恩，用“道眼”观察阴间，看到亡母在一群饿鬼之中，没有饮食，骨瘦如柴。目连用钵盛饭送给母亲，母亲拿到后，还没有吃，就化成了火炭。目连悲痛哭泣，向佛祖陈述。佛祖告诉目连，七月十五那天，用盆器供奉饭菜水果、香油锭烛、床铺卧具，供养十方大德众僧。目连立即照办，母亲果然脱离饿鬼之苦。事后，目连对佛祖说，将来所有佛门弟子，都应该奉盂兰盆，救度现在父母以及七世父母。佛祖听了大悦，便传言弟子，每年七月十五为现在父母与七世父母作盂兰盆。这就是“盂兰盆节”的由来。七月十五那天，不论学识渊博的僧侣，还是一字不识的普通村民，都摆出食物为在阴间受苦的饿鬼充饥。838年至847年生活在中国的日本僧人圆仁目睹了这一场景，在他的书中写道：扬州的四十余所寺庙在盂兰盆节那天，竞相制作不同寻常的蜡烛、糕饼和花卉，供奉在佛寺前面，城中每个人都到寺庙中去祭拜。这种风俗一直流传了一千余年。七月十五中元节，地官赦罪之辰，和尚到各家记录亡者姓名，遍送檀越，谓之关节。入夜，搭台放焰口，施舍食物，沿河放灯，谓之照冥。此种习俗，称为“盂兰盆会”，无论北方、南方都习以为常。

佛教对于文化生活、经济生活、精神生活等方面无孔不入的影响，由此可见一斑。

【第八讲】

帝国的衰落与分裂

韩熙载夜宴图(局部)

1. 开元、天宝时期的由盛转衰

从唐太宗的贞观时期，到唐玄宗的开元、天宝之际，唐朝一直处在蒸蒸日上的盛世之中。但是当人们还陶醉于盛唐气象时，唐朝开始从顶峰上跌落下来，踏上了由盛转衰的道路。这一转折，就发生在风流皇帝唐玄宗在位的几十年里面。在他的前期，出现了开元之治，那是“依贞观故事”的结果，也就是说，在贞观之治的轨道上继续滑行而已。唐玄宗虽然多才多艺，但是政治素质远不如唐太宗，不知“守成难”，没有“慎终如始”的忧患意识，一旦取得盛世的成就，便忘乎所以，在一片“万岁”声中，忙于封禅泰山，忙于奢侈的“千秋节”(他自己的生日庆典)。他身边的宰辅大臣一味阿谀奉承，推波助澜，使他逐渐骄纵昏庸。正如《资治通鉴》所说，唐玄宗“在位岁久，渐肆奢欲，怠于政事”。这种情况在开元晚期已经初露端倪，到了天宝时期则日趋严重。

这一转折，和一个人物有着密切关系，他就是奸相李林甫。出身于李唐宗室的李林甫，品行不佳，却机灵乖巧，善于钻营，因而官运亨通。朝中大臣都看出此人外表“巧言似忠”，其实口蜜腹剑，阴险奸诈。唐玄宗却对他深信不疑，提升他为宰相，任礼部尚书、同中书门下三品。不久，他排挤了元老张九龄，登上中书令要职，专擅朝政达十六七年之久。李林甫的升官诀窍就是，把迎合皇帝的旨意作为他惟一的宗旨，一切顺从上意，让他放心纵欲。唐玄宗沉迷于声色之中不能自拔，更加仰赖李林甫。一言以蔽之，唐玄宗的骄纵助长了李林甫的奸恶，李林甫的奸恶助长了唐玄宗的昏庸。其中最突出的一点就是，李林甫巧妙地利用了唐玄宗对绝代佳人杨玉环的痴迷。

杨玉环原本是唐玄宗为他的儿子寿王李瑁选择的王妃，这位芳龄十六岁的美少女，不仅轰动了洛阳，而且让唐玄宗堕入情网。开元二十八年(740 年)，五十六岁的唐玄宗与二十二岁的杨玉环在骊山温泉宫幽会，从此一发而不可收。唐玄宗为了跨越公公与儿媳这一难关，别出心裁地命寿王妃杨玉环出家为道士，道号太真。这样她就可以用女道士的身份，而不是儿媳的身份，进入宫闱。不到一年，唐玄宗就把她册封为自己的妃子——

太真妃；到了唐玄宗六十一岁生日那天，他公开宣布把二十七岁的杨玉环册封为贵妃。

杨贵妃的美艳绝伦、雍容大度使唐玄宗倾心沉迷，共同的音乐歌舞方面的素养、爱好使他们情趣相投，儿女情长，缠绵悱恻，唐玄宗已经无心日理万机。白居易《长恨歌》写道：

——回眸一笑百媚生，六宫粉黛无颜色。

——春宵苦短日高起，从此君王不早朝。

——承欢侍宴无闲暇，春从春游夜专夜。后宫佳丽三千人，三千宠爱在一身。

虽然杨贵妃并没有直接干预朝政，但她的特殊地位所形成的裙带风，使她的远房堂兄杨国忠得以登上政治舞台。李林甫一死，唐玄宗就让杨国忠成为李林甫的接班人。对于杨国忠而言，可以说是一步登天。这个政治暴发户当了宰相后，身兼四十多个职务，飞扬跋扈，忘乎所以。如果说李林甫是"养成天下之乱"，那么杨国忠便是"终成其乱"，甚而至于导致"海内分裂，不可复合"的后果。

当然，应该负主要责任的毫无疑问是唐玄宗本人。

首先，唐初宰相多至一二十人，重大事务都由政事堂会议讨论，为什么开元、天宝之际会形成李林甫、杨国忠擅权乱政的局面？变乱制度的正是唐玄宗，由于他宠信个别宰相如姚崇、宋璟，以及李林甫、杨国忠之流，使得唐朝前期的三省长官合议制，向宰相专权化方向发展。前期的姚崇、宋璟德才兼备，他们的专权促成了开元之治。此后只知专委而不重选相，终于造成李林甫、杨国忠专权乱政之弊。于是乎，皇权跌落——皇帝不亲理朝政，三省制度变形——舍弃三省合议制原则，由个别宰相专擅朝政，导致政局日趋败坏。

其次，唐玄宗自以为国力雄厚，军队强盛，一味追求开边扩张，不断挑起边境战争，正如杜甫《兵车行》所说："边庭流血成海水，武皇开边意未已。"为此，不得不加强边镇节度使的军备。边境的十个节度使，不仅拥有强大的军权，而且拥有地方的行政权、财政权，几乎成为地方割据势力。节度使很少得到中央政府的财政津贴，必须由自己在防区内筹措军费，使得节度使对中央政府的离心力日渐增大。天宝年间，唐朝军队在西域被阿拉伯军队打败，边防危机日趋严重。在中央兵力不足的情况下，不得不仰赖节度使的重兵，使节度使日渐尾大不掉，骄横跋扈。原先节度使由文官担任，李林甫当政时，唯恐大臣"出将入相"，对自己不利，便违反"蕃将"不委以统帅重任的原则，大量任用"蕃将"为节度使，使得边镇蕃将势力愈加膨胀。开元、天宝年间，边镇军队占全国总兵力的百分之八十五以上，东北地区、西北地区更是猛将精兵集中之地。这种潜在的危险是致命的。

再次，盛唐时期，国家殷富，西京长安、东都洛阳以及各地州县的仓库，都堆满了粮食布匹。唐玄宗被这种繁荣冲昏头脑，奢侈浪费，挥金如土。《资治通鉴》说他"视金帛如粪土，赏赐贵宠之家，无有限极"，例如：把全国各地一年进贡的物品全部赏赐给李林甫。杨国忠犹有过之而无不及，史籍记载："开元以来，豪贵雄盛，无如杨氏之比。"再加上连年战争使得军费激增，开元初年军费仅 200 万贯，开元末年军费增至 1000 万贯，天宝末年军费增至 1500 万贯。一个盛世，即使再殷富，也禁不起如此折腾。

2. 安史之乱

安史之乱之所以值得注意，就因为它是唐朝由盛转衰的转折点。

天宝初年，唐朝倾全力对付吐蕃，分不出兵力来对付东北边疆的奚、契丹，于是起用蕃将安禄山为平卢节度使。两年后，安禄山兼任范阳节度使，七年后又兼任河东节度使，成为统率二十万精兵的边镇统帅，东北、华北最大的军阀，与西北军阀哥舒翰遥相呼应，雄镇一方。

安禄山是混血胡人，父亲是康姓粟特族人，母亲是突厥族人，因母亲改嫁安姓突厥人，改姓安。这个出身行伍的大老粗，精通升官的诀窍：贿赂与献媚。贿赂李林甫，巴结杨贵妃，博得唐玄宗的宠信。在这方面，这个混血胡人很有手腕。

——他善于献忠心以取媚于皇帝。此人身材高大而肥胖，腹垂过膝，唐玄宗开玩笑地问他：你这个胡人，肚子里有什么东西，大到如此程度。安禄山当然不会放过献媚的机会，巧妙地回答：没有多余的东西，只有赤胆忠心而已。如此赤裸裸地阿谀奉承，唐玄宗居然没有看穿他的虚情假意。

——为了获得唐玄宗的宠信，安禄山在杨贵妃身上下功夫。最突出的例子就是，四十五岁的安禄山竟然拜二十九岁的杨贵妃为“养母”，进出宫廷都以杨贵妃的“养儿”（义子）自居。这是安禄山极为高明的一手，他深知贵妃受皇上无比宠爱，走夫人路线，是最有效的捷径。

——东北边疆的奚、契丹经常叛乱，唐玄宗束手无策，安禄山出兵平定了奚、契丹，使唐玄宗喜出望外，多次嘉奖，称赞他是“万里长城”。自称“年事渐高”的唐玄宗为了追求逍遥，一手把朝廷政务交给宰相，一手把边防军务交给边将。在李林甫、杨国忠获宠的同时，安禄山也获得特殊的宠信。在唐玄宗心目中，这个胡人边将的地位与宰相不相上下，可以从边关来到京都，出入宫禁。

安禄山“外若痴直，内实狡黠”，是一个野心家。他一身兼任三镇节度使，又带有尚书左仆射、骠骑大将军的头衔，管辖东北、华北地区，号称“兵雄天下”。天宝初年，三镇总兵力已经有十八万，当安禄山身兼三镇节度使时，兵力可能已经超过二十万，当时中央直辖军不过十万而已。这是一个极其危险的力量对比，一旦与中央分庭抗礼，后果将不堪设想。

当时人已经有所察觉，他们指出，安禄山凭借强大的军事力量，“日增骄恣”，“包藏祸心，将生逆节”，意思是他将要反叛。事实正是如此。他积极囤贮武器、马匹、粮草，还训练了一支私家武装，绝对效忠于他个人。李林甫死后，安禄山加紧了反叛的步伐。

可悲的是，唐玄宗对安禄山依然深信不疑。杨国忠多次向唐玄宗指出，安禄山必反，唐玄宗根本不信。就在安禄山反叛前几个月，唐玄宗还派官员带亲笔书信给安禄山，说朕已经为你修建温泉，十月间，朕在华清宫接待你。好昏庸的快活天子，大祸临头还浑然不觉，竟然邀请安禄山来华清宫同洗温泉浴。

唐玄宗等来的不是来洗温泉浴的安禄山，而是举起反叛旗帜的安禄山。

自从汉朝的吴王刘濞发明“请诛晁错，以清君侧”的策略以来，历代的野心家都把“清君侧”奉为至宝，作为反叛的遮羞布。安禄山也不例外，天宝十四年（755 年）十一月初九，当他在蓟城（今北京西南）南郊誓师时，为反叛打出的幌子就是“奉密诏讨杨国忠”，起兵“平祸乱”。似乎他不但不反对皇帝，而且是接到了皇帝的秘密诏书，命他发兵讨伐杨国忠。事实完全不是如此。特地修建温泉汤池要为安禄山洗尘的唐玄宗，接到安禄山反叛的消息，既震惊又愤怒，立即任命安西节度使封常清为范阳、平卢节度使，就地防御；紧接着任命他的第六子、荣王李琬为元帅，大将军高仙芝为副元帅，率领大军东征平叛。

白居易《长恨歌》写道："渔阳鼙鼓动地来，惊破霓裳羽衣曲。"紧急战报打破了唐玄宗与杨贵妃的歌舞升平。形势急转直下，兵败如山倒。叛军如秋风扫落叶般节节胜利，只用了短短的三十四天，就从范阳打到洛阳，东都洛阳遭受一百几十年来未有的浩劫。守卫洛阳的封常清，驻屯陕州的高仙芝一起退守潼关。唐玄宗轻信监军太监的诬告，以"失律丧师"罪，在潼关处死高仙芝、封常清。临阵斩帅的严重失误，是平叛战争的不祥之兆。

次年正月初一，安禄山在洛阳称帝，国号大燕，把天宝十五年改为圣武元年，一派改朝换代的架势。这一下叛乱谋反的面目大暴露，先前所谓"奉密诏讨杨国忠"的幌子，完全是骗人的。

这时的形势对安禄山十分不利。第一，颜杲卿、颜真卿兄弟在河北联络各地忠义之士，抗击叛军，骚扰洛阳与范阳之间的交通，给安禄山带来了后顾之忧。第二，朔方节度使郭子仪、河东节度使兼河北节度使李光弼奉朝廷调遣，在平叛战争中取胜，切断安禄山大本营洛阳与根据地范阳之间的通道。第三，唐玄宗任命哥舒翰为统帅，镇守潼关。哥舒翰也是胡人，此时身兼河西、陇右节度使，威名显赫，而且与安禄山素有宿怨，由他镇守潼关，足以与安禄山相抗衡。

然而，唐玄宗指挥失误，导致满盘皆输。他想尽快平定叛乱，命令坚守潼关的哥舒翰，从潼关出兵进攻洛阳，并且要各路兵马围攻洛阳。在当时形势下，坚守潼关是上策，可保长安无虞。在河北战场的郭子仪、李光弼向皇帝指出，如果从潼关出兵，有战必败，潼关失守，京师长安危急，天下之乱就不可平了。唐玄宗拒不接受。杨国忠对哥舒翰有所猜忌，极力怂恿唐玄宗命令哥舒翰出关东征。

这一错误决策，无异于自投罗网，二十万大军一战即溃，哥舒翰逃回潼关时，被部将抓获，献给叛军。一向瞧不起安禄山的哥舒翰，在洛阳向被他骂为"野狐"的安禄山投降。

潼关陷落，长安失去屏障，唐玄宗于六月十三日逃离长安。次日中午抵达马嵬驿，皇帝的扈从部队发动兵变，杀死奸相杨国忠，迫使唐玄宗命令太监高力士在佛堂缢死杨贵妃。当时唐玄宗已七十二岁，杨贵妃才三十八岁。旧史家渲染杨贵妃是败坏朝政的祸水，意在为唐玄宗开脱，其实形势发展到这一地步，完全是唐玄宗的责任。在马嵬驿的杨贵妃墓地，不少文人墨客留下了题字，共同的主题就是替杨贵妃鸣冤叫屈，多少反映了一点与正史不同的民间意识。

太子李亨看到人心所向，和执意向西逃跑的父皇分道扬镳，在太监李辅国的扈从下，奔向朔方节度使所在地灵武，并且在那里登上皇帝宝座（即唐肃宗），遥尊唐玄宗为太上皇。郭子仪、李光弼率领五万军队从河北赶赴灵武，河西、北庭、安西节度使也派兵前来会合。形势有了明显的转机。叛军内部则明争暗斗，分崩离析。安庆绪杀死父亲安禄山，抢得皇帝宝座，却只知纵酒享乐。唐军乘机反攻，收复沦陷一年多的长安，继而收复洛阳。

此后安史之乱进入另一个阶段，它的主角就是留守范阳的安禄山的部将史思明。他不愿受安庆绪节制，率八万军队向朝廷投降，出任范阳节度使。时隔半年，史思明反叛，与在邺城（今河南安阳）的安庆绪遥相呼应。唐军包围邺城，安庆绪以出让皇位作为交换条件，向史思明求援。史思明解邺城之围后，设计杀死安庆绪，留下儿子史朝义留守邺城，自己引兵北还，在范阳自称大燕皇帝，并且在半年以后再度攻陷洛阳。唐朝方面再度陷入被动局面。正在此时，叛军内讧，史朝义杀死父亲史思明。唐军乘机收复洛阳，史朝义逃往范阳，遭到守军拒绝，走投无路，自缢而死。

长达七年零三个月的安史之乱终于平息。

安史之乱是开元、天宝时期腐败政治导致的后果。唐肃宗、唐代宗都积极鼓励叛军自动投降，准许他们继续为唐朝效力，在原地任官。因此，与其说是中央政府平定叛乱，还不如说是以妥协方式结束叛乱。这种妥协的代价是高昂的，它使全国处于混乱多事和分裂割据的状态之中。

3. 藩镇、宦官、党争

安史之乱爆发后，朝廷方面为了平定叛乱，把边地的军镇制度扩展到内地，重要的州设立节度使，指挥几个州的军事；次要的州设立防御使或团练使，扼守军事要地。这些军事官职成为地方州一级权力机构，被称为藩镇。

藩镇的弊端在于："地擅于将，将擅于兵"，意思是说，节度使一手掌控地方军队，财赋，中央政府不能过问；而节度使又受制于骄兵悍将，如果失去部下的拥戴，可能被逐或被杀。在这种格局中的藩镇割据带来的，必然是社会动乱与瓦解。在今河北及其周边地区的所谓"河朔三镇"，就割据一方，不接受朝廷命令，不向中央缴纳赋税。在今山东、河南、湖北、山西一带，也有类似"河朔三镇"的割据势力。

藩镇割据本质上是安史之乱的延续与发展。安史之乱是边地藩镇反对中央的斗争，叛乱平定后，那些参加平叛战争的藩镇拥兵自重，有意保存安史旧部，向中央讨价还价。中央无力收回兵权，只好接受安史部将名义上的归降，以赏功为名，授予节度使名号，让他们分统安史原先的辖区。这就是李怀仙的幽州节度使，李宝臣的成德节度使，田承嗣的魏博节度使，薛嵩的相卫节度使。其后魏博镇兼并了相卫镇，于是就形成了"河朔三镇"，割据中原地区。

节度使率领的士兵长期处于战争状态，变成了职业兵，与先前的府兵截然不同。节度使在其辖区统揽军权、政权、财权，与中央处于若即若离的状态之中。在军事动乱始终不停的态势下，节度使的权力愈发扩大，甚至包括任免下属文武官员的权力，致使地方官吏几乎成了节度使的家臣，士兵几乎成了节度使的私家武装。节度使一旦死亡，很难由朝廷来委派新的继承人选，而是由已死节度使的儿子继任，或者从他的部下中挑选继承人，报请朝廷批准。朝廷无可奈何，不得不承认既成事实。军队成了节度使权力的最大保障，飞扬跋扈。

这种藩镇，使人联想到民国初期的军阀，他们都是地方的"土皇帝"，对于那个地方而言，中央集权早已荡然无存。

唐德宗时，由于先前持续多年的财政改革，中央政府的财力物力有所加强，决心打击藩镇的割据倾向。成德节度使李宝臣死，他的儿子李惟岳要求继任；淄青节度使李正己死，他的儿子李纳邺要求继任，唐德宗断然拒绝。李惟岳联合魏博、淄青节度使发动叛乱。由于中央采取以藩镇打藩镇的策略，在平叛战争胜利后，引发参与平叛的节度使之间的利害冲突，他们借口朝廷处置不公，公然对抗中央，四个节度使公开称王：幽州节度使朱滔称冀王，成德节度使王武俊称赵王，魏博节度使称魏王，淄青节度使称齐王。

这些节度使称王，不算稀奇，有的节度使还称帝呢！淮西节度使李希烈自以为平叛有功，向朝廷讨价还价，自称“天下都元帅”。正当朝廷调兵征讨李希烈时，泾原节度使发动兵变，突然攻入长安，唐德宗逃往奉天（今陕西乾县），叛兵拥立泾原节度使朱泚为皇帝。不久，淮西节度使李希烈也称帝，一时间闹得乌烟瘴气。唐德宗虽然平定了朱泚、李希烈之流，不得不退而求其次，对藩镇采取姑息政策，以求得力量的平衡与安定。

唐宪宗的“元和中兴”，使他出色地完成了制裁藩镇的目的，但是难以铲除根基，制裁的局面难以持久。以后藩镇割据愈演愈烈，直至唐朝的灭亡。

令唐朝后期皇帝感到头痛的是，除了藩镇，还有宦官，他们互相勾结，互相声援，使得不少皇帝成为傀儡。

唐初政治清明，宦官只能主管宫廷内部守卫、洒扫等事，并无政治权力。唐玄宗宠信宦官高力士，让他审阅大臣送来的奏章，心安理得地说：有高力士值日，我睡觉很安稳。李林甫、杨国忠、安禄山之流都要巴结高力士，高力士在宫中的地位非同小可，太子李亨叫他“二兄”，诸王公主叫他“阿翁”，驸马叫他“爷”。不过，他在皇帝面前依然是一个“老奴”。

情况在安史之乱以后发生了变化，宦官逐渐掌握军权、政权、财权，逐渐尾大不掉，使皇帝大权旁落。

宦官专权始于唐肃宗、唐代宗时期，代表人物是李辅国、程元振。

李辅国本名静忠，唐肃宗赐名辅国，曾充当高力士的仆役，后调入东宫侍候太子李亨。安史之乱中，因扶持太子李亨即位有功，被提升为太子家令、判元帅府行军司马，主管四方奏事，以及御前军符、印信、号令。唐肃宗回到长安后，不断对他加官进爵，以郕国公的头衔，掌管中央禁军以及朝廷一切大权，百官奏事都由他上达裁决。以后唐肃宗又破例任命他为兵部尚书。唐肃宗病危，李辅国与另一宦官程元振合谋，拥立太子李豫继位（即唐代宗），更加骄横不可一世，公然对唐代宗说：“大家（指皇帝）但内里坐，外事听老奴处置。"那意思是要皇帝当傀儡,一切听他摆布。唐代宗虽然对他的嚣张气焰感到愤怒,却奈何他不得,只得低声下气地尊称他为"尚父"(周文王称吕望为尚父,意为可尊尚的父辈),请他参与裁决朝廷政务。忍无可忍的唐代宗利用程元振,除掉李辅国,不料继之而起的程元振比李辅国更加厉害,权势远远超过李辅国,勋臣、宰相、名将屡屡遭到他的迫害,使朝廷文武百官人人自危。

唐德宗时宦官权力有增无减,不仅控制军权,而且控制将相的任免权。唐德宗死,唐顺宗继位,引用文官王叔文、王伾裁决宫中大事,王叔文、王伾引进柳宗元、刘禹锡、韩泰、陈谏、韩晔、凌准、程异、韦执谊等官员,着手改革,企图削夺宦官权力。由于宦官势力已经盘根错节,难以动摇,加之藩镇与宦官内外勾结,致使改革中途夭折。宦官俱文珍、刘光琦与剑南西川节度使韦皋、荆南节度使裴均、河东节度使严绶串通,发动宫廷政变,废掉唐顺宗,另立唐宪宗,剥夺王叔文、王伾的官职,柳宗元、刘禹锡等八人先后被贬往边远地区。

宦官与藩镇两股势力勾结的结果,从唐宪宗到唐朝灭亡,所有的皇帝都形同傀儡,十个皇帝除了最后一个是军阀朱全忠所立,其余九个都是宦官所立,有两个被宦官所杀(宪宗、敬宗)。皇帝都成为宦官可以任意摆弄的傀儡,宰相、大臣当然沦为宦官的附庸,号称"南衙"的中央政府成了宦官控制的"北司"的附属机关。宦官擅权跋扈,成为晚唐难以摆脱的顽症,顺宗、文宗、武宗、宣宗、昭宗等皇帝,都受宦官控制,无法自主。要想改变局面,只有用武力铲除宦官势力。唐昭宗借汴州节度使朱全忠的力量铲除宦官势力,结果朝廷军政大权落入朱全忠之手,昭宗本人被朱全忠杀死,唐朝离灭亡只有一步之遥了。

盛唐时期的政治秩序已经荡然无存。政治秩序的丧失,导致官僚队伍内部的朋党之争,即所谓党争。此处所谓党争,并非近代意义的政党斗争,而是古代意义的朋党斗争。如果仅仅从"党"字着眼,以为"党争"就是政党斗争,便大错特错了。崔瑞德(Denis Twitchett)主编的《剑桥中国隋唐史》写到唐朝后期的"牛李党争"时,特别指出朋党之"党"与政党之"党"的差别:

——"(牛党、李党)这种派别不论在当时或在后世历史记载中都被称为‘党’(Factions),但决不是我们今天意义上政党中的‘党’(Parties)。9世纪唐朝的党不是基于经济的、明确纲领和严格纪律的集团,它只是政治人物们的松散结合体,产生于难以确认的复杂的个人关系网络。唐代的朋党不像今天的政党那样根据政见的不同来吸收成员,它没有很强的核心结构;它的成员的属性也不固定。”

——“中国的政治理论通常认为,如果准许在朝廷结成朋党(朋党乃是广泛的政治活动的结果),那么,人们所期待的能实现长治久安的道德和社会秩序便要可悲地受到损害。”

——“‘党’这个字表示道德败坏,它对指控者和被指控者都有威力,都可能遭到贬谪。”

这种独具只眼的历史解读,在中国史家笔下很少见到,难道是“不识庐山真面目,只缘身在此山中”吗?

毫无疑问,晚唐的“牛李党争”是朋党之争,而不是政党之争。以牛僧孺为首的“牛党”,以李德裕为首的“李党”,拉帮结派,勾心斗角,从穆宗朝开始,经敬宗朝、文宗朝、武宗朝,到宣宗朝,持续达四十年之久。两党交替掌权,文宗时代两党参差并用,武宗时代“李党”全盛,宣宗时代“牛党”全盛。一党掌权,不问对方有无人才,一律全盘排斥;不问对方政策是否可取,一律更张,完全是门户之见,意气用事。朋党之所以是朋党,于此可见一斑。

陈寅恪《唐代政治史述论稿》很注意分析统治集团的社会背景,按照他的解说,“牛党”的权力以通过科举入仕为基础,“李党”则是士族的堡垒。《剑桥中国隋唐史》引用日本学者励波护的实证研究,指出:两党在科举出身和士族出身的人数上是旗鼓相当的。近来有的学者根据对两党成员郡望分布的统计分析,指出“李党”成员主要是山东士族,“牛党”成员主要是关陇士族,因此他们之间的“党争”,并非士族与庶族之争,而是士族内部的斗争。

当然,“牛党”、“李党”并非一丘之貉,并非没有是非之分。“李党”领袖李德裕是晚唐较有远见的政治家,他反对朋党,希望能够中立无私。因此有人甚至说,对于李德裕而言,无所谓朋党。但是,历史已经表明,尽管李德裕自认为没有朋党,事实上还是卷进了朋党之争的漩涡,因为政治斗争不以个人意志为转移。

唐 三彩仕女俑

唐 三彩文官俑

唐 文官俑

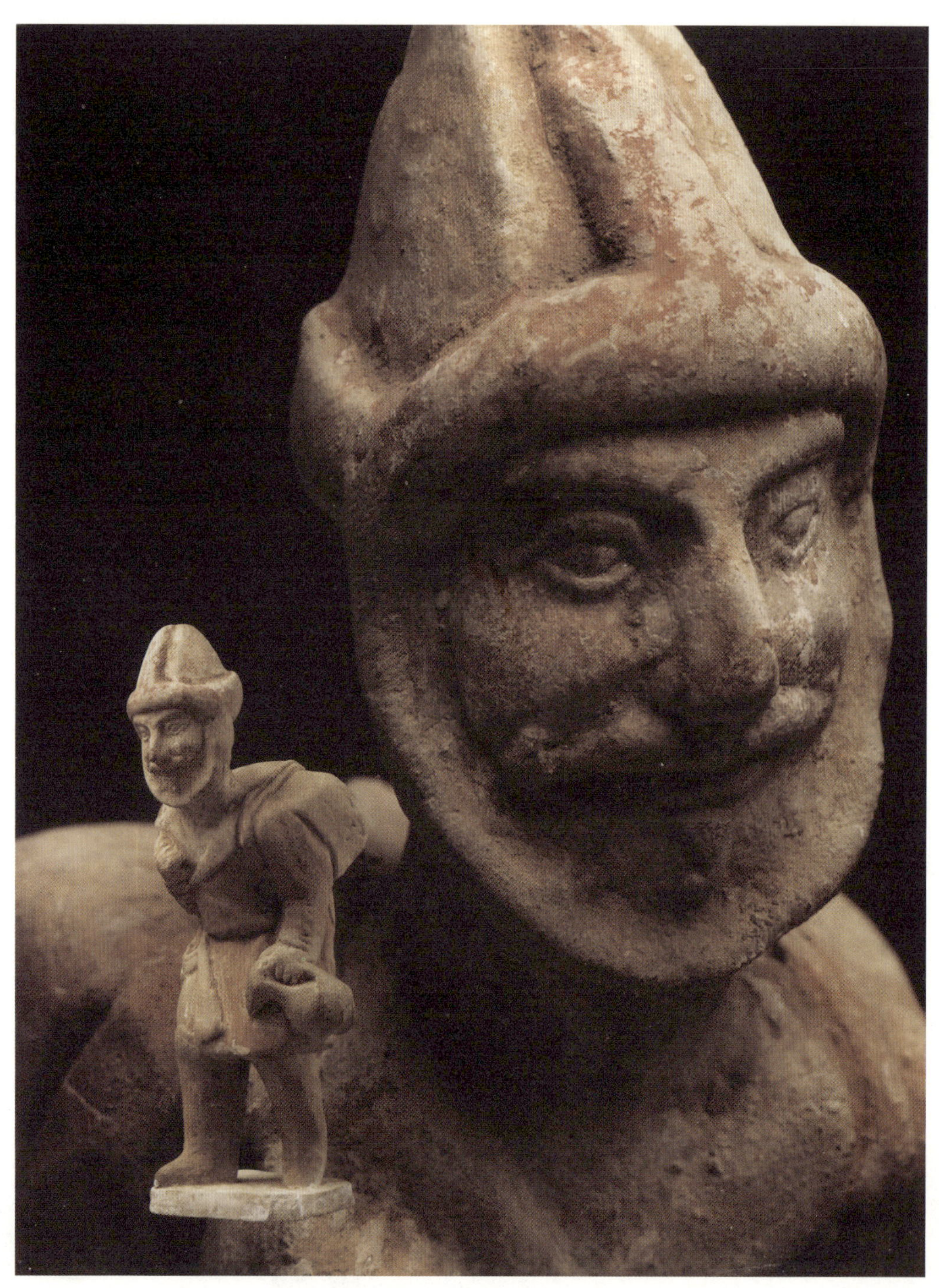

丝绸之路上的阿拉伯商旅

4. 五代更迭,十国割据

唐朝后期一直处在风雨飘摇之中。

江浙一带是唐朝后期财政税收的主要来源地,当时人说:“国家用度尽仰江南。”过度的搜刮,激化了社会矛盾,859 年浙东的裘甫起义是一个信号。

868 年爆发的庞勋起义虽然远在岭南,但它的根源却在连接洛阳与江淮财赋重地的运河——汴渠(即通济渠东段)流经的武宁。起义军北上切断了王朝的经济命脉——江淮漕运。起义虽然失败,却揭开了唐朝走向灭亡的序幕,《新唐书》说得好:“唐亡于黄巢,而祸基于桂林(指庞勋)。”

给唐朝致命一击的无疑是 875 年爆发的王仙芝、黄巢起义。黄巢的军队驰骋中原,不仅四次横渡长江,两次横渡黄河,而且攻占了东都洛阳、西京长安,暴力扫荡了现有社会秩序,皇亲国戚、达官贵人遭到灭顶之灾,所谓“天街踏尽公卿骨”、“甲第朱门无一半”,就是写照。这场动乱随着黄巢的死亡而结束,唐朝的统治却一蹶不振了。

在动乱中,涌现出一大批武装割据的军阀。他们互相火并的结果,形成了两个最有势力的集团:以开封为中心的朱温,以太原为中心的李克用。

朱温是唐朝向五代转变的关键人物,出身很低贱。这个砀山人,小名朱三,父死家贫,随母帮佣于萧县刘家。据欧阳修《新五代史》说,此人“勇有力”,“尤凶悍”。这种人当然不会满足于“佣食”生活,黄巢起义后,他投身义军,由士卒、队长升为大将。后来见黄巢大势已去,摇身一变投降唐朝,被朝廷任命为河中行营招讨副使,赐名朱全忠。此后,他出任宣武节度使,以开封为基地,兼并了割据许州与蔡州的秦宗权,割据郓州、曹州、齐州与濮州的朱瑄,以及割据徐州、泗州的时溥,成为中原地区最强大的军阀。唐昭宗很想重振朝廷的威权,然而空有抱负,无力回天。皇帝赐名他“全忠”,本想借重他的力量,岂料,唐昭宗竟然死在他的手上。

907 年,朱温废掉了名义上的唐哀宗,自立为帝,改国号为梁,因而成了五代史上第一个皇帝——梁太祖,为了和皇帝身份相匹配,他再次改名。

我们不妨揣度他当时的心理：小名朱三显然不登大雅之堂，朱温这个名字又与“流寇”黄巢相联系，朱全忠这个名字则是前朝皇帝所赐，都与新朝皇帝的地位格格不入，于是乎改名为朱晃。然而，改名朱晃并没有为他带来好运，不久竟然被自己的儿子朱友珪所杀。

梁朝的建立，宣告了唐朝的灭亡，历史进入了五代十国时期。中央集权的帝国彻底瓦解，不仅中原地区梁、唐、晋、汉、周五个朝代的统治者都是皇帝，而且在南方的十国（其中一个在北方）的统治者也以皇帝自居，形成了许多皇帝并存于短短五十多年里的怪现象。

所谓五代，是指黄河流域地区相继建立的梁、唐、晋、汉、周五个王朝，为了区别先前已有的王朝，史称后梁、后唐、后晋、后汉、后周。这五个政权以中原王朝的正统自居，传统史家编写五代史，有五代本纪、十国世家，显然以五代为正统，十国为僭伪。

后梁连年征战，横征暴敛，导致民众暴动，统治渐趋衰微。李克用之子李存勖建立后唐王朝，灭亡了存在十六年的后梁。唐庄宗李存勖颇有军事才干，统一了中国北方，五代各国中领土面积最大的非后唐莫属。李存勖虽然有一点音乐戏剧才能，毕竟是一介武夫，不会治理国家，不久死于兵变。李克用的养子李嗣源在军队的拥戴下，继承皇位（即唐明宗）。此人比较明智，推行与民休息政策，出现了五代少有的小康景象，可惜只是昙花一现，很快便消失在内乱之中。

唐明宗的女婿、河东节度使石敬瑭，乘后唐内乱，以割让幽云十六州（今北京至山西北部一线）之地给契丹的代价，勾结契丹军队推翻后唐王朝，建立后晋王朝。石敬瑭为了巩固自己的帝位，四十五岁的他竟然称契丹的耶律德光为“父皇帝”，自称“儿皇帝”。这种恬不知耻的举动，使他以“儿皇帝”的小丑形象，钉在了历史的耻辱柱上。其实“儿皇帝”的日子并不好过，经常受到“父皇帝”的斥责，在位六年，忧患成疾而死。石敬瑭死后，其继承者稍有不恭，“父皇帝”耶律德光就发兵南下，灭亡了后晋王朝。具有讽刺意味的是，耶律德光在开封称帝，把契丹的国号改为辽，然后引兵北返。

后晋的河东节度使刘知远，在辽太宗耶律德光北返后，在太原称帝，建立后汉王朝，随后南下定都开封。

后汉只存在了四年，就被邺都（今河北大名）留守郭威所推翻，建立后周王朝。周太祖郭威为了扭转颓势，着手改革，局面为之一新。继承者周世宗柴荣进一步改革，一方面改善政治，一方面准备统一。柴荣是五代乱世中难得的政治家，他自称，做三十年皇帝，十年开疆拓土，十年休养百姓，十年致太平。可惜的是，他英年早逝，在位仅五年半，主要精力用于开疆拓土。由于柴荣这位救世英才的努力，为尔后的宋朝统一中国奠定了各方面的基础。

五代处在辉煌的唐朝之后，相形之下显得黯淡无光，其实它并非一无是处。甚至对于旧史家斥责为无耻之徒的冯道，也应作如是观。

冯道历事五朝八姓十一帝，始终身居高官，晚年自称"长乐老"，因而颇受传统忠节观的非议，以为他八面玲珑，毫无气节可言。欧阳修《新五代史》谴责他"不廉"、"不耻"——"不廉则无所不取，不耻则无所不为"。所谓廉耻是从"忠臣不事二主"的观念出发的，然而在短短的四五十年间，改朝换代频繁进行，令官员们无所适从。冯道的存在，起到了无可替代的平衡作用，遏制了已经混乱不堪的政局朝更加混乱的方向发展。他出使契丹，契丹君主出城迎接。他死后，周世宗柴荣给他高规格的礼遇：停止上朝三天，追赠他尚书令头衔，追封他为瀛王，谥号文懿。这些君主对他的看法，恐怕不是单凭冯道阿谀逢迎就能得到的，其中必有才学与功业过人的地方。尤其值得注意的是，在后唐时期，由于冯道的努力，九部儒家经典（即"九经"），由国子监雕版印刷，这就是后人津津乐道的"监本"。

冯道受人耻笑的"小丑"形象，是宋代以后逐渐形成的。关于这一点，海外学者王赓武的论文有很好的解说："冯道在与他同时代的许多人心目中是一个有操持的儒者，一个有节制的人，甚至是一个模范的丞相。在他死后几近一百年间，这样的美名仍有人传颂……但是占上风的是宋代大史学家（欧阳修、司马光）的反面之论，从那时开始，冯道便成了典型的贰臣，在许多有关忠贞的笑话中成为被嘲笑的对象。"秉持这样的观点，我们再来看冯道的自况诗：

道德几时曾去世，舟车何处不通津。

但教方寸无诸恶，狼虎丛中也立身。

由此人们不难对他作出全面的宽容的评价了。

所谓十国，是指在南方建立的九个割据政权——吴、南唐、吴越、前蜀、后蜀、闽、南汉、楚、南平，以及在山西的北汉。正当中原地区忙于改朝换代之际，南方各国巧妙地利用割据的有利时机，赢得了社会的稳定和经济的发展。这也是形势所迫，各个割据政权为了维持生存，不被兼并，竞相发展经济，使南方经济获得了前所未有的发展。中国历史上，北方开始落后于南方，其转折点就在五代十国这半个世纪。

以广陵（今扬州）为都城的吴，以金陵（今南京）为都城的南唐，地处富庶的长江下游，在各个割据政权中，号称“地大力强，人才众多”，经过二十多年的与民休息，经济有所发展。在这种基础上，文化呈现一派繁荣景象。南唐后主李煜，写得一手好词，其代表作《虞美人》，“问君能有几多愁，恰似一江春水向东流”，堪称绝唱。他的绘画、书法也自成一家，由于有这样的艺术修养，他把唐代流行的王羲之父子的书法汇集成《升元帖》、《澄清堂帖》，影响深远。南唐徐熙的花鸟画，董源的山水画，备受后世推崇。

可以与吴、南唐相媲美的经济文化发达地区，是以成都为中心的前蜀、后蜀。唐末动乱之世，大批文人学士投奔四川，前蜀的皇帝王建多予以重用。在他治下，前蜀社会治平，经济稳定发展。后蜀的宰相毋昭裔自己出资营建学馆，雕版刻印“九经”；他还与赵崇祚一起编辑唐五代词《花间集》，带动了蜀中文学的兴盛。蜀国的绘画有很高水平，贯休（禅月大师）的罗汉画，黄筌的花鸟画，对后世影响很大。

以杭州为都城的吴越也令人刮目相看，这得益于吴越王钱镠的治理。他深知小国处境艰难，确定“以小事大”的国策，换来吴越的长治久安。他发动民众构筑捍海石塘，设置龙山闸、浙江闸，遏制潮水内灌。浙江这条河流之所以改称为钱塘江，就是因为钱镠建造了沿江石堤——即著名的钱塘。他把都城杭州的城郭加以开拓，修筑70里的罗城，城内街道、河流、市场、民居也作了相应的扩建。西湖风景区的开发也在此时初具规模，创建于东晋的灵隐寺此时有所扩建，还新建了昭庆寺、净慈寺，以及外围的理安寺、灵峰寺、云栖寺、六通寺、法喜寺、开化寺等。闻名遐迩的西关外的雷峰塔、月轮山的六和塔、闸口的白塔、宝石山的保俶塔，都兴建于此时。杭州在吴越国的几十年中有了很大的发展，为一百多年后南宋在此建都奠定了基础。

【第九讲】

宋：繁荣和创造的黄金时代

清明上河图(局部)

在传统史学家的笔下，宋朝是屡屡遭受非议、评价不高的时代。比如说，它积贫积弱，在与骑马民族契丹、女真、蒙古的较量中，总是处于下风，屡战屡败。阅读这一段历史，总有一种难以言说的压抑感。其实宋朝有它辉煌的另一面，它处在中国历史从中世向近世转变的转折点，也就是学者们常说的唐宋之际的社会变革时期，无论在经济、科技、文化各个领域，它都是繁荣与创造的黄金时代。西方学者似乎比我们更为敏锐地察觉到了这一点。

德国汉学家库恩(Dieter Kuhn)在《宋代文化史》一书中指出，中国在11世纪至13世纪发生了根本的社会变化，首先，文官政治取代了唐朝的以地方藩镇为代表的军人政治，受到儒家教育的文人担任政府高级行政官员；孟子以王道治国的思想第一次付诸实施。其次，宋朝在农业文明、城市文明和物质文明(如手工业)方面取得了很大的成就。农业技术的新发展，新土地的开垦，以及农作物产量的提高，奠定了宋朝经济繁荣的基础。城市商业和手工业得到了迅猛的发展，出现了以商人为代表的新富人阶层，促进了饮食文化、茶文化、建筑及居住文化的发展。因此，库恩甚至认为，宋朝是中国中世纪的结束和近代的开始。

美国历史学家墨菲(Rhoads Murphey)的《亚洲史》第七章“中国的黄金时代”，对于这个黄金时代有精彩的论述。

——“在很多方面，宋朝是中国历史上最令人激动的时代。后来的世世代代历史学家批评它，是因为它未能顶住异族入侵，而终于被他们痛恨的蒙古人打垮。但宋朝却从960年存在到1279年，长于三百年的平均朝代寿命。”

——这是一个前所未见的发展、创新和文化繁盛的时期。它拥有大约一亿人口，“完全称得上是当时世界上最大、生产力最高和最发达的国家”。

——在宋朝，作为中华帝国主要光荣之一的科举制度达到了它的顶峰。得到选拔的官员中，有三分之一或更多来自平民家庭，“如此高的社会地位升迁比例，对于任何前近代甚至近代社会来讲，都是惊人的”。

——“从很多方面来看，宋朝算得上一个政治清平、繁荣和创造的黄金时代。期票、信用证及后来官方大量发行的纸币，适应了商业的发展。政府官员印刷发放小册子来推行改进的农业技术；灌溉、施肥、精巧的新式金属工具和最早的机器，以及改良的作物新品种。经常得到城市富商和朝廷赞助的绘画有了光辉的进步，低廉印刷术的推广促进了文学的繁荣，小说和故事书激增。”

库恩和墨菲的论述并没有夸大其词，完全是于史有据的。看来，我们有必要换一种视角去解读这一段历史。

1. 官僚政治与体制内改革

经过唐末五代的激烈社会变动，贵族政治彻底崩溃了，取而代之的是新的官僚政治体制。应该说，隋唐时代已经对六朝的贵族政治进行了冲击，但贵族政治的残余依然顽强地存在着。三省六部的主要官员，大多出身于贵族，门下省虽然可以封驳皇帝与中书省的决策，但是体现的是贵族的舆论。科举考试虽然已经向庶民开放，但是仍有门第的限制，这和宋朝的科举只论文章不论门第截然不同。

日本学者内藤湖南在《中国近世史》中说：“在贵族政治时代，贵族们有掌握权力的习惯，如隋之文帝、唐之太宗等一代英主出现后，虽然在制度上否决了贵族的权力，实际上在从政中，仍有那种形式的残迹，政治成为与贵族的协议体。”这种情况在宋代已经荡然无存。

最能反映宋朝官僚政治特点的是君主独裁体制的形成。正如日本学者宫崎市定所说，宋朝的君主独裁政治，是建立在发达的官僚政治体制之上的，把终极裁决权交给皇帝。与此相对应，朝廷御前会议的礼仪也发生了变化，汉唐宰相可以坐着与皇帝议论国家大事，谓之“坐而论道”，到了宋朝，大臣已无“坐而论道”的资格，在皇帝面前必须直立奏对。这种变化大体反映在几个方面。

首先，宰相权力的削弱。唐朝的宰相“事无不统”，权力很大。宋太祖赵匡胤为了分割宰相权力，采取一系列措施。一是在三省首长以外，增设同中书门下平章事为宰相,参知政事为副宰相,分散其权力;二是以枢密院(首长为枢密使)分割宰相的军权,使得宰相与枢密使文武分立,宰相的政事堂与枢密使的枢密院并称为"二府";三是分割宰相的财权,财权由"三司"(盐铁、度支、户部合称三司)掌握,因而三司就号称"计相"(意为主管财政的宰相)。如此一来,宰相的权力比先前大为缩小,没有了军权、财权,形成政事堂主管政治,枢密院主管军事,三司主管财政的局面,三权分离,各不相知,一切都要通过皇帝。与此同时,又提高御史台、谏院等监察机关的权力和地位,可以纠察、弹劾各级官员,迫使宰相不得不屈从于作为皇帝耳目的台谏官。

其次,军事权力的集中。晚唐以来,一向是"兵权所在,则随以兴;兵权所去,则随以亡"。五代军阀公然声称兵强马壮就做皇帝。即以赵匡胤本人而论,从军校进而掌握禁军(中央军)大权,然后夺取帝位,也是如此。所以他即位后,第一步就是整顿禁军,剥夺为他打天下的将领们的兵权,又不想效法刘邦大杀功臣的做法,用高官厚禄作为交换条件,一手策划了"杯酒释兵权"的喜剧,让石守信等将领自动交出兵权。随后又从制度上对禁军加以整顿,降低禁军统帅的地位,疏离禁军将领与士兵的关系,削弱地方军事力量。禁军数量多力量强,待遇最好;厢军(地方军)待遇差,从不训练;乡军(民兵)、蕃军(边境民族军)不是正规军,更不如厢军。这种"重内轻外"方针,尽管产生许多负面效应——军队战斗力大为削弱,但是军权毫无疑问高度集中于中央了。

再次,财政权力的集中。赵匡胤的方针是"制其钱谷,收其精兵","收精兵"的基础是"制钱谷",所谓"制钱谷",就是集中财权。晚唐以来,地方政府把正式税收区分为上供、送使、留州(也就是上交中央、送交节度使、留给地方)三项,节度使往往扣押或多留,使中央财政收入减少,形成地方强、中央弱的局面。宋朝初年改革制度,把各地税收机关收归中央掌握,地方税收除留一部分供地方开销外,其余全部上交中央。新设立的诸道转运司,主管财政税收与漕运,并把全国分为十五路(京东路、京西路、河北路、河东路、陕西路、淮南路、江南路、荆湖南路、荆湖北路、两浙路、福建路、西川路、峡西路、广南东路、广南西路),分管各路的财政税收。于是,"路"逐渐成为宋代地方最高一级行政区。由于中央对地方的严密控制,向地方征调数量的持续增长，使地方州县财政入不敷出，只能默许州县政府超越制度许可范围去开辟财源。

毫无疑问，官僚政治对于贵族政治而言，是一种进步。但是，它也有新的问题，官僚机构的空前庞大就是其中之一。

一方面，官僚制度中有“官”、“职”、“差遣”的区分。所谓“官”，实际是一种等级待遇，作为叙级、分等、定薪的依据。所谓“职”，不是职务，而是加官，只是一种虚衔。上述两种官僚，“有官无权”、“有职无权”，真正负实际责任的是“差遣”。所谓“差遣”，也称职事官（事务次官），是官僚担任的实际职务。例如，名义上宰相是中书令、门下侍中，但那仅仅是“官”，掌握相权的是同中书门下平章事、参知政事这些“差遣”。

另一方面，集中权力的结果，大批官僚无所事事。中央三省六部二十四司的首长，大多不管本司事务。在官僚机器中，旧官和新官，有权的官和无权的官，朝廷派遣的官和地方的官，机构重叠、臃肿、庞大，效率低下。

官不管事，却享受优厚的俸禄，有正俸、禄粟、职钱、春冬服、从人衣粮，还有茶酒、厨料、薪蒿、柴炭、米面、饲马刍粟等，是薪给制与供给制的混合，甚至他们的随从人员的衣粮也由国家包了下来。这样就形成了一个特权阶层——官户（品官之家）。约占全国总户数千分之一二的官户，逐渐成为政治腐败的渊薮。

官僚政治带来的所谓“三冗”——冗官、冗兵、冗费与日俱增，可能导致国家由富强向贫弱方向转化，于是体制内的改革便提上了议事日程。

庆历三年（1043年）宋仁宗起用范仲淹为参知政事（副相），富弼、韩琦为枢密使，欧阳修、蔡襄、王素、余靖等出任谏官，责成他们针对当务之急，进行改革，以“兴致太平”为目的。

范仲淹从整顿官僚机构，完备官僚制度入手，进行广泛的政治改革。他与富弼联名向皇帝提出《答手诏条陈十事》，涉及官僚政治的许多方面，例如：改革官僚单纯论资排辈升迁的“磨勘法”；限制官僚子弟不通过科举即可为官的“恩荫”、“任子”特权；改革科举考试专以辞赋、墨义取士的旧制，改为注重策论（政治实务）与经义（政治理论）等等。宋仁宗采纳后，颁行全国，开始了“庆历新政”：

一、罢免保守的宰相吕夷简以及不称职的地方官僚；

二、责令各县查究偷逃税收情况；

三、改革论资排辈的“磨勘法”；

四、停止两府（政府、枢府）、两省（门下省、尚书省）官僚的子弟获得“馆职”（文学侍从）的陋习；

五、改革官僚子弟凭借“恩荫”进入仕途的制度，受到“恩荫”者必须重新参加考试，考试合格后还必须有三名京官保举，才可以出任地方低级官吏。

毫无疑问，庆历新政触及了官僚政治的弊端，也触犯了官僚的既得利益，带来了极大的震动，引起一片反对声浪——“论者藉藉”，“任子恩薄，磨勘法密，侥幸者不便”。保守派猛烈反扑，对新政的诽谤一时甚嚣尘上，把范仲淹、富弼、欧阳修等人诬蔑为“朋党”，意思是他们在结党营私。原先希望新政能够“兴致太平”的宋仁宗屈服于保守派的压力，不得不把范仲淹等改革派官僚相继罢官，持续一年零几个月的庆历新政，有如昙花一现，迅即凋零。

体制内改革常常被人们讥讽为“小修小补”，不过是“改良主义”而已。其实没有那么简单，这种改革尽管在体制的框架内运作，但是一旦触犯了当权者的既得利益，改革之难似乎难于上青天，失败是在预料之中的。历史上的改革家大多没有什么好下场，恐怕于此可以获得索解。

在范仲淹等人被罢官十三年之后，由地方官升任京官的王安石向宋仁宗再次发出改革的呼声。他尖锐地指出，天下安危治乱已经到了关键时刻，改革是当务之急，如不及时改革，那么汉朝灭亡于黄巾、唐朝灭亡于黄巢的历史必将重演。他的大声疾呼，在暮气沉沉的朝廷中没有引起什么反响，宋仁宗、宋英宗都置若罔闻。宋神宗即位后情况发生了变化，王安石以翰林学士侍从之臣的身份与皇帝议论治国之道，君臣之间取得了共识。熙宁二年（1069 年）宋神宗任命王安石为参知政事（副相），让他主持变法事宜。

看来，王安石吸收了庆历新政的经验教训，不再尝试政治改革，而是由经济改革入手。他成立了一个新机构——制置三司条例司，任用吕惠卿、苏辙等一批新人，革故鼎新。首先推出的新法有：

均输法——用限制商人获利、控制市场流通的手段，使税收物资的调拨与运输体现最大的经济效益——就近与低价，这叫做“徙贵就贱，用近易远”。

青苗法——旨在限制民间高利贷，由政府发放低息借贷，半年利息二分(即20%)。但做法过于简单化，不论农民是否需要而“一刀切”，未免有强制摊派的嫌疑。

熙宁三年(1070年)王安石升任同中书门下平章事(宰相)，变法进入高潮，先后推出其他新法：

免役法——使徭役货币化，即“使民出钱雇役”，应当承担徭役的人家缴纳“免役钱”来代替徭役，有产业而不承担徭役的人家缴纳“助役钱”。各地政府为了雇人服役的需要，可以在免役钱以外增收20%的“免役宽剩钱”。

市易法——为了打击富商大贾任意抬高物价牟取暴利的行为，在首都与几十个大城市设立市场管理机构——市易务，物价低廉时加价收购，物价高昂时减价出售。

方田均税法——为了遏制有财有势的富户隐瞒土地面积、逃避赋税的现象，大规模地丈量耕地面积，根据土地的肥瘠确定不同的税则，使土地税的负担比较合理化，也增加了政府应得的税收。

显然，王安石试图用经济手段来管理经济事务，在便民的同时增加国家的财政收入。这就是新法的“富国”意义，此外，陆续推行了带有“强兵”意义的**保甲法**、**保马法**、**将兵法**等。

新法的推行确实收到了实效，达到了“富国强兵”的目的。但是也带来了一系列问题，问题的关键就在于理想与现实之间的差距，暴露出新法的不足之处，遭到以司马光为首的保守派的猛烈反对。王安石服膺儒家理论，是一个经学家，写了一本诠释《周礼》、《诗经》、《尚书》的著作——《三经新义》，被人们称为“荆公新学”。王安石如此解释他的理财思想：“合天下之众者财，理天下之财者法，守天下之法者吏也。”在他看来，有了完善的法律和守法的官吏，就可以使天下的财富得到合理的分配，就可以凝聚人心。否则的话，势必造成“有财而莫理”，导致贫富不均。因此，他对儒家经典《周礼》特别推崇，说“一部《周礼》理财居其半”，他的不少新法都把《周礼》作为理论根据。在这点上，他似乎在仿效王莽“托古改制”的做法,用向后看的理论来指导向前看的改革,与他以经济手段处理国事并使之制度化的尝试,不免自相矛盾。

我们不妨深入地探讨一下“向后看”的指导思想。

熙宁二年,王安石在与宋神宗讨论土地兼并与农民丧失土地的问题时,把目光投向西周的井田制度上。君臣之间发生这样一段对话:

王安石说,臣见程颢说:必须限制民众占田数量,就像古代的井田制。

宋神宗说,那样会导致混乱。

王安石说,王莽就把全国的耕地改名为“王田”(实现井田制的第一步)。

宋神宗说,如果设法让人民知道利害,不再兼并,是可以的;如果剥夺人民已有的土地,作为限制的手段,那是不可以的。

王安石说,当然,怎么可以剥夺他人已有之田分给贫民,不消说行不通,即使行得通也没有好处。

熙宁四年,王安石与宋神宗在讨论“方田均税法”的出发点时,再次提及井田制。他说,方田均税法近似于井田,井田并不是不可以仿效,只是难以速成。宋神宗问他为什么。他说,如今百姓占田或连阡陌,不可以剥夺,但是可以制订办法来限制兼并,达到人人“自勤于耕”的目的。

看来,王安石很想仿效西周的井田制,但又不想操之过急,所以实行方田均税法,以比较温和的手段来限制土地兼并。短期内取得一点效果,最终还是由于既得利益集团的反对而不了了之。其他各种新法,或者由于过于理想化(如均输法、市易法),或者由于过于超前(如免役法),或者由于具体措施失当(如青苗法),在保守派的反对下,被一一化解于无形。后世史家为之惋惜万分,其实,用向后看的儒家理论来指导向前看的改革,本身就蕴含着失败的命运。

因此,历来对于王安石变法的评价,众说纷纭,莫衷一是,总的趋势是褒大于贬。但是仅仅从褒贬的角度思考问题,似乎永远纠缠不清。是否可以换一种思路?日本东洋史学先驱内藤湖南 1920 年代在京都大学讲课时,这样说道:“自古以来中国的历史家,都认为实行《周礼》毫无价值,而最近读了一些社会主义书籍的人,则对其实施的一些社会政策的做法表示欣赏。但这两者都不符合事实。《周礼》中的政治,是根据当时的理想而制订的……应用《周礼》第一个失败者是王莽，第二个失败者是王安石。”《中国：传统与变革》一书的作者费正清和赖肖尔指出：王安石像汉代的王莽一样，宣称他的改革符合古代经籍的内容；与王莽相仿的另一方面是王安石被作为“社会主义者”受到指责和赞扬，但其动机并不比他的著名前辈有更多的社会平等思想。

这种观点，在当代中国读者看来似乎有点唐突，不妨姑妄听之吧。

2. 传统农业的新发展与商业革命

葛剑雄主编的《中国人口史》指出，北宋以前人口增长缓慢，西汉元始二年（公元 2 年）全国人口六千余万，此后由于分裂和战乱，人口总数几起几落，到唐朝人口峰值阶段的天宝十四年（755 年）约有七千余万。经过唐末五代的动乱，宋初太平兴国五年（980 年）全国人口只有三千五百四十万。此后的一百余年，人口迅速增长，到 12 世纪初（即北宋末年）进入峰值阶段，当时在北宋、辽、西夏、大理等范围内，总人口达到一亿四千万。

人口增长的最主要的原因，就是传统农业在这一时期取得了突飞猛进的新发展，中部和南部水稻种植面积不断扩大，粮食产量相应增加。如果说，各类耕地的开垦，例如淤田、沙田、潮田、山田、圩田、围田、湖田等的出现，是一种外延式的发展；那么，南方地区讲究精耕细作的集约化经营，便是更为重要的内涵式发展。根据日本学者天野元之助的研究，作为主要粮食作物的水稻，在这一时期不仅种植地区扩大，而且耕作技术与经营方式都有了长足的进步。这主要表现在三个方面：

其一是，早稻优良品种占城稻，在宋初从越南引进以后，经过一百多年的推广，到南宋时江南各地十之八九普遍种植。有些地区，已有早稻、中稻、晚稻的区分，水稻栽培技术有了明显的提高。

其二是，原先水稻栽培采取粗放的直播法，这一时期把直播法改造成为移植法，也就是说，过去把稻种直接撒播到田里，现在先把稻种在秧田上培育，然后移植（即插秧）到大田。陈旉《农书》专门记述了秧田的修治技术，不少地区还发明了插秧工具——秧马。

其三是，对于水稻栽培的各个环节都讲究精耕细作：秋收后的耕田，务求再三深耕，使土壤疏松细碎；春耕时再三耕、耙，使土细如泥。耕田用牛犁也用踏犁；耘田锄草，有了耘爪、耘荡等工具；水利灌溉在原先的筒车、桔槔之外，出现了效率更大的龙骨车（翻车、踏车），可以把河水抽到一二丈高的稻田中。

集约化经营的结果，是水稻单位面积产量的增加。当时人说，在两浙路一带，上等水稻田一亩，可以收获稻谷五六石，约为 750 斤至 900 斤之间，是相当高的产量。

另外有两点也颇值得注意。一是江南麦作的推广与稻麦二熟制的形成，标志农业生产水平的一大进步。与此相呼应的是，水稻种植由南向北推广。二是由于商品经济向农村的渗透，农村中开始出现专门种植经济作物——蚕桑、茶叶、蔬菜、漆树、花卉、果树、甘蔗——的专业户，从事个体小商品生产。最突出的是，蚕桑区农家的蚕桑丝织经营，开始从家庭副业中独立出来，形成专业化生产。陈旉《农书》说，湖州地区农家"唯藉蚕办生事"，表明蚕桑经营已经成为他们的主业。

传统农业的新发展是具有划时代意义的，它为工商业的发展提供了广阔的空间，导致"商业革命"较早的出现，成为宋朝历史的一抹耀眼的亮色。

这是西方汉学家的看法。他们把宋朝的转折点称为一次"复兴"，或一次"商业革命"。

费正清和赖肖尔合著的《中国：传统与变革》，关于宋朝的第六章第四节的标题就是"商业革命"四个字。他们写道，宋朝经济的大发展，特别是商业方面的发展，或许可以恰当地称之为中国的"商业革命"。这一迅速发展使中国经济发展水平显然高于以前，并产生出直至 19 世纪在许多方面保持不变的经济和社会模式。

斯塔夫里阿诺斯(L. S. Stavrianos)的《全球通史》在"宋朝的黄金时代"的标题下写道：除了文化上的成就外，宋朝时期值得注意的是，发生了一场名副其实的商业革命，对整个欧亚大陆有重大意义。

这种对历史的解读方式不仅令人耳目一新，而且是言之有据的。

如果对宋朝的首都东京（开封）与唐朝的首都长安加以分析比较，就可以发现唐宋之间的巨大社会变革，也可以从这个中原大都市中看到商业革命的真实状况。

唐朝的长安是一个棋盘状的封闭结构，纵横相交的街道形成许多由围墙封闭起来的居民区——“坊”，商业区也封闭在“坊”的区域内，这就是东市与西市。这种封闭性结构在宋朝的开封被打破了。日本学者加藤繁在《宋代都市的发展》中说：“坊的制度——就是用墙把坊围起来，除了特定的高官以外，不许向街路开门的制度——到了北宋末年已经完全崩溃，庶人也可以任意面街造屋开门了。”杨宽在《中国古代都城制度史研究》一书中，进一步指出，这种变革在五代至宋初逐步显现，随着开封的繁荣，不再有坊市之间的严格区分。

这种变革在社会与经济的发展中有着巨大的意义，它适应了商品经济发展的趋势，把商业活动从封闭的“坊”中解放出来，扩散到大街小巷的沿线，形成了近代都市商业街的雏形，为都市商业拓展了新空间，也为都市增添了繁华的商业气息与市井色彩。于是出现了前所未有的新景观：政府宣布取消对于夜市的禁令，商业活动不再有时间限制，开封城内十字大街有所谓“鬼市”——通宵达旦的商业街；马行街北至新封丘门大街，夜市营业到三更，而五更时分又再开张；至于“耍弄去处”（娱乐场所），营业“通宵不绝”。杨联陞在《哈佛亚洲研究》发表一篇很有意思的论文——《中华帝国的作息时间表》，其中有一段涉及这个话题。他说：“唐朝时，集市在中午以二百下鼓声而告开张，在日落前七刻以三百下铜锣声而告结束。这个规矩从九世纪起逐渐松驰下来了，到了十二世纪时，大城市的商业活动从一大清早持续到夜里是很常见的，商人们在时间和地点上都不再受到限制。”这一细节，从一个侧面展示了唐宋之际的社会变革。

开封城的街巷结构截然不同于长安，他的四条御街与东西南北四个城门相连，此外还有东西向的横街，以及南北向的直街，互相连通成街巷网络，把商业区与居民区交织在一起。在许多交通便利的街巷中，都有繁华的“街市”，行市、酒楼、茶坊、食店、瓦子（娱乐场所）等连成一片，形成摩肩接踵、昼夜喧阗的商业长廊。最为热闹的是以北面御街为中心的街市，从宫城南门（宣德门）东去，有东西向的潘楼街、土市子，南面是界身巷，潘楼街既有集市性质的潘楼酒店，又有金银彩帛的交易所，还有最大的娱乐场所桑家瓦子。北面的马行街，既有马市（交易马匹的市场），又有庄楼、杨楼

泥活字版模型

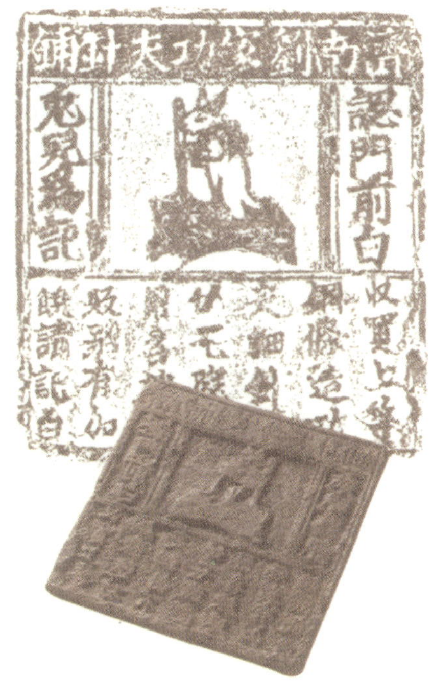

宋代的广告

南宋官窑青瓷簋

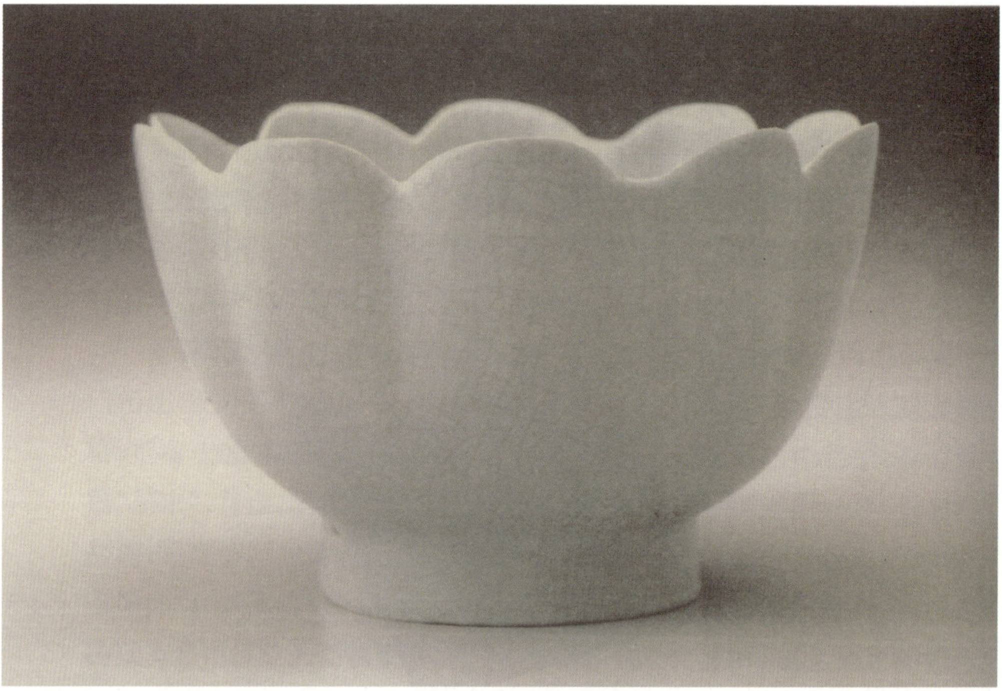

北宋汝窑青瓷碗

等酒楼，还有大小货行、医行、药行。再往北的新封丘门大街，有州北瓦子和茶坊、酒肆、饮食店。

在张择端的名画《清明上河图》面前，一切文字记载都相形见绌。这幅长卷以写实的手法记录了东京开封的街市繁荣景象。画卷从东水门外虹桥以东的田园开始，向西是汴河上的市桥及周围的街市、城门口的街市、十字街头的街市。张择端画了各色人物七百七十多人、房屋楼阁一百多间、大小船舶二十多艘，蔚为壮观，令人目不暇接。画面上有满载货物的骆驼队正在向东出城，城门内不远处有一座三层楼房——孙家正店（酒楼），门前有彩楼欢门，十分富丽堂皇。街道两旁随处可见各类商店的招牌幌子："王家罗锦匹帛铺"、"刘家上色沉檀栋香"、"刘三叔精装字画"、"孙羊店"之类丝绸店、香药店、裱画店、饮食店，以及豪华的招商旅馆——"久住王员外家"。

当时开封以经商为业的有二万多户，其中六百四十家资本雄厚的商户，分别属于一百六十行，囊括米、盐、茶等各类商品贸易。号称"正店"的大酒楼有七十二家，兼具饮食与商品交易的多种功能，作为商人验看商品质量、商定价格、签订契约的场所。此外还有三千家称为"脚店"的小酒楼。酒楼、茶坊适应商业大潮，与娱乐场所瓦子，都通宵营业，有"应招女郎"——"浓妆妓女数百，聚于主廊檐面上，以待酒客呼唤"；有"陪酒女郎"——"为酒客换酒斟酒"；有"卖唱女郎"——叫做"扎客"或"打酒坐"。显示了开封迥然有别于昔日长安的新潮特色。

开封城位于汴水（汴河）两岸，汴水北通黄河，南通淮河、长江，因此开封市场上有来自江淮的粮食、沿海各地的水产、辽与西夏的牛羊，以及来自全国各地的酒、果品、茶、丝绢、纸、书籍，还有日本的扇子、高丽的墨料、大食（阿拉伯）的香料和珍珠。名闻遐迩的东京相国寺的庙会集市，各地来的商品琳琅满目，大山门内出卖飞禽走兽；第二座山门内出卖各种杂货；广场上出卖家用器物，有蒲盒、簟席、屏帏、鞍辔、弓箭、时果、腊脯等；近大殿处，出卖老字号名牌产品：王道人蜜饯、赵文秀笔、潘谷墨；两廊出卖绣作、领抹、花朵、珠翠首饰、幞头帽子等；大殿后、资圣阁前出卖书籍、古玩、图画、土产、香药之类。

凡此种种，无不显示商业气息的浓厚，表明这一时期的商业已经进入一个新的历史阶段。据黄仁宇《中国大历史》说，当时中国的商品交换的价值，合计相当于1500万至1800万盎司黄金，折合成现在的价值，约合60亿至70亿美元。如此庞大的商品流通量，在当时世界上恐怕是绝无仅有的。

在这种情况下，金属货币已难以适应商品的巨额流通，铜钱、铁钱体积大、分量重，对于长途贩运或巨额批发贸易，十分不便。于是货币发生了突破性变革——出现了世界上最早的纸币。

宋真宗时期，益州（今四川成都）十六户富商联手发行一种钱券，称为"交子"，是由商业信用关系孕育出来的纸质货币。宋仁宗时期，政府从商人那里收回了发行纸币的权利，在益州设立"交子务"（按："务"是机构名称），负责印刷、发行交子。这种政府发行的纸币，面额固定，盖有官印；用户以现钱换取纸币时，要把商业字号登记在册，兑现时按字号销账，以防伪造。随着这种纸币的流通范围日益扩大，中央政府在首都开封设置交子务，负责面向全国的发行事宜。南宋时，纸币逐渐成为主要货币，有四川的钱引、湖广的会子、两淮的交子、东南的会子。所谓"会子"，原先叫做"便钱会子"，"便钱"即汇兑，"便钱会子"就是汇票、支票之类的票据，大约在12世纪中叶，发展为兼有流通职能的纸币。

纸币的出现，在商业和金融发展进程中的历史意义，无论如何估价都不嫌过分。在欧洲，瑞典是最早发行纸币的国家，时间在1661年，比中国纸币的出现晚了六百多年。

3. 领先于世界的科技成就

饮誉世界的科技史专家、英国学者李约瑟(Joseph Needham)，在他的煌煌巨著《中国科学技术史》中指出：中国科学技术发展到宋朝，已呈现巅峰状态，在许多方面实际已经超过了18世纪中叶工业革命前的英国或欧洲的水平。

这确实是引人刮目相看的，也是恰如其分的评价。印刷术、指南针、火药、造纸术这四大发明，是中国对世界文明的巨大贡献，其中的三项——印刷术、指南针、火药，在宋朝有了划时代的突破。

先看印刷术。唐、五代时期开始应用雕版印刷术印书,北宋时有了进一步的发展,国子监刻印的称为"监本",民间书坊刻印的称为"坊本"。北宋初年,成都刻印《大藏经》十三万板,国子监刻印经史典籍十多万板,规模巨大,工程浩繁。于是,更为便捷的活字印刷术应运而生了。

据沈括《梦溪笔谈》记载,宋仁宗庆历年间(1041—1048 年),布衣(平民)毕昇发明活字印刷术。它用胶泥刻字,使字划凸出,每字单独成为一印,用火烧硬,制成字印;在铁板上敷松脂、蜡、纸灰,把一颗颗字印镶嵌于铁板,再用火烤,使松脂、蜡熔化,把版面压平,便可刷墨印书。

毕昇的这一发明,包括制作活字、排版、印刷三道工序,开创了近代活字印刷的先声,后世的木活字、铜活字、铅活字印刷术,就是在这个基础上发展起来的。

法国年鉴派历史学家布罗代尔(Fernand Braudel)在《15 至 18 世纪的物质文明、经济和资本主义》一书中说:"毕昇于 1040 年至 1050 年发明了活字印刷术,使印刷术面目一新","这种活字几乎未被推广","但在 14 世纪初,使用木活字已经流行,甚至传到了土耳其斯坦。15 世纪前半期金属活字在中国和朝鲜均有改进,并在美因兹人谷登堡发明活字印刷术(15 世纪中叶)之前半个世纪得到广泛的传播"。

再看指南针。早在战国时代就有人利用磁石指南的特性,发明了"司南",即所谓"司南之勺","其柄指南"。后来人们又用钢针在磁石上摩擦使之带有磁性,制成指南针。

北宋庆历年间出版的《武经总要》记载当时已有"出指南车及指南鱼以辨方向"的夜间行军方法。沈括《梦溪笔谈》记录了使用磁化的磁针可以指南的原理,并且介绍了四种支挂磁针的方法。当时的军队用磁化薄铁片制成"指南鱼",在阴天和夜晚判断行军方向。后来又发展成磁针和方位盘的一体化装置——罗经盘(罗盘)。北宋宣和元年(1119 年)朱彧写成的《萍洲可谈》,记载了当时海船上使用指南针的情况:"舟师识地理,夜则观星,昼则观日,阴晦观指南针。"徐兢写的《宣和奉使高丽图经》,记录了当时由海路前往高丽时使用指南针的情况——"若晦冥则用指南针以揆南北"。这种指南针就是水罗盘。

由此可以推断,至迟在北宋后期,指南针已经普遍用于航海。南宋时，阿拉伯商人经常搭乘中国海船，学会了使用指南针，并把它传到欧洲。

再看火药。火药是一项古老的发明，古代的炼丹家发现硫磺、焰硝和木炭的混合物能够爆炸。唐末开始把火药用于战争，北宋初年火药广泛使用于战争，有火炮、火箭，以后又有火球、火蒺藜（内装有带刺铁片的火药包）。曾公亮主编的《武经总要》记录了火药的三种配方，可见当时军事部门生产火药已经达到相当规模。根据此书记载，火箭是在箭头上放上火药，用弓射出；火球、火鹞、烟球是把火药点燃后用炮射出（当时已有类似近代的"铁火炮"）。以后又发明了"突火枪"——用粗毛竹制成，内装火药和子弹，火药点燃后发出冲力，射出子弹。这大概可以说是世界上最早的管形火器。

中国制造火药的技术在1230年左右由波斯人传入阿拉伯地区，阿拉伯人把火药称为"中国盐"、"中国雪"。以后又由阿拉伯人传到欧洲。法国人布罗代尔以历史学家特有的严谨态度，对某些西方学者企图否定中国的这一发明加以反驳：不论优秀的科技史专家阿尔都·米埃里（Aldo Mieli）如何强词夺理，中国人发明火药毕竟不是一种"神话"。他们从9世纪起已用硝土、硫磺和炭屑制造火药，最早的火器同样也是中国人在11世纪制成的。

对于印刷术、指南针、火药的发明和传入欧洲，近代"科学方法论之父"——弗兰西斯·培根（Francis Bacon）在17世纪初作出了高度评价：

> 我们应当观察各种发明的威力、效能与后果，最显著的例子便是印刷术、火药和指南针……这三种发明都曾改变了整个世界的全部面貌和状态！第一种在知识传播的文献方面，第二种在战争上，第三种在航海上，并且随着这些发明的利用又引起了无数的变迁。由此看来，世界上没有一个帝国，没有一个教派，没有一个星宿，比这三种发明对于人类发生过更大的力量与影响了！

培根的这番话是想说明，印刷术的利用使知识超越了中世纪经院教士的控制而趋于普及，从此改变了教育与知识生活的面貌；火药的利用给战争提供了火器，取代了中世纪的战争方式，使中世纪统治阶级垮台，使社会结构发生根本变化；指南针的使用导致了航海技术革命，从而促进了15世纪、16世纪的大航海时代的到来。总而言之,三大发明导致欧洲结束中世纪时代而进入近代文明时代。

三大发明之外,另一些科技成就也非同小可。

例如:1086年至1094年间,苏颂与韩公廉发明了世界上第一台天文钟——水运仪象台。这是把测量仪器、表演仪器和记时仪器融为一体的划时代创造,它以水力转动,通过擒纵器使仪象台有节奏地按时转动,把报时、观象、测天三种功能同时表达出来。这个高约12米的庞然大物,十分精细,可以按时、刻、辰、更,自动打鼓、摇铃、击钟、鸣锣,并且举木牌报时。这座天文钟出现在11世纪末的开封,是当时世界上首屈一指的杰作:一天24小时的误差小于100秒。五百年后,当耶稣会士利玛窦(Matteo Ricce)把西洋的自鸣钟献给明朝的万历皇帝时,被中国人看作新发明,殊不知我们的祖先早已发明了比它复杂得多的天文钟!

又如:北宋中叶的贾宪提出了“开方作法本源”,也就是指数为正数的二项式定理系数表,世称“贾宪三角形”,比西欧相同的“帕斯卡三角形”早了六百年。贾宪的“增乘开方法”,是解一元多次方程求正根的一种简便方法,与西方数学家霍纳的方法大致相同,但早了七百多年。南宋的秦九韶在《数书九章》中,发展了贾宪的增乘开方法,并附有井然有序的算式、算图,后人称为“秦九韶程序”。美国哈佛大学的科学史家沙顿(G. Sarton)认为:“在中国数学家中,不但当时,就是永久,(秦九韶)也可算得是最杰出的一位。”

再如:在宋朝科学家群体中最耀眼的明星——沈括,他的《梦溪笔谈》涉及天文、地理、物理、化学、生物、数学、医学等领域的学术前沿。他提出“十二气历”的编制方法(以立春为元旦,按节气定月份,大月31天,小月30天,大小月相间),虽然没有实行,但在历法史上无疑是一项卓越成就。他对1046年的陨星的观察,留下了翔实的记录,并且第一次提出陨星为陨铁的解释。他是最早使用“石油”这一名称,并且意识到它的用途与价值的科学家。他发现陕北自古就有“石油”流出,当地人称为“脂水”,用来烧烟制墨。他预言“此物后必大行于世”,因为“石油至多,生于地中无穷”。这种先见之明,令我们今日读来,钦佩之心油然而生。

4. 经济重心南移的最终完成

宋金对峙时期，北方人民大量南迁，他们与南方人民一起，共同促成经济重心南移的最终完成。靖康之乱后北方人口的南迁，是继永嘉之乱、安史之乱两次南迁高潮之后的第三次高潮，仅两浙路、江西路、江东路，就有五百多万北方移民迁入南方定居。此后，南方地区的开发，农业的集约化经营，都有明显的进展。经济最发达的江南地区有了突飞猛进的发展，最明显的标志就是“苏湖熟，天下足”格局的形成。

“苏湖熟，天下足”的谚语表明，长江三角洲的苏州与湖州一带，已经成为全国的粮仓。这一点，几乎是南宋人士的普遍共识：

——范成大《吴郡志》说，民间谚语曰：“苏湖熟，天下足”；

——陆游《渭南文集》说：“吴中又为东南根柢，语曰：‘苏湖熟，天下足’”；

——高斯得《耻堂存稿》说得更为深刻，两浙路一带“上田一亩，收五六石，故谚曰：‘苏湖熟，天下足。’虽其田之膏腴，亦由人力之尽也”。

显然，“苏湖熟，天下足”是农业集约化经营的结果，而集约化经营又与政府的劝农政策密切相关。

偏安于江南的南宋朝廷，为了抗衡北方的金朝，增强国力，致力于农业资源的开发，以及农业技术的提高，劝农政策便作为当务之急提上议事日程，并且作为考察地方官政绩的首要条件。因此地方政府都十分重视农业技术的总结、推广与指导，出现了以往罕见的出版农书、劝农文的热潮。除了重印北魏贾思勰的《齐民要术》、唐朝韩鄂的《四时纂要》，还编纂了反映当时农业生产新水平的农书，例如：陈旉《农书》，楼琦《耕织图诗》，曾安止《禾谱》，曾之谨《农器谱》等。与农书大量刊印相配合，地方官普遍撰写、发布“劝农文”。大名鼎鼎的朱熹在担任地方官时就写过“劝农文”，宣传精耕细作：秋收后应该犁田翻土，越冬后再用犁耙平细，为春耕做好准备；稻秧长高后，必须耘草、烤田（排水晒田），以利稻秧生长。黄震为抚州地区所写的“劝农文”，着重介绍水稻高产区的经验：田须秋耕春耙，并勤于灌溉、排水，要求抚州农民改变“一切靠天”的旧习俗。

手工业的发展势头也很迅猛。南宋时代，苏州、杭州、成都等地设置织锦院（官营丝织业机构），各有织机数百架，工匠数千人。民间私营作坊更多，生产大量精美丝织品，如吴兴（湖州）的樗蒲绫，武康与安吉的绢、纱、鹅脂绵，均属上品；嘉善魏塘的宓家所织画绢，远近闻名。表明丝织业中心已由北方移到了南方。瓷器业也出现同样的趋势，浙江的龙泉，江西的景德镇已成为全国著名的瓷器业中心，产品远销国内外。

由于北方沦陷，对外交往必须通过海道，因此泉州、广州、明州（宁波）迅速发展，成为三大对外贸易港口。南宋对外贸易的繁盛超过了北宋，形成通往日本、高丽、东南亚、印度、波斯、阿拉伯的海上丝绸之路。据《岭外代答》、《诸蕃志》的记载，当时与南宋通商的国家多达五十多个。海上丝绸之路的兴旺发达，使偏安于半壁江山的南宋依然与世界各国保持密切的经济文化交流。

南宋的首都临安（杭州）是当时世界首屈一指的大都市，西方学者把它看作9世纪至13世纪中国商业革命、都市革命的标志。拥有一百五十万人口的杭州，不仅是南宋的政治中心，也是经济中心、文化中心。这个南北长、东西窄的都城，与以往的都城的方正格局截然不同，皇宫位于城市的南端，不再有坐北朝南的架势，具有浓厚的商业色彩。从皇宫北面的和宁门往北通向城市中心的是一条用石板铺成的御街，南北向的御街与东西向的荐桥街、三桥街相交，与后市街平行；东面又有贯穿全城的市河、盐桥运河，因此御街就成为全城最繁华的商业街。御街两侧的街面全是商店，正如《梦粱录》所说："自大街及诸坊巷，大小铺席，连门俱是，即无虚空之屋。"御街中段的街市最为热闹，有名的闹市如清河坊、官巷口、众安桥等，店铺密集，人群熙攘，正如《都城纪胜》所说："买卖关扑，酒楼歌馆，直至四鼓（四更）方静，而五鼓（五更）朝马将动，其有趁卖早市者，复起开张。"闹市区的酒楼歌馆营业至凌晨四更，五更时分由于官员上朝，早市已经开张。

御街中段的酒楼茶坊之间，分布着"市"、"行"、"团"等商业组织，有珠子市、花市、方梳行、销金行、冠子行、鲞团等。最引人注目的是五间楼至官巷口的"金银盐钞引交易铺"，它是南宋新设立的交易所，与北宋开封的金银彩帛交易所有所不同。所谓"盐钞引"是政府发给商人的证券，是运销盐茶之类管制商品的凭证，商人凭借证券可以在金银盐钞引交易铺进行交易，然后到政府的榷货务进行清算。金银盐钞引交易铺生意兴隆，十分气派，门口陈列着金银器皿和现钱（称为“看垛钱”）。

作为都城的杭州，定居人口一百五十万，还有许多流动人口，服务行业成为一个重要产业，酒楼、茶坊、瓦子鳞次栉比。

酒楼中有一部分是“官酒库”开设的，如丰乐园、和酒楼、春风楼、太和楼；更多的是私营的“市楼”，如武林园、嘉庆楼、聚景楼、花月楼、双凤楼、赏心楼、月新楼。大型酒楼门前有彩画的欢门，门口有彩色帘幕和描金红纱灯笼。到了夜间，灯火辉煌，人声鼎沸。

茶坊则另有一种雅趣，四壁张挂字画，安放花架，供应的香茗随着季节变换，冬天有七宝擂茶、葱茶、盐豉汤，夏天有雪泡梅花酒、缩脾饮、暑药冰水。这是借饮茶品茗进行社会交际的场所。与此不同的是“花茶坊”，带有歌楼的娱乐色彩，正如《武林旧事》所说，清乐茶坊、八仙茶坊、珠子茶坊等“花茶坊”，“莫不靓妆迎门，争妍卖笑，朝歌暮弦”。

瓦子又名瓦肆、瓦舍，是娱乐场所。杭州城内有瓦子 23 处，其中位于御街众安桥的北瓦子最大，有勾栏（百戏演出场地）13 座，分别演出戏剧、相扑、傀儡戏、说唱、说诨话和学乡谈（类似相声、滑稽）、皮影戏、教飞禽等，昼夜不息地演出，观众数以千计。

各行各业的繁荣，再加上杭州西南的西湖风景区，使得杭州博得了人间天堂的美誉，繁华程度大大超过了北宋的都城开封（汴州），林升的一首《题临安邸》的七言绝句不无讥刺地吟咏：

山外青山楼外楼，西湖歌舞几时休。

暖风熏得游人醉，直把杭州作汴州。

直到南宋灭亡以后，杭州的辉煌时代已经过去很久，西方的旅行家依然对它赞颂备至。墨菲在《亚洲史》中用充满感情色彩的笔调写道：马可·波罗在 13 世纪末亲眼见过杭州，为它的宏大和富庶所折服，惊叹它是世界上最伟大的城市。马可·波罗说，他的故乡——堪称欧洲城市之冠的威尼斯，在杭州的映衬之下相形见绌，“不过是一个破旧的村庄”而已。

【第十讲】

儒学的新发展及其社会影响

北宋《大驾卤簿图》(局部)

1. 朱熹新儒学:从“伪学”到官学

理学家张载的名言:“为天地立心,为生民立命,为去圣继绝学,为万世开太平。”用它来评价朱熹学说,是最为恰当不过的。

朱熹,字元晦,一字仲晦,号晦庵,徽州婺源人,生活在南宋孝宗至宁宗时代。绍兴十八年(1148 年)考取进士,此后担任过一些地方官,但是主要精力用于研究儒学。他向程颢的再传弟子李侗学习程学,形成了与汉唐经学不同的儒学体系,后人称为理学、道学或新儒学,完成了儒学的复兴,是儒学更新运动在学术上的总结。国际学术界认为,朱熹是孔子、孟子以来中国最伟大的思想家,是新儒学的集大成者。他的思想学说,即所谓“朱子学”,从 14 世纪开始产生广泛的影响,15 世纪影响朝鲜,16 世纪影响日本,17 世纪开始引起欧洲的注意,1714 年在欧洲翻译出版了《朱子全书》。西方汉学家认为,朱熹的方法论基本上是经验主义的唯理论者的方法论,他对儒教世界的影响,可与托马斯·阿奎那对基督教世界的影响相比拟。

从汉武帝立五经博士以来,“五经”成为汉唐经学的主体。朱熹的最大贡献,是他把以“五经”为主体的经学,改造成“四书五经”体系,并把重心从“五经”转移到“四书”。在朱熹看来,儒家道统在孔子、曾子、子思、孟子之间相传,因而他们四人的代表作(《论语》、《大学》、《中庸》、《孟子》)理所当然成为经学的主体。鉴于朱熹的这种创造性,把这称为儒学的复兴并不为过。

朱熹的一生,始终从事著书与讲学。他的著述极为丰富,《四书集注》等几十种著作大多保存了下来;他的书信、题跋、奏疏、杂文合编为《朱子大全》一百二十一卷;他的讲学语录,被编为《朱子语类》一百四十卷。他创办了白鹿洞书院、岳麓书院,培养学生,普及儒学。他的道德学问受到后世的敬仰,思想学说长期流传,渗透于社会的每个角落。

朱熹认定宇宙间有一定不变之“理”,从“理”与“气”的关系上探讨关于天地万物的哲学意义。他认为“理”先于“气”,“气”依“理”而存在。事物的

“理”就是该事物最完全的形式与标准；万物有万理，万理的总和就是“太极”。要了解“太极”，必须从格物致知做起，多穷一物之理，就能够多了解事物之理的全体。在《朱子语类》中记录了他与学生关于理与气的讨论，虽然抽象，却不乏兴味。下面引用几段来加以欣赏：

——学生问：“太极不是未有天地之先有个浑成之物，是天地之理总名否？”朱熹答：“太极只是天地万物之理。在天地言，则天地中有太极；在万物言，则万物中各有太极。未有天地之先，毕竟是先有此理……”

——学生问：“昨谓未有天地之先，毕竟是先有理，如何？”朱熹答：“未有天地之先，毕竟也只是理。有此理，便有此天地。若无此理，便亦无此天地……”

——学生问：“必有是理，然后有是气，如何？”朱熹答：“此本无先后之可言，然必欲推其所从来，则须说先有是理。然理又非别为一物，即存乎是气之中，无是气，则是理亦无挂搭处……”

——学生问：“理在先，气在后？”朱熹答：“理与气本无先后之可言，但推上去时，却如理在先，气在后相似。”

——学生问：“有是理便有是气，似不可分先后？”朱熹答：“要之，也先有理。只不可说是今日有是理，明日却有是气，也须有先后。且如万一山河大地都陷了，毕竟理却只在这里。”

看来朱熹关于理与气的学说奥妙无穷，每个人都可以提出自己的解读方式，但是切不可简单化地说，这就是“客观唯心主义”。正如冯友兰所说：“朱子之学，尚非普通所谓之唯心论，而实进于现在所谓之新实在主义。”

朱熹并非迂腐的冬烘先生，他有渊博的学识和精密的分析方法，有相当的自然科学素养。日本学者山田庆儿通过宇宙学、天文学、气象学方面的考察后发现，朱子学体系的主要构成具有鲜明的古希腊哲学中的自然学性质。确实如此，他从高山上残留的螺蚌壳论证此处原先曾经是海洋，由于地质变迁才隆起为陆地。三百年以后，意大利文艺复兴时期的达·芬奇才提出了与此相同的看法。

李约瑟认为，朱熹的二元论与其说不正确，不如说像是依照爱因斯坦理论而架构出的世界观，却不了解牛顿地心引力和星球运动的研究。但他推测，透过莱布尼茨的介绍，朱熹的思考方式可能会影响西方的思想家。

然而,朱熹对后世影响最大的并非上述深奥的哲理,而是通俗的儒学教化。他把《大学》中的"格物致知,正心诚意,修身齐家,治国平天下",加以具体化、通俗化,上自国家的皇帝下至各个家庭的百姓,构建一套周密的社会秩序。他关注社会基层民众的日常言行、所作所为,希望从基层着手,改变家族与村落,建立一个理想的社会。因此他重视儒学的普及化、通俗化,他编著《四书集注》,用理学思想重新解释《论语》、《孟子》、《大学》、《中庸》,使理学透过"四书"而深入人心。他编著《小学集注》,旨在教育青少年遵循"三纲五常"的道德规范。他编著《论语训蒙口义》、《童蒙须知》,对儿童的衣着、语言、行为、读书、写字、饮食等方面的习惯,都提出了道德性的行为规范。例如:

——穿衣:要颈紧、腰紧、脚紧;

——说话:凡为人子弟必须低声下气,语言详缓;

——读书:要端正身体面对书册,详缓看字;

——饮食:在长辈面前,必须轻嚼缓咽,不可闻饮食之声。

这些规矩在今天的年轻一代"新新人类"看来,似乎过于迂腐、过于苛刻,其实不然。按照朱熹的逻辑,如果连日常生活细节中的良好习惯都难以养成,那么就谈不上正心诚意、修身齐家,更遑论治国平天下了。由此,我们不难理解朱熹为什么要强调"持敬"、"涵养"工夫了。他所说的"持敬",首先要使自身外貌风度得到整肃,要排除杂念,外貌与内心做到表里如一、整齐严肃,可以概括为十二个字:动容貌、整思虑、正衣冠、尊瞻视。他有一句名言:"出门如见大宾,使民如承大祭。"意思是说,待人接物必须恭恭敬敬、畏畏谨谨、收敛身心,不要放纵自己。如果人人都如此讲究"修身",那么整个社会的精神文明也就距离不远了。

然而,朱熹这样一位道德学问令人敬仰的大师,生前的遭遇十分坎坷、凄凉。当权派出于政治考虑,把他的学说诬蔑为"伪学",给予严厉的打压、禁锢,成为南宋文化思想界最引人注目的咄咄怪事。在中国历史上,用行政命令手段禁锢一个学派、一种学说,屡见不鲜,它并非学派之争,而是排斥异己的政治斗争手段。在南宋这个内外交困的时代,学术就更为敏感了。在此之前的绍兴年间,就有依附秦桧的官僚攻击程学、洛学,原因就是他们反对"和议"(实即投降),诬蔑这些学派为"专门曲学",极力主张朝廷应该“力加禁绝”。可见禁锢学派并非学派门户之争，而是明火执仗的政治斗争。

对朱熹的禁锢也是如此。因为他主张“修政事，攘夷狄”，也就是整顿南宋自身的政治局面，以期达到“复中原，灭仇虏”的目的。也因为他抨击当时朝廷的腐败政治，得罪了当权派。朱熹疾恶如仇，曾经连上六本奏疏弹劾贪赃枉法的台州知府唐仲友，唐仲友的姻亲、宰相王淮授意吏部尚书郑丙攻击朱熹，说什么“近世士大夫所谓道学者，欺世盗名，不宜信用”。宋孝宗轻信此言，“道学”从此成为一个政治罪状，贻祸于世。宋宁宗即位后，朱熹提醒皇帝防止左右大臣窃权，引起专擅朝政的韩侂胄嫉恨，先是用“道学”之名打击，以后又感到“道学”二字不足以构成罪状，索性把朱熹的道学诬蔑为“伪学”。朝廷大臣忌惮社会舆论，不敢过分谴责朱熹。韩侂胄的亲信、监察御史沈继祖就捏造朱熹的“罪状”——霸占已故友人的家财、引诱两个尼姑作自己的小妾，把朱熹搞得声名狼藉。从此以后，政坛上对朱熹的攻击日甚一日，甚至有人公然上书要求处死朱熹。

在政治高压下，朱熹不得不违心地向皇帝认罪，无奈地承认强加的罪状：“私故人之财”、“纳其尼女”。为了显示认罪态度的诚恳，他说出了一句最不该说的话——“深省昨非，细寻今是”，彻底否定自己的过去。他的门生朋友惶惶不可终日，特立独行者隐居于山间林下；见风使舵者改换门庭，从此不再进入朱熹家门；更有甚者，变易衣冠，狎游市肆，用以显示自己并非朱熹一党。结果当局还是罗织了一个五十九人的“伪学逆党”，朱熹便是这个“伪学逆党”的首领，令人啼笑皆非！

庆元六年(1200 年)，朱熹在孤独、凄凉的病榻上与世长辞。朝廷提心吊胆，如临大敌，严加防范，唯恐他的门生在悼念的时候，“妄谈时人短长，谬议时政得失”。

这场冤案，九年之后终于得到昭雪。朝廷为朱熹恢复名誉，追赠中大夫、宝谟阁学士，他的学说不再是“伪学”，他的门生朋友不再是“逆党”。宝庆三年(1227 年)，宋理宗发布诏书，追赠朱熹为太师、信国公，鉴于他的《四书集注》“有补治道”，提倡学习《四书集注》。此后朱熹学说作为官方学说，成为声誉隆盛的显学，流传数百年而不衰。

此一时，彼一时，简直是天壤之别，正所谓“高岸为谷，深谷为陵”，变化之剧烈令人难以置信。政治对于学术的干预，莫此为甚！

2. 阳明心学与异端思想

从南宋晚期直至明朝中期，朱熹的理学始终稳居官方钦定的正统思想地位，科举取士都以朱熹的经注作为标准答案，朱子学唯我独尊。士子们不敢有所超越，缺乏自觉、自由的思想。

明朝前期、中期的思想界，沉闷而无新义。物极必反，于是乎有陈献章、王守仁出来，另辟蹊径，对朱熹的学说表示怀疑，希望把人们的思想从圣贤的经书中解放出来。陈献章“小疑则小进，大疑则大进”的主张，高举怀疑的旗帜，开自由思想的先声。王守仁则主张把自己的“心”作为衡量是非的标准，拒绝拜倒在圣贤的脚下，掀起了思想界的一场革命。此后人才辈出，都以追求思想自由为指归，形成波澜壮阔的自由主义和博爱主义的思潮。美国学者狄百瑞(Wm. Theodore de Bary)，首先提出上述与众不同的观点，启发人们换一个视角分析阳明心学。

王守仁，字伯安，浙江余姚人，因构筑阳明洞讲学而自号阳明子，人称阳明先生。他的一生是“破山中贼”与“破心中贼”的过程，前者是作为一个官僚的职责，后者是作为一个学者的职责。他的思想受到南宋陆九渊的影响很深，陆氏提出“宇宙便是吾心，吾心即是宇宙”，“万事万物之理不外于吾心”。王阳明发展了这个观点，把“心”作为哲学思考的出发点，巧妙地将朱熹所谓绝对至上的“理”，移植到每个人的“心”中，所以他的学说被称为“心学”。

王阳明提出“心外无物”、“心外无理”，一切的“物”和“理”，都是从“心”中派生出来的。他与友人郊游，友人质问：先生以为“天下无心外之物”，那么这些花和树，在深山中自开自落，与我的“心”有何相干？他回答得很肯定：“你未看此花时，此花与汝心同归于寂；你来看此花时，则此花颜色一时明白起来，便知此花不在你的心外。”他以这种近乎诡辩的方法来论证“天下无心外之物”。

既然他认为“心外无物”、“心外无理”，所以体现“理”的“良知”就是人心，是人人都有的，因此要想得到“良知”，不必去读圣贤经书，只要“顿悟”就可以了。这种“顿悟”，就是“不加外求”、“向内用心”的静坐工夫。也就是说，人们认识万事万物之理，不过是对存在于“心”中的“良知”的自我体认而已。关于这一点，英国历史学家汤因比说得很透彻：“在王阳明看来，人的心与万事万物之理，彼此是同一的。”

无论我们对阳明心学进行如何的批判，有一点是值得肯定的，那就是他强调“以吾心之是非为是非”，而不必以孔子之是非为是非，也不必以朱子之是非为是非。他的这一观点在当时是十分大胆的，掷地有声的。他说：

——“求诸心而得，虽其言之非出于孔子者，亦不敢以为非也；求诸心而不得，虽其言之出于孔子者，亦不敢以为是也。”

——“夫道，天下之公道也；学，天下之公学也。非朱子可得而私也，非孔子可得而私也。”

沉寂而僵化的思想界出现了一股新鲜空气，令人耳目一新，反对者诋毁为异端，赞成者却奉为新论，心学因而风靡天下。《明史·儒林传》说：“嘉（靖）隆（庆）而后，笃信程朱，不迁异说者，无复几人矣。”钱穆在分析个中缘由时指出，阳明学的特点是“简易直捷，明白四达”，愚夫愚妇都能理解，因此流传既广且深。

他的弟子王艮，把阳明学的这种倾向加以引申，强调不必见闻，不必思虑，只要“于眉睫间省觉”，便可“顿悟”深奥的道理。王艮的泰州学派“不师古”、“不称师”，把“心学”的“流于清谈”、“至于纵肆”，发展到肆无忌惮的地步。他们对“名教”发起冲击，到何心隐那里，思想已非“名教”所能羁络，言行如同英雄、侠客，随心所欲，完全从自我抑制中解放出来。

如果说泰州学派是王学左派，那么李贽便是王学左派中更加激进的一员，被人们称为“异端之尤”。

生活在万历时代的李贽，号卓吾，泉州晋江人，前半生担任中下级官员，五十四岁时辞去官职，到湖广麻城龙湖芝佛院隐居，在将近二十年中，写出了震动思想界的《焚书》、《续焚书》、《藏书》。

万历十八年（1590年），《焚书》在麻城出版。书中收集了论文、书信几十篇，以他特有的玩世不恭的手法写来，嬉笑怒骂皆成文章。他把矛头指

南宋会子铜版

南宋黄金货币

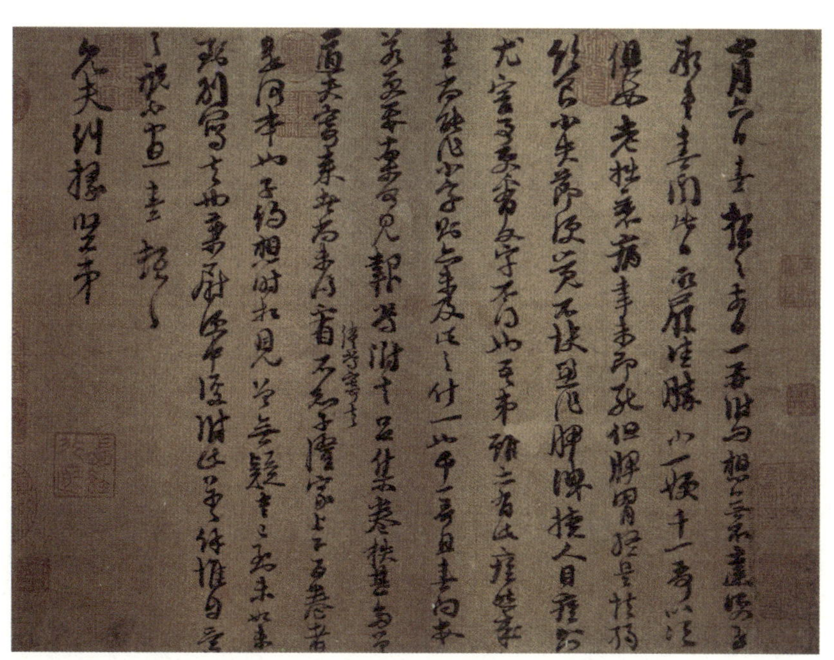

朱熹信札手迹

白鹿洞书院

岳麓书院

鹅湖书院

向理学，嘲讽理学家都是“口谈道德，而心存高官，志在巨富”的两面派、伪君子。他在与理学家耿定向论辩的书信中，指责耿定向口是心非：“所讲者未必公之所行，所行者又公之所不讲”，“反不如市井小夫，身履是事，口便说是事，作生意者但说生意，力田者但说力田”。

最值得注意的是，李贽把王阳明关于不必以孔子之是非为是非的观点，发挥到极致。长期以来，人们习惯于以孔子之是非为是非，言必称孔子，不敢越雷池一步。他认为遵守这种传统习惯是没有出息的，并且用极为机智的逻辑来加以证明：天生一人自有一人的用处，不必从孔子那里得到什么，也很充足；如果必须从孔子那里得到什么才能充足，那么，在孔子以前出生的人们，难道不能做人了吗？何况孔子也没有教人都要向他学习。他在《初谭集·自序》中更为尖锐地责问：“千百年来而独无是非者，岂其人无是非哉？咸以孔子之是非为是非，故未尝有是非耳。”打破了万马齐喑的思想界的沉闷气氛，令人震惊，令人感叹。

万历二十七年(1599年)，《藏书》在南京出版。在这部历史著作中，李贽用史论的形式抒发他的政治见解，显示了常人所没有的反潮流精神。例如，被传统史家谴责为“暴君”的秦始皇，他称颂为“千古一帝”；以“废井田，开阡陌”而引起后世非议的商鞅，他称颂为“大英雄”；对于颇多争议的秦相李斯，他评价为“知时识主”的“才力名臣”；而与司马相如私奔的卓文君，他评价为“善择佳偶”。这些离经叛道之论，引起当权者群起而攻之，地方政府拆毁了李贽居住的龙湖芝佛院，迫使七十四岁的李贽前往北京附近的通州投靠友人。当权者必欲置李贽于死地而后快，礼科给事中张问达向皇帝控告，李贽的著作“流行海内，惑乱人心”，“大都刺谬不经，不可不毁”。明神宗立即批复，给李贽加上“敢倡乱道，惑世诬民”的罪状，下令东厂、锦衣卫、五城兵马司前往逮捕治罪，他的书籍不论已经出版还是尚未出版，全部烧毁，不许存留。

万历三十年(1602年)，七十六岁的李贽在狱中自刎而死，他以刚烈的死向这个社会表示最后的抗议。

经过一番风潮之后，学者们进行了深刻的反思，对朱子学和阳明学加以比较、评判，决定学术的取舍与走向。

东林学派的顾宪成、高攀龙诸君子，对当时风靡的阳明学加以检讨，意欲拨乱反正，推崇朱子学，以继承正统学脉为己任。顾宪成对于王阳明主张不必以孔子之是非为是非的观点，给予这样的评价："阳明得力处在此，而其未尽处亦在此"；"其势必至自专自用，凭恃聪明，轻侮先圣，注脚六经，高谈阔论，无复忌惮"。高攀龙在肯定阳明先生"扫荡廓清之功"的同时，指出他自己也意识到"有流入空虚为脱落新奇之论"的危险；至于王学末流更加等而下之，"以虚见为实悟，任情为率性"，"人人自谓得孔子真面目，而不知愈失其真精神"。

在这种反思之后，思想界又重新回归朱子学，其中的道理，正如顾宪成所说：正德、嘉靖以后，"天下之尊王子(阳明)也甚于尊孔子，究也率流于狂，而人亦厌之，于是乎转而思朱子"。因此，明末清初的思想界朱子学再度风行。

3. 儒学熏陶下的孝义之家："义门"

中国历史上，由于儒家伦理的影响，累世同居的大家族屡见不鲜，被引为社会的楷模，"义门"二字，便是对他们的褒奖。清朝学者赵翼的《陔余丛考》对历代正史中的孝义传、孝友传所记载的"义门"代表人，作过一个粗略的统计，《南史》有 13 人，《北史》有 12 人，新旧《唐书》有 38 人，《宋史》有 50 人，《元史》有 5 人，《明史》有 26 人。显然，"义门"现象以宋朝为最盛，明清之际的学者顾炎武在《日知录》中说，宋朝以来"义门"风气之盛，与程朱理学的大力倡导有很大的关系。

江州(今江西德安)义门陈氏，制订《陈氏家法》，用儒家的孝义伦理来治理家族，唐昭宗大顺二年(891 年)，皇帝用诏书的形式表彰其为"义门"。但它的蓬勃发展是在宋朝，宋太宗亲笔为它题词"真良家"；并且赏赐"御书"33 卷，又命建造御书楼，亲笔题写"玉音"匾。到宋仁宗时代，这个大家族已经拥有人口三千七百多，连续十九代同居共炊。此后不断延续，家风淳厚，号称"室无私财，厨无异馔，大小知教，内外如一"。

影响最大的当推婺州(金华府)浦江县的"义门郑氏"，在《宋史》、《元史》、《明史》中，以"孝友"或"孝义"的名义为他们列传，历经宋元明三朝传诵不息。这一事情本身就非同小可，它至少表明，虽然经过多次改朝换代，但人们对于“义门郑氏”的推崇之情始终不变。这是值得人们深长思之的，不同价值观的人们竟然异口同声地赞扬“义门郑氏”，其中必有缘由，必有令人敬仰之处。今人或许可以通过对“义门郑氏”的剖析，去了解朱熹新儒学深入人心以后，在民间基层所引发的变化。

“五四”以来，打着“反封建”、“反礼教”的旗号，把“义门”看作“封建糟粕”，予以全盘否定，显然不符合历史主义。

20世纪70年代初，美国学者达尔达斯(John W. Dardess)发表论文《义门郑氏：元及明初的社会组织与新儒学》，率先从新儒学的角度研究“义门郑氏”，并给予公正的评价。20世纪80年代初，日本学者檀上宽对“义门郑氏”作了深入研究，写出了系列论文：《义门郑氏和元末社会》、《元明交替的理念和现实——义门郑氏》等，全面评价“义门郑氏”的历史地位。而后中国学者也开始关注“义门郑氏”的历史价值，发表了一些论文，意在重新评价这一历史现象。

郑氏家族出于河南荥阳，初迁于徽州歙县，再迁于遂安、浦江。到达浦江县以后，世代笃行孝义，累世同居不分财，被世人推崇备至。《宋史·孝义传》写道：“郑绮，婺州浦江人，善读书，通《春秋》穀梁学，以肃穆治家，九世不异爨。”《元史·孝友传》写得更为具体：“郑文嗣，婺州浦江人，其家十世同居，凡二百四十余年，一钱尺帛无敢私”，“家庭中凛如公府”，子孙即使担任官员，也“不敢一毫有违家法”。《元史》特别强调，郑氏家族“冠、婚、丧、葬，必稽朱熹家礼而行”，显示出朱熹新儒学对他们的影响之深。

从《明史·孝义传》可以看到，元朝的名人余阙以浙东廉访使的身份，为郑氏家族题写“东浙第一家”碑；明朝建文帝为它题写“孝义家”匾额。元末战乱，农民起义军多次进入浦江县，都互相告诫：不得侵犯郑氏家族，并派兵保护郑氏府第，护送外出逃难的郑氏家人返回。这些现象看起来似乎有点不合“常理”：造反大军要推翻朝廷，却对朝廷表彰的“义门”充满敬意，这是为什么？

简单地说，郑氏家族以他们的善行义举赢得了乡邻的尊崇，被公认为民众的楷模。在这一点上，统治者与被统治者的价值取向几乎是一致的。

"义门郑氏"赢得人们的尊崇，十分关键的一条是，它有一部以朱熹家礼为宗旨的家训——《郑氏规范》。

《郑氏规范》是郑氏世世代代遵守的家族法规，先后修订过三次，从58则增加到92则，再增加到168则。它规定了家族中人的生活起居、生产经营、冠婚丧祭的各个方面的行为规范，不仅维系大家族内部几代人的和谐相处，而且维系大家族与乡邻之间的和谐相处。明朝初年，退休的高级官僚、著名文人宋濂，出于对他的同乡郑氏家族的仰慕，为《郑氏规范》的第三次修订本写了一篇序言，说这部家训如果能够推广，必然会起到"厚人伦"、"美教化"的榜样效应。名士宋濂的推荐，使得《郑氏规范》身价百倍，广为流传，从家族走向社会。现在我们可以在《学海类编》、《金华丛书》、《丛书集成》、《续修四库全书》中，见到它的全文，宋濂的推荐功不可没。

这部家族法规，对于郑氏家族各个管理部门的负责人，都有严格的要求。例如，负责总理一家大小事务的"家长"，必须"以诚待下，一言不可妄发，一行不可妄为"；负责协助家长办事的"典事"，必须"刚正公明，才堪治家，为众人表率"；负责纠察一家是非的"监视"，必须"端严公明，可以服众"；负责掌管全家缴纳赋税和增加田产的"掌门户"，必须"老成有知虑"。这些岗位的负责人，如果不称职，可以另选贤能者来代替。许多岗位都有任期年限，或二年一轮，或一年一轮，使得更多的人能够参与家族的管理，增进每个成员对家族的认同感。

《郑氏规范》在家族内部具有无可争议的权威性，这种权威性在定期的祠堂祭祀活动中显示得淋漓尽致。在家长带领下的祭祀仪式上，男女老少都得听取这样的教诲：

——"凡为子者必孝其亲，为妻者必敬其夫，为兄者必爱其弟，为弟者必恭其兄"；

——"毋徇私以妨大义，毋怠惰以荒厥事，毋纵奢以干天刑"。

每天清晨，家族成员要在厅堂听取未成年子弟朗诵"男训"、"女训"。"男训"强调的是，居家要讲究孝悌，处事要讲究仁恕，不得"恃己之势以自强，克人之财以自富"。"女训"强调的是，对待公婆要孝顺，对待丈夫要恭敬，对待弟妹要温和，对待子孙要慈爱，不得"摇鼓是非，纵意徇私"。

最为难能可贵的是，郑氏家族在当地担负起和睦乡邻、稳定社会的职责。富甲一方的郑氏,拥有大量田产,但决不以强凌弱、以富欺贫。允许佃户欠租,不收取利息;不擅自增加地租;不为私利而妨碍乡邻灌溉。他们还在乡邻间扶贫济困,例如,每当青黄不接之际,每月接济贫困农户6斗谷子,直至秋收;又如设立义冢,鳏寡孤独者死亡,出资予以埋葬;设立药市,免费向患病乡邻提供医药。

这种仁义精神,这种乐善好施作风,把朱熹所倡导的伦理道德落实于行动,成为郑氏家族几百年始终坚持不懈的传统,在乡里传为美谈,并且在乡里间形成良好的睦邻氛围。因此,几百年来迭经多次战乱,"义门郑氏"仍在浦江县保存下来,这一奇迹自有它深厚的社会土壤。

几年前,新华社上海分社拍摄的"走进古村落"纪录片,其中一集就是"义门郑氏"在浦江县的历史存留,它给予人们的启示,恐怕远远超越了"古村落"本身的含义。

4. 修身齐家:家训与家规的魅力

儒家伦理一向强调修身齐家,从自身的修养做起,治理好家庭和家族,然后才谈得上治国平天下。"家国同构"的观念深入人心,"家"是缩小了的"国","国"是放大了的"家",在士大夫心目中,修身齐家与治国平天下之间有着逻辑的内在联系。因此,关于修身与齐家的格言屡见不鲜,为人们所津津乐道,至今流传不息,成为一笔丰厚的文化遗产。

自从北齐颜之推的《颜氏家训》问世以来,此类作品连绵不绝。宋朝以后,随着儒学复兴运动的风起云涌,家训与家规出现了新高潮,内容和形式都有所创新,对于社会的影响也愈来愈大。前面提到的《郑氏规范》就是一个突出代表,与它齐名的还有南宋袁采家族的《袁氏世范》。

袁采是浙江衢州人,进士及第后,担任过一些小官,政绩廉明。他留下不少著作,但最为引人注目的还是他的家训——《袁氏世范》。

《袁氏世范》以儒家的孝悌、忠恕为宗旨,把全书分为"睦亲"、"处己"、"治家"三卷。

"睦亲卷"涉及父子、兄弟、夫妇、妯娌、子侄等家庭成员上下左右的关系，强调“父慈子孝”，父母对待子女要“均其所爱”；家庭成员之间提倡“长幼贵和”、“相处贵宽”、“各怀公心”。

“处己卷”涉及家庭成员立身处世、自我修养方面的行为规范，强调在待人接物时，不能“因人之富贵贫贱，设为高下等级”；面对财物，“不损人而益己”；面对患难，“不妨人而利己”。家族子弟应该读书学习，通过科举事业谋取富贵，即使科举落第，也可以运用知识谋生(例如当私塾老师)。

“治家卷”涉及家庭生产与生活的各个方面，例如：对于佃户应该看作是自家的“衣食之源”，要体恤、厚待，借贷要少收利息，遇到灾害要减租；购买田产时要公平交易，经营商业时不可掺杂使假；对待家中奴婢要宽恕，令其温饱，有过错要教诲，不可打骂。

《袁氏世范》的开明作风与教化精神，赢得了后世的高度评价。它使得家训与家规超越了“家”的范畴，与社会与国家联系在一起，使之进入到一个新的层次。当一个人走上社会，为社会为国家效力时，他的一举一动，无不显示出家教如何，或高尚，或卑劣，相差之所以如此之大，家训与家规显然是不可小觑的。

以后各代都有精彩的作品问世。最为人们所传诵的就是《朱子家训》。需要说明的是，此朱子非彼朱子，他是明末清初昆山人朱柏庐，他的家训，又叫做《朱柏庐先生治家格言》。

朱柏庐，本名朱用纯，青少年时代在明末度过，并没有显赫的仕途业绩，始终只是一名生员而已。清朝定鼎以后，他为殉难的父亲守孝，庐墓攀柏，自号柏庐，隐居乡间，设馆教授学生的同时，埋首于研究程朱理学。康熙十七年(1678年)，地方官推荐他进入博学鸿儒科，他坚决推辞，淡泊明志，潜心于学问。他的研究心得，概括为一句话，就是知行并重，理论认知与躬行实践具有同等重要的地位，两者不可偏废。一句话，把儒家伦理与日常生活结合起来。在这一点上，他深受朱熹的影响。

这位小人物留给后人的文化遗产，最引人注目的并不是学术著作《大学中庸讲义》之类，而是篇幅不大的《朱子家训》。这是他按照朱熹家礼为家人规定的日常生活准则，全文仅仅五百多字，然而上自士大夫，下至普通百姓，几乎家喻户晓，人人能够背诵，不能不说是一个奇迹。我们不妨摘录其要点细细品味：

——“黎明即起，洒扫庭除，要内外整洁。既昏便息，关锁门户，必亲自检点”；

——“一粥一饭，当思来处不易；半丝半缕，恒念物力维艰。宜未雨而绸缪，毋临渴而掘井。自奉必须俭约，宴客切勿流连。器具质而洁，瓦缶胜金玉；饮食约而精，园蔬愈珍馐。勿营华屋，勿谋良田”；

——“与肩挑贸易，毋占便宜；见贫苦亲邻，当加温恤。刻薄成家，理难久享；伦理乖舛，立见消亡”；

——“祖宗虽远，祭祀不可不诚；子孙虽愚，经书不可不读。居身务期俭朴，教子要有义方”；

——“嫁女择佳婿，毋索重聘；娶媳求淑女，勿计厚奁”；

——“莫贪意外之财，莫饮过量之酒”；

——“乖僻自是，悔悟必多；颓惰自甘，家道难成”；

——“轻听发言，安知非人之谮诉？当忍耐三思；因事相争，安知非我之不是？宜平心再想”；

——“见富贵而生谄容者，最可耻；遇贫穷而生骄态者，贱莫甚”。

这些格言，今日读来，其警示意义依然没有褪色，令人回味无穷。否则的话，它又如何能够流传至今呢？

比起《朱子家训》来，乾隆时代青浦县朱家角镇人王昶的家规，就显得默默无闻，知道的人恐怕微乎其微了。朱家角是青浦县首屈一指的大镇，明清时期棉布业、粮食业非常繁荣。在这样一个工商业发达的地方，依然保持着儒家伦理传统，正如《珠里小志》所说：“水木清华，文儒辈出，士族之盛为一邑望。”

王昶少年时代即有文誉，被巡抚雅尔哈善选入紫阳书院深造。乾隆十九年(1754年)王昶高中进士，三年后，乾隆皇帝南巡，王昶获得召试第一，而后在内阁、军机处任职，直至升任大理寺卿(相当于最高法院院长)、都察院左副都御史(相当于监察部副部长)等职。他深受朱子学熏陶，在修身齐家、治国平天下的每一个方面，都尽心尽力。为官时操守廉洁，有口皆碑，这与他时刻不忘学问，用做学问的态度来修身齐家，有着密切的关系。他与当时的著名学者惠栋、沈彤、戴震、王鸣盛、钱大昕、江声讲论经义，切磋学问，因而著作等身，有《金石萃编》等五十余种，在高级官僚中实属罕见。

王昶不仅律己严，治家也严，他所制订的家规，可以与《朱柏庐先生治家格言》相媲美。王昶的家规共有十条，简单地说，那就是：

第一，**力行小学家礼**。要谨身起居，尊敬亲人长辈，随时随地依照先儒成训自我检点；

第二，**安贫守约**。要认识物力维艰，要爱惜财用，饮食淡薄，衣服朴素，一切以节省俭约为准则；

第三，**省事慎言**。不得和奸佞之人、刻薄之人、行为怪诞之人交往；不得揭露他人隐私，不得口是心非；

第四，**守正奉公**。告诫子弟要戒赌博，戒狎妓，考试不要作弊，不要请人代考，更不要"营求关节"（走后门、通路子）；

第五，**安分小心**。不得居间作保，不得出入衙门，不得结交衙门书吏经手钱财，不得和走江湖的三教九流交往；

第六，**谦和容忍**。遇事退让，宅心宽厚，己所不欲，勿施于人；不得怨怒詈骂，不得高声与人斗口；

第七，**威仪整肃**。平时要端正冠带，无论外堂内宅，都不得赤膊，任情恣肆；会客时，更应当洁净端庄；

第八，**直心处众**。见利不能产生贪取心，待人不能产生漠视心、欺诓隐瞒心、徇情心，更不能产生自私自利占便宜心；

第九，**教期成德**。教导子弟学习经学、史学、诗文，既不至于心有旁骛而学业荒疏，也不至于流于俗学；

第十，**勤修故业**。教导子弟，虽已完成学业，仍须温习经书，看《大清律》，填《功过格》，目的在于蓄德儆心，不至闲逸过甚。

这种家规，今人看来未免有一些陈腐、过时之处，但是用历史主义加以分析，总体倾向似乎无可非议。对于身居高位，在乡里有着崇高威望的王昶而言，能够如此严厉地修身齐家、约束自己的子弟，无论如何是难能可贵的，因此令人崇敬，令人深思。倘若高级官僚们都能这样严于律己，注意修身齐家，那么腐败现象也许会大大减少。

【第十一讲】

骑马民族驰骋的时代

1. 契丹、党项(羌)、女真在北中国的统治

契丹族游牧于辽河流域，安史之乱后，唐朝在北方的统治衰微，契丹乘机发展壮大。

916 年，契丹首领耶律阿保机建立契丹国，以临潢府(今内蒙古巴林左旗)为都城，不断向南扩张，成为左右五代兴亡的重要外来力量。石敬瑭把幽云十六州(即今北京到山西大同一线)割让给契丹，更加助长了契丹统治者对中原土地的贪欲。他们两次从幽州、云州南下，一度占领后晋都城开封。947 年，契丹首领耶律德光在开封举行即位仪式，正式宣布把契丹国号改称大辽，虽然耶律德光不久就北撤，此举已经流露出一个骑马民族对于中原的勃勃野心。

宋初两次北伐，企图收复石敬瑭割让的幽云十六州之地，都以失败而告终。

在第二次北伐中，演绎了可歌可泣的一幕。宋朝西路军攻下寰州(今山西朔县东)、朔州(今山西朔县)、应县(今山西应县)、云州(今山西大同)，中路军攻下蔚州(今河北蔚县)，东路军受到重创，惨败于岐沟关(今河北涞水东)，西路军、中路军被迫撤退。潘美、杨业奉命掩护撤退，杨业提出可保万全的撤退方案，遭到监军的反对，命令杨业冒险迎敌。杨业自知此战必败，临行前请求潘美在陈家谷口(今山西朔县南)布置援兵接应。当杨业退回到陈家谷口时，潘美已经擅自离开陈家谷口，在困境中杨业拼死力战，士兵死伤殆尽。他身负重伤，坠马被俘，坚贞不屈，绝食三日而死。杨业之子杨延昭、孙杨文广(延昭之子)继承遗志，在抗击辽、西夏的战争中屡建功勋，演绎为后世广为流传的杨家将故事。

此后，宋朝只能对辽采取守势，但是，幽州、云州以南几乎无险可守，契丹骑兵不断南下，纵横驰骋。1004 年，辽军直扑黄河沿边的澶州(古称澶渊)城北，威胁黄河南岸的东京开封。宋朝派官员到澶州辽营求和，只要辽军尽快撤退可以不惜任何代价，结果签订了屈辱的城下之盟——澶渊

之盟。

契丹的名声随着它的势力的扩大而远扬，中世纪西方人称中国为Kitai（契丹的译音），影响之大由此可见一斑。

辽的境内存在两种生产方式迥异的族群：一种是“耕稼以食，城郭为家”，过着农业定居生活的汉人与渤海国人；另一种是“渔猎以食，车马为家”，过着游牧生活的契丹人与其他北方民族。因此辽国制订了“蕃汉分治”的二元化政治体制，辽的中央官制有“南面官”与“北面官”之分。所谓南面官，主管以汉人为主的农业定居区事务，办事机构在皇帝牙帐的南面；所谓北面官，主管以契丹为主的游牧区事务，办事机构在皇帝牙帐的北面。这就是《辽史》所说，“以国制治契丹，以汉制待汉人”的“蕃汉不同治”特殊政治体制。

但是，辽的皇帝以及他的统治中枢，始终留在契丹兴起的上京临潢府与中京大定府一带，契丹民族长期保留骑马民族的游牧习气。君主的宫殿并不是什么建筑物，而是叫做“斡鲁朵”的帐篷，说得雅一点，叫做宫帐。皇帝的行宫是叫做“捺钵”的帐篷，适应游牧的需要，春夏秋冬到处移动，有不同的四时捺钵。

随着向南扩张，游牧经济向农耕经济过渡，游牧区与农耕区的二元化体制逐渐变为以农耕为主的一元化体制。辽圣宗以后，高度的汉族文明为契丹贵族所接受，融入辽的文化之中。辽圣宗时重修云居寺（位于今北京房山区），发现了隋唐时代的石室、石经，遂继续刊刻经版，刻完《大般若经》、《大宝积经》，与原存石经《涅槃经》、《华严经》合称四大部经。辽兴宗时开始校印佛经的总集《大藏经》，被后人称为“丹藏”，与“宋藏”（宋版《大藏经》）相区别。

由于汉化程度的加深，辽的文学作品多用汉字书写，以后根据汉字创造了契丹文字——契丹大字、契丹小字。大字是以几个音符叠成契丹语的一个音缀，在形体上仿效汉字的方块字；小字的笔画稍简，又称“小简字”。1932年，在辽皇陵（今辽宁白塔子）出土辽道宗和他的皇后的哀册刻石，是用契丹大字书写的，于是契丹文字引起了学者们的关注。

党项是羌族的一支，居住在黄河河曲一带。华夏民族形成的早期，把西部的牧羊人称为“羌”。公元前11世纪，周人崛起于渭水流域，其中的姜姓集团被后世看作“羌”。以后，“羌”向西迁徙，从黄河上游到青藏高原东部边缘。8世纪、9世纪之间，党项受吐蕃威逼，逐步迁移，其中迁到夏州（今陕西横山）的拓跋部，唐朝赐姓李。他的首领李继迁势力壮大后，向辽圣宗称臣请婚，辽圣宗册封他为夏国王。从此夏与辽结成犄角之势，困扰宋朝。1038年，李元昊正式称帝，国号大夏。大夏的疆域，东临黄河，西至玉门关（今甘肃敦煌西小方盘城），南至萧关（今甘肃环县北），北至大漠，与宋朝的西北边境接壤。

西夏模仿宋朝制度建立政府，同时保持了自身的传统，和辽一样实行“蕃汉分治”。党项族男子十五岁成丁，平时从事农牧业生产，战时应征入伍，堪称全民皆兵，可征兵五十余万。士兵自备弓箭、甲胄、粮草，极具战斗力。元昊手下还有一支精锐武装——十万“擒行军”，装备精良，把“旋风炮”安装在骆驼鞍上，发射石弹攻击敌人。夏军在与宋军的战争中，每每取胜，除了上述因素以外，还和西夏发达的冶铁业与兵器制造业有关。西夏的“神臂弓”，木制的弓身，铁制的枪膛，铜制的扳机，配上麻丝搓成的弓弦，射力强大而准确。西夏的钢剑，锋利无比，“试人一缕立褫魄，戏客三招森动容”，被宋人誉为“天下第一”。

宋朝西北边境拥有三四十万驻军，面对西夏军队显得不堪一击，1040年延川之战，1041年好水川之战，1042年定州之战，屡战屡败。宋朝方面只能以妥协来换取西北边境的安定。

斯塔夫里阿诺斯的《全球通史》写到宋对辽、西夏的妥协时，戏称：宋朝皇帝每年要向游牧民“送礼”，是宋朝一个致命的弱点，游牧民入侵十分容易，“送礼”政策实行了一个半世纪。

这段话于谐谑中透露出一丝迷惘，为什么要不断“送礼”呢？

拥有强大的经济和科技实力的宋朝，在与辽、西夏的战争中始终处于下风，令人百思不得其解。西方学者提出一种解释：骑马民族的惊人战斗力来自骑兵的许多因素。例如在战斗中一个骑兵拥有三匹马（两匹供轮换），他们身穿盔甲，带两把弓、一把剑、一根绳和一些干粮，具备持续的战斗力。他们发明了铁马镫，使骑兵有一个牢固的脚踏之处，可以骑在马上射击。这种骑兵在军事战术上胜过中原的步兵，直到近代火器传入之前，亚洲的军事技术天平都倾向于骑兵。

西夏创造了自己的文字——“国书”，模仿汉字，字形方正。用这种文字出版了说明西夏文字音韵、字义、结构的著作，以及译成西夏文的儒家经典《论语》、《孟子》等。蒙古灭亡西夏，把西夏的城市化为废墟，使得辉煌一时的西夏文化在西北大地上消失得无影无踪。

1908年至1909年，俄罗斯探险家彼·库·科兹洛夫一行受皇家地理学会派遣，对湮没在荒漠中的西夏王朝重镇——黑水城故址进行考古发掘，发现了大批书籍、簿册、经卷、佛画、塑像等，其中包括字典类的《蕃汉合时掌中书》、《文海宝韵》，使释读西夏文字成为可能。近几年来，《俄藏黑水城文献》陆续出版，现在终于可以凭借这些文献去破译早已消失的西夏王国之谜了。

隋唐帝国东北的靺鞨，分为粟末靺鞨、黑水靺鞨两部，先后被契丹所征服。后来称为女真的就是黑水靺鞨。契丹为了加强对女真的统治，把生活在辽阳一带，已经接受辽文化的女真部落，编入辽的户籍，叫做“熟女真”；而生活在松花江以北、宁江州（今吉林扶余）以东的女真部落，仍保持本族习俗，不编入辽的户籍，叫做“生女真”。

生女真的完颜部日渐强大，统一了女真各部，奠定了此后建立金朝的基础。1115年，完颜阿骨打（完颜旻）称帝，建国号“大金”，定都于会宁府（今黑龙江阿城南白城子），正式建立与辽朝对抗的金朝。

辽朝为了抵制汉化，尽力保持契丹的制度、礼仪乃至生活方式，以免淹没在汉族的汪洋大海中。然而无法预料的是，他们最后不是败于汉族，而是败于他们身后的后进民族——女真——之手。

金朝方面不断向辽朝发起攻击，连连告捷。

宋朝面对这种情况，错误估计形势，幻想“以夷制夷”，从中渔利。宋徽宗与大臣蔡京、童贯密谋，决定联金灭辽，企图乘机收复被辽侵占的幽云十六州。于是乎宋金之间签订了“海上之盟”，双方约定：宋、金南北夹击辽，金方取得长城以北的土地，宋方取得长城以南的土地；辽灭亡后，宋方把原来给辽的“岁币”（赔款）全部交给金方。这是一场危险的赌博。尽管辽朝已经腐朽不堪，屡屡败于金军，但对付宋军却绰绰有余，宋军连战连败，充分暴露了宋军的虚弱。金灭辽以后，原先宋金之间的缓冲地带不复存在，宋就成为金的下一个侵略目标。宋金“海上之盟”的教训是深刻的，其中之一便是，把敌人的敌人当作盟友是危险的外交策略，往往玩火自焚。不料南宋时又一次重蹈覆辙。

2. 混一亚欧的大蒙古国

11世纪至12世纪时，漠北草原上分布着许多部落，在掠夺人口、牲畜和土地的争战中，蒙古部的贵族铁木真的势力逐渐强大。12世纪末至13世纪初，铁木真完成了漠北草原的统一，从此统称草原各部为蒙古。

1206年，铁木真在斡难河源头召开最高部族会议，登上蒙古大汗的宝座，被尊为成吉思汗。经过十多年的征战，成吉思汗建立起一个草原帝国，他的国号蒙古语发音为“也客忙豁勒兀鲁思”，意思是“大蒙古国”。

强烈的扩张欲望促使成吉思汗把中原王朝作为他的目标，首当其冲的就是西夏。初战告捷后，蒙古军队掘开黄河堤岸，水淹西夏首都中兴府（今宁夏银川），迫使西夏求和。第二个目标就是蒙古原先臣服的金朝。金军对付辽、宋所向披靡，并且拥有“震天雷”、“飞火枪”之类新式武器，但将领们毫无斗志，在对蒙古的几次战役中，精锐主力被歼，不得不送公主及童男童女，外加马匹、金银、绸缎，乞求和平。心有余悸的金宣宗为了避免后患，把首都从中都（今北京）迁往南京（今开封）。成吉思汗借口金宣宗对他抱怀疑态度，发兵占领中都。黄河以北之地几乎全为蒙古所有，灭亡金朝只是一个时间问题。

就在这时，成吉思汗突然把攻击的矛头转向西方，形势顿时发生了戏剧性变化。一场风卷残云般的西征开始了。

成吉思汗指挥下的蒙古骑兵，在灭亡了西辽国后，便把矛头指向中亚的花剌子模国，攻占了它的新旧都城，而后横扫中亚细亚、波斯、印度的广大领域。取得胜利的成吉思汗回到漠北，决定一举灭亡西夏。西夏虽然处于劣势，却顽强抵抗，战争进行得异常艰苦。1226年，成吉思汗亲率大军从北路侵入西夏，攻破黑水城、兀剌海城，在进攻沙州时遇到顽强抵抗，蒙古大将阿答赤差一点被活捉。成吉思汗指挥军队围攻灵州之战，其酷烈程度为蒙古军队作战史中所罕见。西夏的末代君主在中兴府被围困半年以后，献城投降，西夏王朝在历史上存在了一百九十年，至此宣告灭亡。它的辉煌文明遭到了毁灭性打击，几乎荡然无存。

就在西夏灭亡前夕，一代天骄成吉思汗病死于六盘山军营，结束了他六十六年的辉煌一生。他的第三子窝阔台继任大汗，向金朝发起致命一击。

南宋方面在此重犯"以夷制夷"的错误，与蒙古达成协议：联手进攻金朝，灭金后，黄河以南的领土归宋，黄河以北的领土归蒙古。此举显然中了蒙古的圈套。金朝皇帝派遣使节与宋朝和谈，一针见血地指出：蒙古灭夏后，接着灭金，金亡后，必然灭宋。唇亡齿寒，自然之理。如果金、宋连手，既是为金也是为宋。此议遭到宋朝拒绝。确实，如果保留金朝，可以作为蒙古南下的缓冲地带，对南宋有利。金朝灭亡后，蒙古与南宋领土接壤，形势岌岌可危。

蒙古灭金后，继续对外征战，把灭亡南宋和远征西域作为目标。窝阔台大汗与他的父亲成吉思汗一样，醉心于西征，暂缓灭亡南宋的进程。灭金后的第二年，他作出西征的决定：远征斡罗思（俄罗斯）、孛烈儿（波兰）、马扎儿（匈牙利），以及这一带所有未臣服的国家；任命拔都（成吉思汗长子术赤之子）为西征统帅。

蒙古西征军有如西风扫落叶一般，先后征服钦察、摩尔多瓦，攻下莫斯科、基辅，进军波兰、匈牙利；在波兰南部的里格尼茨大败波兰与德国的联军，使欧洲为之震惊。

正在这时，拔都获悉窝阔台大汗去世的消息，率军东返。留驻于伏尔加河下游大本营的蒙古军，建立了横跨亚欧大陆的钦察汗国（或称金帐汗国），以伏尔加河上游的拔都萨莱城（今阿斯特拉罕附近）为国都。

蒙古的第四代大汗蒙哥即位后，任命他的弟弟旭烈兀为统帅，发动第三次西征。此次西征，旭烈兀把矛头直指阿拉伯帝国阿拔斯王朝（黑衣大食）的首都巴格达（旧译报达）。巴格达不仅是阿拔斯王朝的首都，也是伊斯兰教阿拉伯世界的都城。蒙古军队用猛烈的炮火攻下此城，伊斯兰教最高教主哈里发投降。而后又分兵三路，侵入叙利亚。当他得知蒙哥大汗的死讯，回师东向，在途中获悉忽必烈已经继任大汗，便不再返回蒙古，表示

契丹文字

金代砖雕所见民间生活

蒙古士兵押送战俘图

西夏岩画

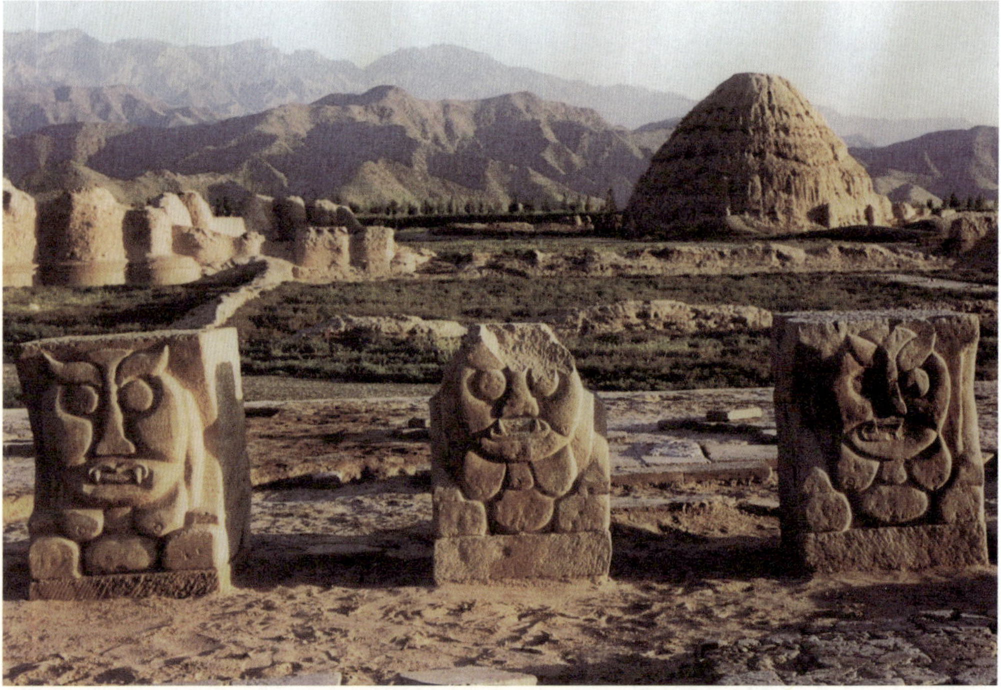

西夏王陵

拥护忽必烈大汗。忽必烈派使节传旨，把阿姆河以西的土地划归旭烈兀统治。于是旭烈兀在波斯的地面上建立了伊利汗国，以蔑剌合（今阿塞拜疆的马腊格）为国都。

钦察汗国、伊利汗国，与先前建立的察合台汗国、窝阔台汗国，并称蒙古四大汗国，从亚洲内陆腹地一直延伸至欧洲。大蒙古国已由先前的蒙古草原扩大到广袤的亚欧大陆，成为名副其实的大蒙古国，蒙古语竟然成为横跨亚欧大陆的官方语言。虽然这个大蒙古国是一个不稳定的政治军事联体，缺乏统一的社会基础，不久就分化为若干个相对独立的国家，但是对于元朝的对外经济文化交流依然起着积极的作用。

这些汗国仍尊奉元朝皇帝为大汗，尊称为"一切蒙古君主的君主"，承认元朝皇帝是它们的宗主，它们则是元朝的"宗藩之国"。这些汗国的汗位承袭，要得到元朝皇帝的认可。它们和元朝之间保持着朝贡关系，朝聘使节往来不断，每一批使节就是一支庞大的商队，可以使用官方的驿站交通。早在窝阔台时代就设置了通往拔都营帐的驿道，以后这条驿道日趋完善，西方使节、商人东来，多通行于这条驿道，经过伏尔加河下游的钦察汗国的都城萨莱、阿姆河下游的玉龙杰赤、河中地区的不花剌、撒马尔罕，抵达阿力麻里，并由此前往岭北行省的首府和林。萨莱等城市因此成为东西方的交通枢纽。

蒙古的三次西征，俘虏了大批人员，以后又有数量众多的中亚商贩、旅行家来到蒙古统治下的中国，他们当中包括阿拉伯人、西域各国人。这些统称为"色目人"的群体，在元朝有着特殊的地位，他们或从政，或经商，带来了阿拉伯、波斯等地的科学和文化。例如，忽必烈曾下令颁行的《万年历》，编制人是阿拉伯天文学家扎马鲁丁；元朝太医院下设的广惠司，专门制作回回药物，创建者是叙利亚人爱薛；为修建大都（北京）城作出贡献的"诸色人匠总管府"的负责人也是阿拉伯人。

旭烈兀西征时，有上千汉人工匠随行，其中有使用火药的炮手，火药就由此经阿拉伯传入欧洲。随旭烈兀西征的天文学家、医生，不少人留在了波斯，促进了双方的文化交流。伊利汗国丞相拉施都丁编写的历史名著《史集》，关于蒙古与元朝的历史，主要得益于奉命出使伊利汗国的元朝丞相孛罗。

西征当然带来战争的硝烟和杀戮，但是并不仅止于此，尘埃落定以后，人们看到了亚欧大陆腹地前所未有的频繁交流的繁荣景象。

3. 盛极一时的东西方交往

大蒙古国横跨亚欧大陆，东起太平洋，西至波罗的海，南临波斯湾，蒙古大汗的金牌可以通行无阻地直达各地，东西方交往盛极一时。

1245年，罗马教皇英诺森四世派遣天主教圣方济各会创建人普兰诺·卡尔平尼(Giovanni de Plano Carpini)大主教带着教皇致蒙古大汗的书信，出使蒙古。然后带着蒙古大汗贵由致教皇的书信，向教皇复命。这份书信的原件，现在还保存在梵蒂冈的档案中，用波斯文书写，上面盖着蒙古大汗的印章。这恐怕算得上是东西方外交史上最早的国书原件，弥足珍贵。

1253年，法兰西国王路易九世派遣圣方济各会教士卢布鲁克(Guillaume de Rubruquis)前往蒙古，在和林南面的冬季行宫谒见蒙哥大汗，然后带着蒙哥给路易九世的国书返回。不久，他用拉丁文写了出使报告《东方行纪》，成为了解13世纪蒙古的纪实文献。

汤因比在《人类与大地母亲》一书中指出，蒙古帝国使得许多区域性文明发生了迅速的相互接触，而在此之前，这些文明在其发展中很少把它们联系在一起，甚至很少知道同时代的其他文明，它们与同时代的其他文明只是通过传导性的欧亚大地被潜在地联系在一起。在谈到上述欧洲使节访问蒙古之后，汤因比说，在那一度秩序井然的欧亚大平原穿越往返的使团，其文化上的作用远较政治上的成果重要得多。

在东西方文明的交往中，最有影响的西方使者是意大利人马可·波罗(Marco Polo)。1260年前后，尼哥罗·波罗兄弟来到钦察汗国的都城萨莱、不花剌(今乌兹别克的布哈拉)经商，以后跟随旭烈兀的使臣前往蒙古的上都开平，受到蒙古大汗忽必烈的接见，忽必烈委托他们出使罗马教廷。1271年，马可·波罗跟随尼哥罗兄弟前往蒙古复命，沿着丝绸之路东行，到达蒙古的上都开平，以后侨居中国十七年。

马可·波罗深得忽必烈的信任，出任元朝官职，游历了大都（北京）、西安、成都、昆明、大理、济南、扬州、杭州、福州、泉州，对所见所闻作了生动的记录。马可·波罗一行凭借大汗发给的银质通行证，沿途得到食物、住宿和安全的保证。他的游记同其他中世纪传说一样，有着一些奇异的故事，欧洲人认为他把元朝中国的辽阔和繁华渲染得太过分，以为是在吹牛。当忏悔牧师在他临死时敦促他收回他的全部谎言时，马可·波罗回答说：我还没有讲出我看到的一半呢！

马可·波罗确实是在记录他的所见所闻，经过专家们的考证，他的记录基本属实。例如，13世纪末他来到昔日南宋的都城杭州时，不禁赞叹为“世界最名贵富丽之城”。当时南宋刚灭亡不久，劫后余生的杭州，依然人口众多，产业发达，市面繁荣。马可·波罗写道：

——“此城有大街一百六十条，每街有房屋一万”；

——“城中有大市十所，小市无数”；

——“上述十市，周围建有高屋，屋之下则为商店，零售各种货物，其中有香料、首饰、珠宝”。

正是由于他的记载在欧洲的传播，致使杭州这座花园城市闻名于世。其他的中国见闻记录也如实地反映了当时的实况。例如，关于忽必烈时期一些重大政治事件、风俗习惯、宗教信仰、物产商业等，都带有很强的写实性。马可·波罗称中国为“契丹”，称南方的汉人为“蛮子”，称北京为“可汗的大都”，称杭州为南方汉人的“行在”，所有这些称呼，都带有宋末元初的时代特色。

1289年，伊利汗国的大汗阿鲁浑因妃子去世，派遣使者到大都，向元朝皇帝请求续娶，元世祖忽必烈同意把阔阔真公主嫁给阿鲁浑。为了稳妥起见，忽必烈命令马可·波罗随同伊利汗国的使者一起，护送阔阔真公主去伊利汗国。他们一行于1291年初从泉州启程，1293年到达伊利汗国。马可·波罗完成任务后，从那里动身回国，1295年抵达威尼斯。

不久，马可·波罗在热那亚与威尼斯的战争中被俘，在狱中讲述他游历东方的见闻，被同狱的小说家记录成书，书名《世界的描述》（一曰《世界的印象》）。中译本以冯承钧翻译的《马可·波罗行纪》流行最广，中国读者通过这本书，看到了13世纪中国生动活泼的各个侧面。

然而，马可·波罗时代欧洲人对于他"百万牛皮"的成见，至今仍然没有消除。1981年，英国不列颠图书馆中文部主任伍芳思(Frances Wood)女士在《泰晤士报》发表文章，对马可·波罗到过中国表示质疑。1995年，她的著作《马可·波罗到过中国吗?》在英国出版，进一步论证她的观点。她的结论是：威尼斯商人马可·波罗从未到过任何接近中国的地方，在历史上不朽的《马可·波罗行纪》完全是杜撰之作。她的这种见解，遭到一些学者的反对，也得到几位研究中世纪史的专家的支持。

中国的元史专家杨志玖首先表示异议，针对伍芳思在《泰晤士报》上的文章，他在《环球》杂志1982年第10期发表文章予以回应。他指出，中国历史书籍中确实没有发现马可·波罗的名字，但是并不是没有一些可供考证的资料。例如，伊利汗阿鲁浑的妃子死后，派遣三位使臣到大都，请忽必烈大汗赐给他一个与王妃同族的女子为妃。元世祖忽必烈同意把阔阔真公主许配给他，三位使臣邀请马可·波罗护送，从海路回国。这些在《经世大典》中有明确的记载，人名、时间都和马可·波罗所说相符。伊利汗国历史学家拉施都丁的《史集》也有相同的记载。这决非偶然的巧合，表明马可·波罗确实到过中国。此外，《马可·波罗行纪》中提到镇江附近有两所基督教教堂，在瓜洲附近的长江中的寺院，即著名的金山寺，都可以在《至顺镇江志》中得到印证。这些目击的记录，决不是"没有到过中国"的人可以"杜撰"得出来的。又如，《马可·波罗行纪》有一章专讲元朝的纸币，说它通行全国，信用程度之高，"竟与纯金无异"，"伪造者处极刑"。这点由1963年河北出土的"至元通行宝钞"的铜版所证实，铜版正中刻有"伪造者处死"五个大字。

1997年，杨志玖针对伍芳思的著作，在《历史研究》杂志上发表论文——《马可·波罗到过中国：对〈马可·波罗到过中国吗?〉的回答》，全面论述了他的观点：伍芳思虽多方论证，但说服力不强，《马可·波罗行纪》中确有一些错误夸张甚至虚构之处，但准确可考之处也不少，若非亲见便难以解释。

以后有的中国专家为此写了专著，全面反驳伍芳思的结论。现在看来，说马可·波罗没有到过中国，显然过于武断，难以令人置信。

元朝的东西交流，除了频繁的陆上交通之外，海上交通也十分发达。蒙古重视色目人的政策，促进了阿拉伯商人渡海东来，东西方贸易日趋繁荣。当时的泉州港，与阿拉伯世界的巴格达港，遥遥相对，成为世界上最繁华的商港。泉州外国商船云集，号称“番舶之饶，杂货山积”。在泉州经商的阿拉伯人蒲寿庚最为有名，世代经营海上贸易，南宋末年曾经出任主管泉州对外贸易的职务——提举市舶使；投降元朝后，先后出任江西行省参知政事、福建行省左丞，负责与海外各国的通商事宜。此后蒲寿庚父子从事海外贸易达三十年，富甲东南，成为传奇人物。泉州也因海外贸易的发达，吸引各国商人前来居住，城南的“番坊”是各国商人、教士居住区，阿拉伯侨民数以万计。他们中许多人与当地人通婚，死后安葬在那里。今日泉州一带蒲、丁、郭等姓，就是当年阿拉伯人的后裔。

4. 有蒙古特色的元朝面面观

1260年，忽必烈成为蒙古大汗，十一年之后的1271年，忽必烈大汗诏告天下，正式建立元朝，把大都（燕京）作为都城，在蒙古语中，大都叫做“汗八里”（Khanbaliq），意思是“汗的都城”。用这样的方式来称呼当时的燕京今日的北京，实在是具有蒙古特色的。

南宋小朝廷的灭亡却是在元朝建立八年之后（1279年），它的标志是文天祥在广东潮阳被俘，陆秀夫背负小皇帝赵昺在广东崖山投海自尽。

中华大地上再度出现了一个王朝统治的格局。

元朝是蒙古族建立的王朝，具有蒙古特色是毫无疑议的，在建立“大元”国号后，并没有放弃“大蒙古国”的国号，有时径直称为“大元大蒙古国”。但是它继承了历代中原王朝的传统，因而具有承上启下的一致性，对中国的治理是卓有成效的，其关键就是汉化。忽必烈在藩王时代便热心于汉化，向刘秉忠、张德辉、姚枢、许衡等汉人请教用儒学治国之道；成为大汗后，他提倡文治，改革蒙古旧制，实行汉化。

劝课农桑是一个方面。习惯于游牧的蒙古人对于农业缺乏足够的认识，进入中原以后，那些王公大人之家，利用特权强占民田，作为放牧牲畜的草场，反映了两种生产方式、两种社会形态之间的差距。大臣许衡向忽必烈建议:北方民族据有中原,必须实行汉法,才可以长治久安。元世祖忽必烈接受建议,下达诏书:"国以民为本,民以食为天,食以农桑为本。"禁止蒙古贵族、军队侵占农田为牧场,把一部分牧场恢复为农田。为了劝课农桑,在中央政府中设立主管农业的机构——司农司,以及劝农官,同时下令在各地建立村社,专门教导本社农民勤于农桑。为此,大力倡导农书的编撰,先后有司农司《农桑辑要》、王祯《农书》、鲁明善《农桑衣食撮要》、罗文振《农桑撮要》问世,使农业生产得以恢复、发展。其中最有影响的是王祯《农书》,它以22卷的篇幅,从多个侧面显示农业与手工业达到的新高度。由于棉花的引进与推广,棉纺织业蓬勃兴起,王祯以图文并茂的形式记载了新颖独特的器械,而水转大纺车尤为引人注目,它是利用水力的纺纱机,从所附图录看来,与英国同类的水力纺纱机极为相似,但后者迟至四百年以后才出现。书后的附录《活字印刷法》,记录木活字印刷的新成就,与沈括《梦溪笔谈》的记载相比较,可以看出活字印刷的发展历程。

效法中原王朝传统的政治体制,是另一个方面。元朝的中央政府由中书省、枢密院、御史台组成,中书省总理全国政务,枢密院掌管全国军事,御史台负责监察事宜。这与秦汉至唐宋的政治体制是相衔接的。元朝的行政区划由三部分组成:

一是中书省(都省)直辖区,大体上是以大都为中心的华北地区(今河北、山西,以及河南、山东、内蒙古的一部分);

二是宣政院辖地吐蕃(西藏),使西藏正式成为中国行政区的一部分;

三是十一个行中书省:陕西行省、甘肃行省、辽阳行省、河南江北行省、四川行省、云南行省、湖广行省、江浙行省、江西行省、岭北行省、征东行省。前面九个行省从它的名称大体可以判定地域范围,只有后面两个需要略加说明:岭北行省的地域包括今内蒙古、新疆一部分,以及今蒙古国全境、俄罗斯的西伯利亚;征东行省设于高丽,行省的丞相由高丽国王兼任。行中书省简称行省或省,是元朝的创制,一直沿用至今。

具有蒙古特色的统治手段是把全国人民区分为四个等级:蒙古人、色目人、汉人、南人。第一等级蒙古人是统治民族,当时称为"国族";第二等级色目人,本意是"各色各目"的"诸国人",是指蒙古族、汉族以外的西部民族乃至中亚、西亚、欧洲各民族,待遇仅次于蒙古人;第三等级是汉人(又称汉儿），是指淮河以北原金朝统治下的汉人，包括契丹人、女真人；第四等级是南人（又称蛮子、新附人），是指原南宋的遗民。对此必须进行具体分析，一方面，在法律面前各个等级是不平等的，蒙古人打死汉人、南人，不必偿命；另一方面，汉人、南人的上层人物大量进入统治阶层，据《元典章》统计，朝官中汉人、南人占55.23%，京官中汉人、南人占70.15%，外任官中汉人、南人占71.42%。可见民族问题说到底是一个阶级问题，民族歧视本质上是阶级歧视。

蒙古人一向重视手工业，在征战中注意搜罗工匠，把他们编入特种户籍，称为匠户。兵器制造尤为发达，向阿拉伯学习的回回炮，能够发射150斤的巨石，据《元史》记载，发射时声音惊天动地，无坚不摧，入地七尺。以后又有铜制的火炮，是近代管形火器的先驱。蒙古人也重视商业，商税收入相当于全国货币收入的十分之一，超过以往任何时代。

宋末元初是棉花种植推广的时期，江东、江淮、陕右、川蜀等地都已大量种植，棉布作为商品的流传也渐次扩大。元初在浙东、江东、江西、湖广、福建等地设立木棉提举司，负责每年征收十万匹棉布的税收，反映了当时棉花种植与棉纺织业已相当普遍。

在这方面颇有建树的是一代纺织巨匠黄道婆。她是松江府上海县乌泥泾镇人，年轻时流落海南崖州（今崖县），学习了海南黎族的棉纺织技术。元贞年间（1295—1297年）返回故里乌泥泾镇，把棉纺织技术传授给乡亲，并作出了一系列技术革新，包括脱籽、弹花、纺纱、织布，以及错纱、配色、综线、挈花的全套工序，还发明了三锭脚踏纺车，使乌泥泾镇成为先进棉纺织技术的传播中心，带动了松江府及邻近地区棉纺织业的繁荣，到了元末明初，松江府已经成为全国第一的棉布产地，号称“绫布二物，衣被天下”，掀起了被海外学者所称誉的持续数百年的“棉花革命”。

商业的繁荣要求金属货币向纸币转化，元朝全面通行纸币，发行中统元宝交钞、至元通行宝钞，是一种银本位纸币。中统元宝交钞，钞二贯等于银一两；至元通行宝钞，钞十贯等于银一两。这种称为“钞”的纸币，比宋金时代的纸币更加完备化，现代中国人把纸币称为“钞票”，其源盖出于此。但是它缺乏金融约束机制，无法限制发行数量，导致不断贬值，最终趋于崩溃。

元朝把大都(北京)作为首都,唐宋时代的运河体系显然无法适应新的格局。为了加强首都与南方的联系,元朝在海运和河运两方面同时并进,都取得了极大的成功。

海运路线,从太仓刘家港(浏河)入海,经崇明东行,入黑水洋(黄海),由成山角转西,到刘家岛(威海)、登州(蓬莱)沙门岛,从莱州大洋(莱州湾)入界河口,抵达直沽(天津)。如果顺风顺水,不过十天就可到达。海运船舶小的载重300石,大的载重1000石,以后有载重8000～9000石的特大海船,每年运送漕粮的数量由4万石增加到300万石以上。这种海运,为明朝初年的远洋航行奠定了基础。

从江南到大都,元初可以利用唐宋运河辗转北上。淮河以南,邗沟与江南河迭经整治,仍可通行;淮河以北,可由泗水抵达山东境内,又可由御河(卫河)抵达直沽(天津),再由直沽经白河抵达通州。全线独缺山东境内泗水与御河之间的一大段,以及通州到大都之间的一小段,没有河道可通。为了解决这个问题,元朝先后开凿了济州(济宁)河150里,会通河250里,北上船舶经由江南河、邗沟进入会通河、济州河,由御河经直沽抵达通州。以后又开凿通惠河,由水利工程专家郭守敬亲自设计施工,从通州直通大都,全长164里,引京西昌平诸水入大都城,会合成积水潭,与会通河相连接。由杭州北上的船舶可以直达大都城内,这样就形成了京杭大运河的新格局,其主体部分一直沿用至今。

【第十二讲】

明帝国的专制政治

晓耕图

元朝后期，政治腐败，统治集团争权夺利，搞得一团糟。元末一首《醉太平小令》如此描写当时的社会状况：

堂堂大元，奸佞专权。

开河变钞祸根源，惹红巾万千。

官法滥，刑法重，黎民怨。

人吃人，钞买钞，何曾见？

贼做官，官做贼，混愚贤，哀哉可怜！

这种局面终于导致农民起义，起义军用红巾包头，称为红巾军或红军。几年时间，半个中国都在起义军控制之下，民谣唱道：

满城都是火，府官四散躲。

城里无一人，红军府上坐。

游方僧出身的朱元璋崛起于红巾军中，逐渐扩大势力，击败了其他反元武装力量，在1368年推翻元朝，建立明朝，成为明帝国的开国皇帝——明太祖。

1. 朱元璋："以重典驭臣下"
——胡蓝党案及其他

明太祖朱元璋以猛治国，推行严刑峻法，"以重典驭臣下"。朝廷大小政务都要自己亲自裁决，唯恐大权旁落，不仅大权独揽，而且小权也要独揽。在面临皇权与相权、将权发生矛盾时，他以一种惨烈无比的方式加以处理，于是发生了胡蓝党案。

所谓胡蓝党案，就是胡惟庸党案与蓝玉党案，是朱元璋为了巩固皇权至高无上的地位，发动的政治斗争，大开杀戒，把开国元勋一网打尽。

1934年，吴晗在《燕京学报》发表论文《胡惟庸党案考》，广泛收集史料，进行严密细致的考证，把已经扑朔迷离的胡惟庸党案的真相揭示出来。他说："胡惟庸党案的真相到底如何，即使明朝人也未必深知，这原因大概由于胡党事起时，法令严峻，著述家多不敢记载此事。时过境迁以后，实在情形已被湮没，后来史家专凭《实录》，所以大体均属相同。"他的结论是："胡惟庸的本身品格，据明人诸书所记，是一个枭猾阴险专权树党的人。以明太祖这样一个十足地自私惨刻的怪杰自然是不能相处在一起。一方面深虑身后子懦孙弱，生怕和自己并肩起事的一班功臣宿将不受制驭，因示意廷臣，有主张地施行一系列的大屠杀，胡案先起，继以李案，晚年太子死复继以蓝案。胡惟庸的被诛，不过是这一大屠杀的开端。"

直白地说，胡惟庸党案与蓝玉党案是朝廷高层权力较量的极端化表现。在朱元璋看来，开国功臣的特殊贡献与特殊地位，势必构成对皇权的潜在威胁，如果不加制服，那么他的子孙继位以后，局面将会不可收拾。在矛盾逐步激化以后，朱元璋抓住两个有把柄的人物——左丞相胡惟庸和大将军蓝玉——开刀，然后株连蔓延，把那些威胁皇权，以及并不威胁皇权的开国元勋，不分青红皂白地统统处死，形成明朝初年政治史上令人毛骨悚然的恐怖一页。

朱元璋成为开国皇帝后，昔日的谋士李善长出任左丞相，封为韩国公，在朝廷上位列第一。大将军徐达虽是右丞相、魏国公，但带兵在外作战，实权操于李善长之手，成为朝廷中势力最大的淮西集团的首领。朱元璋对淮西集团势力过于膨胀有所顾忌，想撤换李善长，来予以遏制。为此，与浙东四先生之一、足智多谋的刘基商讨合适人选。君臣之间有一场推心置腹的对话。

刘基虽然受到李善长的排挤，仍然出于公心劝导皇上不要撤换李善长，原因是李善长能够"调和诸将"。

朱元璋说，他多次要害你，你还为他讲话，我要任命你为丞相。

刘基深知在淮西集团当权的情况下，他这个浙江青田人很难在朝廷中施展手脚，坚决辞谢。

朱元璋便问，杨宪如何？

刘基虽然与杨宪有私交，但他认为此人并不合适，原因是他"有相才，无相器"，在他看来，丞相应该"持心如水，以义理为权衡"，杨宪没有这个水平。

朱元璋又问，汪广洋如何？

刘基说，这个人更加“偏浅”。

朱元璋再问，胡惟庸如何？

刘基说，这个人好比一匹劣马，要他驾车，必然会翻车坏事。

朱元璋见以上人选都不合适，再次敦请刘基出任丞相，说：我的丞相人选，实在没有一个超过先生的。

刘基再次推辞说，臣疾恶太甚，又不耐繁剧，出任丞相恐怕辜负皇上的恩宠。天下哪里会没有人才，只要明主悉心追求，一定可以得到。不过目前那几位，实在看不到有什么可用之处。

后来朱元璋还是根据李善长的推荐，选择了胡惟庸——一个远不如李善长善于出谋划策，却精于拍马奉承的宵小之徒。《明史·胡惟庸传》说：“帝以（胡）惟庸为才，宠任之，惟庸亦自励，尝以曲谨当上意，宠遇日盛。独相数岁，生杀黜陟，或不奏径行。内外诸司上封事，必先取阅，害己者辄匿不以闻。四方躁进之徒及功臣武夫失职者，争走其门，馈遗金帛名马玩好，不可胜数。”活脱脱一副小人得志不可一世的嘴脸。大将军徐达对他的奸猾行径深恶痛绝，把他的劣迹上告皇帝。胡惟庸得知后，引诱徐达府上的门房，企图谋害徐达。虽然没有得逞，但心计毒辣的小人心态暴露无遗。

胡惟庸得悉刘基在皇帝面前说他无能，便怀恨在心，必欲置之死地而后快。其实当时刘基已经告老还乡，不再与闻政治，不可能构成威胁。胡惟庸还是指使亲信，无中生有地诽谤刘基用有“王气”的土地营建坟墓，图谋不轨，刺激皇帝的猜忌心理。结果是在意料之中的，刘基被剥夺了俸禄。刘基惧怕带来更大的祸水，赶赴南京当面向皇帝请罪，以明心迹。从此忧愤成疾，不久就死去了。关于刘基的死因，后来有人告发，是胡惟庸毒死的。

明清史专家孟森对此十分感慨地说，刘基的归隐，实为惧祸，激流勇退，然而激流勇退尚且不免于祸。

朱元璋后来谈起此事，一口咬定是胡惟庸毒死的。但是吴晗考证说：“刘基被毒，出于明太祖之阴谋，胡惟庸旧与刘基有恨，不自觉地被明太祖所利用。”如果吴晗的考证正确，那么刘基的死就更加具有悲剧色彩。

胡惟庸的独断专行，激化了相权与皇权的矛盾。他的大权独揽，使朱元璋感到大权旁落，除了剪除别无选择。洪武十三年(1380 年)，胡惟庸以"擅权植党"罪被处死。胡惟庸的死是咎由自取，但是朱元璋为了株连一个"胡党"，把他的罪状逐步升级，以"通倭通虏"罪，来株连开国元勋，给他们加上"胡党"的罪名，处死抄家。

十年以后，胡惟庸的罪状又升级为"谋反"。朱元璋指使亲信精心策划，唆使李善长的家奴无中生有地告发李善长与胡惟庸勾结，串通谋反。看得出来，朱元璋要用这个借口除掉李善长，他冠冕堂皇地说："(李)善长元勋国戚，知逆谋不发"，"狐疑观望怀两端，大逆不道"。这当然是欲加之罪何患无辞。七十七岁的李善长及其一门七十多人被杀，纯属冤案一桩。一年以后，解缙写了《论韩国公冤事状》，朱元璋看了无话可说，可见他也默认是枉杀。

与此同时又有一些开国元勋与胡惟庸"共谋不轨"的案件被揭发出来。一场"肃清逆党"的政治运动铺天盖地而来，被株连的功臣及其家属共计三万多人。为了虚张声势，朝廷颁布了《昭示奸党录》，株连蔓延达数年之久。这些被株连的"胡党"，显然是无辜的。

蓝玉党案也是如此。蓝玉是开平王常遇春的妻弟，在常遇春麾下勇敢杀敌，所向披靡，战功显赫，升为大将军，封为凉国公。皇恩浩荡之下，蓝玉忘乎所以，骄横跋扈，使朱元璋感受到将权与皇权的冲突。于是，剪除的罗网悄悄张开。洪武二十六年(1393 年)，锦衣卫指挥蒋某诬告蓝玉"谋反"，无端地说他与景川侯曹震等公侯企图趁皇帝出宫举行"藉田"仪式时，发动兵变。装模作样审讯的结果是，连坐处死了一万五千人，把打天下的将领几乎一网打尽。为了显得名正言顺，朱元璋特地下诏，颁布《逆臣录》，其中包括一公、十三侯、二伯。《逆臣录》罗织罪状的伎俩实在拙劣得很，例如一个名叫蒋富的人招供：在酒席上，蓝玉对他说："老蒋，你是我的旧人，我有句话和你说知，是必休要走了消息。如今我要谋大事，已与众头目都商量过了，你回到家去打听着，若下手时，你便来讨分晓，久后也抬举你一步。"这个"老蒋"是谁呢？只是蓝玉家的一个打渔网户。另一个叫张人孙的人招供：蓝玉对他说，要成大事，希望张仁孙等添置兵器，听候接应，如日后事成时，都让你们做官。这个张仁孙是谁呢？只是乡里的一个染匠。实在滑稽得很，蓝玉如果真想谋反，应该与手握兵权的将领秘密策划，绝不会去和打渔网户、染匠商量杀头灭族的事情。仅此一点，已经可以知道《逆臣录》完全是捏造出来的。目前已经无法看到的《昭示奸党录》如何被炮制出笼的真相，但大体也可想而知了。其目的只有一个，那就是为大杀功臣寻找借口而已。

开国第一功臣徐达一向反对胡惟庸，所以无法被牵连进“胡党”，他死时蓝玉党案还没有爆发，当然与“蓝党”无关。即使这样也没有幸免。他患了极为凶险的背疽，忌吃蒸鹅。朱元璋偏偏派人送去蒸鹅。徐达心知肚明，皇上不希望他继续活下去，只好当着来人的面，吃下蒸鹅，没有几天就一命呜呼了。

开国功臣杀得差不多的时候，朱元璋才假惺惺地说：“自今胡党蓝党概赦不问。”其实不过是一句显示皇恩浩荡的空话。

杀功臣的根本目的是排除潜在威胁，强化皇权。洪武十三年杀了胡惟庸以后，朱元璋下了一道诏书，说什么上古时代没有丞相，秦始皇开始设立丞相，很快灭亡了；汉、唐、宋的丞相中很多是小人，专权乱政，可见丞相不是好东西。于是他宣布从今以后废除丞相及其办事机构中书省。以后的嗣君，不得议论设置丞相，臣下敢于请求设置丞相的，严惩不贷。他声称，“事皆朝廷总之”，其实是由他这个皇帝来兼行丞相职务，大权独揽。皇帝权力史无前例的高度集中，缔造了堪称空前的君主专制体制。然而皇帝兼行丞相职权，毕竟难以持久，他的儿子明成祖朱棣作了一个变通，把朱元璋时期作为皇帝顾问的大学士选拔到文渊阁值班，协助皇帝处理政务，从而确立了明朝通行二百多年的内阁制度。以后内阁制度不断完善，内阁首辅的权力与丞相相当，但是始终没有丞相的名分。

推行特务政治，也是朱元璋强化皇权的一大创举。在监察机构——都察院之外，明朝设立检校、锦衣卫，承担监视官员的特殊使命。

检校的职责是“专主察听在京大小衙门官吏不公不法及风闻之事”，直接向皇帝报告。朱元璋自己就坦率地说：“有这几个人，譬如人家养了恶犬，则人怕。”这些恶犬实在厉害，几乎无孔不入。一个名叫钱宰的人，每天要上朝去编《孟子节文》，写了一首打油诗发牢骚：“四鼓咚咚起着衣，午门朝见尚嫌迟。何时得遂田园乐，睡到人间饭熟时。"朱元璋第二天就知道了，对他说：你昨天写得好诗，不过我并没有"嫌"啊，改作"忧"字如何？官员们的一举一动都在监视之下，结果谁也不敢造次。

锦衣卫是一个由皇帝直接指挥的军事特务机构，掌管侍卫、缉捕、刑狱，凌驾于司法机构——刑部、大理寺——之上。它所设的监狱，称为"诏狱"，意即皇帝特批的监狱。处理胡蓝党案，锦衣卫就起了很大作用。朱元璋的后继者，又创立东厂、西厂，由太监掌管，听命于皇帝。厂卫横行，构成特务政治的一大特点。

朱元璋"以重典驭臣下"，屡兴大狱，严刑峻法，凌迟、枭首之外，还有刷洗、秤竿、抽肠、剥皮等酷刑，在朝廷上下造成了极度恐怖的气氛。官员每天上朝，不知是否可以平安回家，出门前都与妻子诀别，吩咐后事。到了晚年，朱元璋总算意识到"以重典驭臣下"做过了头，"非守成之君所用常法"，于是告诫他的继承人，不许法外用刑。

2."靖难之役"与建文帝之谜

明太祖朱元璋出身卑微，当上皇帝以后，生怕那些开国元勋尾大不掉，把二十三个儿子都封王建藩（朱元璋有二十六个儿子，长子立为太子，九子、二十六子早死）。这种封王建藩，就是吕思勉所谓"封建的第四次反动"。那些被封建的藩王，不仅有地盘，而且有军队，权力相当大。燕王朱棣、晋王朱棡、宁王朱权等率兵驻守北方边疆，防止刚刚被逐出中原的蒙古卷土重来；周王朱橚、齐王朱榑等驻守于内地各省，监督封疆大吏。为了保持朱家王朝的长治久安，朱元璋规定，如果朝廷有奸臣专权，藩王可以发兵声讨，甚至可以"清君侧"。他的本意是想倚重皇室亲戚来维护皇权，殊不知事与愿违。

作为法定继承人的太子朱标，英年早逝（死于洪武二十五年），朱元璋按照嫡长子继承原则，把朱标的长子朱允炆立为皇储——皇太孙。洪武三十一年（1398年）明太祖朱元璋病逝，皇太孙朱允炆即位，成为明朝的第二代皇帝——明惠帝亦即建文帝。

出生于洪武十年的朱允炆，此时已是一个英姿勃发的青年了，虽然缺少祖父与叔父们雄才大略的草莽习气，却不乏温文尔雅的书生风度和政治眼光。他察觉到那些手握重兵的藩王们不把他这个侄儿皇帝放在眼里，便把“削藩”提上了议事日程。

户部侍郎卓敬最早提及“裁抑宗藩”的主张。燕王、周王、齐王、湘王、代王、岷王对此十分敏感，察知蛛丝马迹，互相煽动。看来“削藩”势在必行，但是从何处下手颇费踌躇，建文帝朱允炆与亲信大臣齐泰、黄子澄商议。齐泰认为，燕王朱棣手握重兵，而且有野心，应当先从他下手。黄子澄认为不妥，燕王早有预谋，很难下手，不如先解决周王，剪除他的手足，再来收拾燕王。建文帝采纳了黄子澄的建议。黎东方《细说明史》说，建文帝对国家形势茫然无知，一味听信老师黄子澄，蛮干；又说，齐泰、黄子澄化了一年工夫，把燕王逼反。黎氏果然快人快语，却失之偏激武断。

其实，不去逼他，燕王也是要反的。这是封建制度本身带来的问题，汉景帝时的晁错在《削藩策》中早已讲得很清楚：现在削藩，诸侯王要反，不削，也要反。朱元璋给燕王的册封文书，明确写道：“今尔有国”，要他“永镇北平”，有封地有使命，俨然一方诸侯。朱棣本人也有野心，他的谋士僧道衍（俗名姚广孝）心领神会。某一天，燕王府设宴，饮酒作对，朱棣出了一个上联：“天寒地冻，水无一点不成冰”。僧道衍应声对出下联：“国乱民愁，王不出头谁是主”。好一个“王不出头谁是主”，一语双关，既是奉承，又是鼓动夺权。从《明史·姚广孝传》可以看得很清楚，他鼓动燕王起兵。朱棣说：民心向着建文帝，奈何？他回答：臣知天道，管它什么民心！朱棣起兵反叛，打出的旗号是“清君侧”，以诛齐泰、黄子澄为名，把自己的军队称为“靖难之师”。

面对这种状况，建文帝果断下旨，宣布“削燕王属籍”的理由：“国家不幸，骨肉之亲屡谋僭逆。”周王潜谋不轨，燕王、齐王、湘王皆与同谋。周、齐、湘三王已经惩处，考虑到燕王“于亲最近，未忍穷治”，不料他竟然发兵叛乱，意欲进犯南京。先皇帝在世时，朱棣“包藏祸心为日已久”。现已诏告太庙，将他废为庶人，特派长兴侯耿炳文等率兵三十万，前往讨伐。

燕王朱棣上书朝廷，为自己辩护：太祖高皇帝“封建诸子，巩固社稷”，而奸臣齐泰、黄子澄等，不能秉持道德辅佐皇帝，“假陛下之威权，剪皇家之枝叶”。为了证明“削藩”的错误，他引用历史，说：当年周公、成王封建同姓诸侯，使周朝绵延八百年基业；秦始皇废封建，二世而亡。

建文四年，燕王朱棣攻下当时的首都南京，取而代之，当上了皇帝。一朝权在手，立即对主张“削藩”以及抵抗“靖难之师”的人进行严酷无情的报复。齐泰、黄子澄在劫难逃，固不待言，其他名臣也都惨遭毒手，制造了历史上骇人听闻的“瓜蔓抄”、“诛十族”悲剧。朱棣与乃父朱元璋相比，在“自私惨刻”这点上，犹有过之而无不及。且举铁铉、景清、方孝孺为例，以见一斑。

兵部尚书铁铉率兵抵抗“靖难之师”，给朱棣造成很大麻烦。他被俘后，不愿正面向朱棣称臣，背身而立。朱棣下令割去他的耳朵、鼻子，他仍然不屈。朱棣下令割他身上的肉，塞入他的口中，问他：甜不甜？铁铉厉声说：忠臣的肉，当然是甜的。他被凌迟处死时，口中依然骂声不绝。朱棣下令把他投入滚烫的油锅，然后命令太监用铁棒把尸体捞出，让他面向自己，大笑道：你今天也不得不朝拜我了。话音未落，铁铉身上的沸油突然飞溅，太监四散躲避，尸体仍然反背如故。铁铉死时年仅三十七岁，两个儿子被处死，妻子杨氏及两个女儿，发配到教坊司为娼。杨氏病故，二女终不受辱，官员询问缘故，长女赋诗曰：“教坊脂粉洗铅华，一片闲心对落花，旧曲听来犹有恨，故园归去已无家。”

景清曾经以左都御史身份改任北平参议，前往查勘燕王朱棣动态，以后重回都察院工作。燕王军队进入南京，景清得知建文帝下落不明，决心复仇。他表面上归附朱棣，博得信任，官复原职。一日上朝，景清暗藏利器，准备行刺朱棣。朱棣见他神色异常，派人搜身，查获利器。景清眼看行刺不成，当场辱骂朱棣。武士拔掉他的牙齿，景清依然骂声不停，把口中鲜血吐向朱棣龙袍。恼羞成怒的朱棣在处死景清之后，还要剥皮实草（剥下皮囊塞进稻草），悬挂于长安门旗杆上示众。一日，朱棣的轿子恰巧经过长安门，景清的皮囊掉落在轿子前面，状如扑击，朱棣大惊失色，命令把皮囊烧毁。又一日，朱棣午睡，梦见景清手持宝剑逼近，把他吓出了一身冷汗，立即下令株连景清的九族以及乡亲，被杀的有几百人之多，一个村庄化为废墟。这就是令人毛骨悚然的“瓜蔓抄”。

最为惨烈的要算方孝孺，被朱棣“诛十族”。历来有所谓“诛九族”，即株连父亲一系四族，母亲一系三族，妻子一系二族；方孝孺案外加门生朋友一族，便成为“诛十族”。

朱棣在北平起兵，僧道衍（姚广孝）送到郊外，跪下向他低声密语：南方有方孝孺，素有学行，你打下南京，他一定不肯归降，请不要杀他。如果杀了，那么天下的读书种子就断绝了。

朱棣打下南京，方孝孺为建文帝披麻戴孝，在午门外号啕大哭。朱棣没有杀他，把他关入监狱，派他的学生廖氏兄弟前往劝降。方孝孺叱责道：小子跟随我多年，还分不清忠义是非？

朱棣为了显示自己当皇帝名正言顺，很得民心，必须由建文朝的名臣起草即位诏书，这样的大手笔，当然非方孝孺莫属。身穿丧服的方孝孺被押解到宫殿，触景生情，痛哭流涕，难以抑制对建文帝的怀念，对朱棣的所作所为充满了蔑视和反感。

朱棣解释道：我是仿效周公辅佐成王。言外之意，把自己比作周公，把建文帝比作成王；他并非反叛，而是想辅佐建文帝。

方孝孺反问：成王在哪里？

朱棣说：他自焚而死。

方孝孺追问：为什么不拥立成王的儿子？意思是，你既然自称辅佐建文帝，建文帝已死，为什么不拥立他的儿子，而要自己称帝？

朱棣强词夺理：国家仰赖年长的君主。

方孝孺紧追不舍：为什么不拥立成王的弟弟？

朱棣理屈词穷，从龙椅上走下来，软硬兼施地说：这是我们家私事，先生不必过于操心。又说：我的即位诏书，非先生起草不可。

方孝孺拿起笔在纸上写了“燕贼谋反”几个字，把笔丢到地上，一面哭一面骂：死就死，诏书决不起草。

朱棣大声恫吓：你难道想快点死？即使死，难道不顾虑株连九族吗？

方孝孺回答得很干脆：即使株连十族，也奈何我不得！

气急败坏的朱棣，命令武士把他得嘴巴割破，关进监狱，连日逮捕与他有关的“十族”，然后当着方孝孺的面，一个一个地处死。方孝孺悲痛欲绝，却毫不动摇。他亲眼目睹自己的弟弟方孝友被处死，泪如雨下。弟弟吟诗一首，安慰坚守气节的兄长：

阿兄何必泪潸潸，

取义成仁在此间，

华表柱头千载后，

旅魂依旧到家山。

面对坚贞不屈的方孝孺，朱棣束手无策，匆忙下令，把他凌迟处死。方孝孺从容就义，赋绝命诗一首：

天降乱离兮孰知其由？

奸臣得计兮谋国用猷。

忠臣发愤兮血泪交流，

以此殉君兮抑有何求？

呜呼哀哉兮庶不我尤！

受方孝孺牵连而死者有873人，充军边疆而死者不可胜数。他的妻子郑氏与儿子，自缢而死，两个女儿押解过程中，联袂投水而死。真可谓一门忠烈。

那么，为铁铉、景清、方孝孺如此敬仰的建文帝究竟下落如何呢？

朱棣攻下南京，建文帝下落不明，一说焚死，一说逃亡，成为历史上一桩无头公案。

朱棣打着“辅佐成王”的幌子，发动“靖难之役”，目的在于取而代之。面对建文帝下落不明的状况，他必须公开宣称建文帝已经死亡，否则自己就不可能登上皇帝宝座。在装模作样多次拒绝大臣们的“劝进”之后，朱棣终于如愿以偿称帝，成为明朝的第三代皇帝——太宗文皇帝(以后改称成祖文皇帝)，改元永乐。

这样的做法未免有篡位的嫌疑，要摆脱嫌疑，就必须否定建文帝的合法性。他既不给朱允炆应有的谥号，把他贬为“建文君”；也不承认建文的年号，把建文四年改称洪武三十五年，表示他是直接继承太祖高皇帝而登上皇位的。为了掩盖真相，朱棣派人销毁建文时期的政府档案，替自己的“靖难之役”篡改历史。

于是，这场政变被描绘成这样：建文四年六月，“靖难”军队进入南京金川门，“建文君欲出迎，左右悉散，惟侍从数人而已，乃叹曰：‘我何面目相见耶！’遂阖宫自焚”。史家的春秋笔法显露无遗，对朱允炆径直称呼“建文君”，因为无脸见人，才畏罪自杀。燕王朱棣则显得高风亮节，捐弃前嫌，立即派人前往救援，无奈为时已晚，太监把“建文君”的尸体从火炭堆中找出。朱棣哭着说：果然如此痴呆，我来是为了帮助你做一个好皇帝，你竟浑然不觉，走上了绝路。这分明是御用史官的粉饰之言。假如朱允炆不“自焚”，也必死无疑，只消看看朱棣上台后的“瓜蔓抄”和“诛十族”，便可以明白。

那么朱允炆到底死了没有呢？其中大有蹊跷。就连朱棣本人也不相信朱允炆真的自焚而死。《明史·胡濙传》记载，朱棣怀疑朱允炆已经逃亡在外，派遣户科都给事中胡濙，以寻访道教法师张邋遢（张三丰）为幌子，暗中侦察朱允炆的踪迹。胡濙在外十四年之久，回来向朱棣报告朱允炆流亡西南的种种蛛丝马迹，使他对于逃亡海外的怀疑冰释。《明史·胡濙传》如此写道：“先，（胡）濙未至，传言建文帝蹈海去，帝分遣内臣郑和数辈，浮海下西洋。至是，疑始释。”你看，朱棣如果坚信朱允炆已经自焚而死，何必如此兴师动众呢？明清史一代宗师孟森在《建文逊国考》中说：如果朱棣确信建文帝自焚而死，“何必疑于人言，分遣胡濙、郑和辈海内海外，遍行大索，大索至二十余年之久”？

朱棣的子孙后代也并不认为朱允炆自焚而死，明神宗朱翊钧就是一例。他即位后，下诏为被处死的建文朝大臣建祠庙祭祀，颁布《苗裔恤录》，对他们的后裔给予抚恤。看来他对建文帝颇有一点追怀敬仰之情。万历二年十月十七日，他在文华殿与内阁大学士谈及建文帝，提出思虑已久的问题：听说当初建文帝逃亡，不知真伪如何？

内阁首辅张居正如实回答：我朝国史没有记载这一件事，听前朝故老相传，靖难之师进入南京城，建文帝化装逃亡。到了正统年间，有一个老和尚在云南驿站墙壁上题诗一首，有“沦落江湖数十秋”之句。御史召见此人询问，老僧坐地不跪，说道：我想叶落归根。查验后才知道是建文帝。张居正的叙述，记载在《明实录》，与祝允明《野记》所说大体相同。可见在明朝中晚期，关于建文帝的下落已经不再忌讳，真相逐渐明朗。

明末文坛领袖钱谦益《有学集》中有一篇《建文年谱序》，这样写道：他在史局（国史馆）工作三十余年，博览群书，唯独对于“建文逊国”（官方关于朱棣篡位的标准宣传口径）一事，搞不清楚，而伤心落泪。原因有三：一是《实录》无征，二是传闻异辞，三是伪史杂出。赵士喆所撰《建文年谱》，荟萃诸家记录，再现真相，感人至深——“读未终卷，泪流臆而涕渍纸”。看来牧斋先生被逃亡中的朱允炆行迹深深感动了。

据野史传闻，建文四年六月，建文帝得知金川门失守，长吁短叹，想自杀以谢国人。翰林院编修程济说，不如出走流亡。少监王钺提醒皇上：高皇帝升天之前，留下一个宝匣，并且交代，如有大难，可以打开。众人恍然大悟，赶到奉先殿，打开这个红色宝匣，但见里面有三张度牒，分别写着“应文”、“应能”、“应贤”，还有袈裟、僧帽、僧鞋、剃刀，以及银元宝十锭。第一张“应文”度牒写着：“应文从鬼门出，其余人等从水关御沟而行，薄暮时分在神乐观西房会合。”程济立即为建文帝剃去头发，换上袈裟、僧帽、僧鞋。吴王教授杨应能，拿着“应能”的度牒，表示愿意剃度，随帝流亡；监察御史叶希贤说自己就是度牒上的“应贤”，也剃度改装随从。于是，一些人陪同建文帝从鬼门出宫，其余众人从水关御沟出宫，在神乐观会合，乘船至太平门，一行二十二人开始了流亡生涯。从吴江，经过襄阳，来到云南。

一直到正统五年(1430)，流亡了二十八年的朱允炆，以为再现真身的时候到了。经过认真的确认，明英宗朱祁镇决定，把朱允炆迎入宫中养老，人们称他为“老佛”。寿终正寝后，葬于西山，不封不树。因为很难给他一个名分，所以成为一座无名墓。

3. 严嵩严世蕃父子

所谓言官，就是监察官员，他们的监察手段主要是言论，向皇帝弹劾违法乱纪的官员。明朝的言官，有两个系统：一个系统是都察院，长官是都御史，下属有十三道御史(按地域划分)；另一个系统是六科，与六部相对应，负责监察六部，因而有吏科、礼科、兵科、户科、刑科、工科，长官是都给事中，下属有给事中。他们的级别不高，权限却不小，以小制大，起到权力制衡的作用。但是也不尽然。嘉靖年间，对于权臣严嵩、严世蕃父子的弹劾就是如此，反映了在奸臣的权势与威慑下，言官并非铁板一块，而是形形色色的。

严嵩何许人也？明朝嘉靖年间政坛上权势显赫、作恶多端的大奸臣，人所共知。一般百姓对他的了解，并不是从《明史·奸臣传》，而是从小说和戏曲中得来的。从他在世时起，抨击他的作品就络绎问世，《宝剑记》、《鸣凤记》、《金瓶梅》、《喻世明言》、《一捧雪》，直至《盘夫索夫》之类，让人们看到了一个人人得而诛之的权奸形象。

然而在他得势的时候，要把这个政坛炙手可热的大人物扳倒，却并非易事。道理很简单，有皇帝为他撑腰。

出生于江西省袁州府分宜县的严嵩，自从进士及第以后，一直官运亨通，从翰林院、国子监这些清闲职务做起，逐渐爬上礼部尚书的台阶，进而成为内阁大学士、内阁首辅（相当于首相），在嘉靖二十一年到四十一年（1542—1562年），专擅朝政达二十年之久。当时的皇帝明世宗刚愎自用、猜忌多疑，而又笃信道教，在宫中清虚学道，潜心修炼，根本无心治理朝政。正如海瑞在《治安疏》中对皇帝的批评："二十余年不视朝，纲纪弛矣"，"天下吏贪将弱，民不聊生"。这样的皇帝当然需要一个能够投其所好、让他放心的内阁首辅，来摆平朝廷政事。

严嵩正是这样一个人物。他与皇帝的关系处理得非常和谐，马屁工夫十分了得。为了迎合皇帝学道潜修的需要，经常代皇帝起草一些具有浓厚道教色彩的"青词贺表"。以他的进士出身以及在翰林院的磨练，所写的"青词"自然非等闲之辈所可望其项背，深得皇帝欢心。严嵩也因此而博得"青词宰相"的美名。

严嵩的投其所好当然决不仅止于此，而是全方位的。有人说得好：皇帝刚烈，严嵩柔媚；皇帝骄横，严嵩恭谨；皇帝英察，严嵩朴诚；皇帝独断，严嵩孤立，因此君相之间"如鱼得水"。皇帝把严嵩视为心腹，高枕无忧；严嵩把皇帝当作护身符，权势显赫。二十年间，严嵩大权在握，擅权乱政，结党营私，贪赃枉法，无所不为。他的儿子严世蕃代行父权，俨然一个"小丞相"。严氏父子把持朝廷，政坛一派乌烟瘴气。

一些刚直不阿的官员，秉承儒家伦理道德准则，不畏权势，前仆后继，上疏弹劾严氏父子。几乎没有一个能够逃脱严嵩之手，不是充军，便是杀头。

嘉靖二十九年，由于严嵩的失职，导致蒙古铁骑兵临北京城下，震惊朝野，史称"庚戌之变"（嘉靖二十九年为庚戌年）。由此而激起公愤，舆论哗然。但是朝廷中的高级官僚慑于严嵩的威势，个个噤若寒蝉，没有人敢于向这个权奸发起挑战。

然而，政坛上毕竟还有一些不畏权势，置身家性命于不顾的官员，使得黑暗的政坛透出一丝耀眼的光亮。严嵩的晚年，其实日子并不好过，对他的弹劾，从未间断过。

嘉靖三十年，一个在锦衣卫掌管文书的小吏沈炼挺身而出，以为"庚戌之变"的城下之盟是奇耻大辱，"出位"（超越职位）弹劾严嵩。他的奏疏题目直截了当——《早正奸臣误国以决征虏大策》，矛头直指严嵩、严世蕃父子："今虏寇（指蒙古）之来者，三尺童子皆知严嵩父子之所致也"，当此危急关头，必须清除严嵩父子奸党，激发忠义，才可以化险为夷。

皇帝接到这份奏疏，命内阁大学士李本代他起草批示（当时叫做"票拟"）。李本慑于严嵩的威权，不敢自作主张，便向严世蕃征求意见。向被弹劾者透露弹劾内容，并且征求处理意见，看来十分荒唐，却又在情理之中，因为他们原本就是沆瀣一气的同党。严世蕃与严嵩义子赵文华一起炮制了"票拟"，李本全文照抄。这份皇帝圣旨传达的恰恰是严嵩父子的意思，其结果是可想而知的。"圣旨"指责沈炼"恣肆狂言，排陷大臣"，希图博取"直名"。是非完全被颠倒了，严嵩父子安然无恙，沈炼却遭到严惩，在一顿杖责之后，革职流放塞外。六年后，严嵩父子无端捏造"谋叛"罪，处死沈炼，其长子充军边疆，次子、三子被活活打死。

严嵩以这样的手法向人们显示，企图扳倒他的人决没有好下场。

然而正直官员并没有全部被吓倒。嘉靖三十二年，刑部员外郎杨继盛再次挺身而出，上疏弹劾严嵩十大罪状：坏祖宗之成法、窃人主之大权、掩君上之治功、纵奸子之僭窃、冒朝廷之军功、引悖逆之奸臣、误国家之军机、专黜陟之大柄、失天下之人心、坏天下之风俗。

杨继盛的弹劾较之沈炼，更加深刻，直指要害，言词也更加尖锐。以其中任何一条，都可以置严嵩于死地。但是，在当时皇帝宠信严嵩的形势下，弹劾严嵩的胜算几乎等于零。杨继盛心中很清楚这种危险性，他是冒死谏诤，宁愿以自己的死来营造一种扳倒严嵩的舆论。结局早就定了。何况杨继盛书生气太盛，居然在奏疏中批评皇帝"甘受嵩欺"，"堕于术中而不觉"。并且要皇帝叫他的两个儿子——三子裕王、四子景王——出来揭发严嵩的罪恶。这是皇帝绝对不能容忍的，老奸巨猾的严嵩紧紧抓住这点，指责杨继盛挑拨皇帝与两个亲王的关系。皇帝大为恼怒，立即下旨："这厮因谪官怀怨，摭拾浮言，恣肆渎奏。本内引二王为词，是何主意？着锦衣卫拿送镇抚司，好生打着究问明白来说！"

被关进锦衣卫的特务机构镇抚司监狱中的杨继盛，遭受了种种酷刑，还被逼迫交代幕后主使人。他身上有着传统士大夫引以自豪的那种名节正气，始终没有屈打成招，但还是被毫无根据地判处死刑。临刑前，他十分坦然，赋诗明志：

浩气还太虚，丹心照万古。
生前未了事，留与后人补。

至死还在对皇上表明赤胆忠心，没有一丝一毫的怨言。而皇帝却把他看作草芥，以为他是因贬官心怀怨恨，而诬陷内阁首辅的，死得活该。这正是杨继盛的悲剧，寄希望于这样的皇帝，未免过于迂腐。

杨继盛之死，并没有使弹劾严嵩的风潮停息。接二连三的弹劾奏疏，不断地送进紫禁城，但是依然动摇不了严嵩的地位。

转机终于出现了。嘉靖四十年，向来善于阿谀逢迎的严嵩，一言不慎得罪皇帝，从此失去了恩宠。

事情的原委是这样的：皇帝为了学道潜修，长期住在西苑永寿宫。嘉靖四十年十一月二十五日夜里，一把大火，把永寿宫化作一片废墟。朝廷大臣有的主张修复永寿宫，有的主张皇帝迁回大内（紫禁城），议论纷纭。严嵩既不同意修复永寿宫，也不同意迁回大内，而主张皇帝暂时居住南宫（重华宫）。这个主意令皇帝大为恼怒：南宫是个不祥之地，先前是景帝幽禁英宗的场所，严嵩似乎有"幽禁"我的意思。内阁次辅徐阶一向圆滑，从不得罪严嵩，这时敏感到严嵩已经失宠，便乘机落井下石，提议修复永寿宫，而且以最快的速度竣工，由此而博得了皇帝的欢心。皇帝从此把朝廷大政方针的决定权交给了徐阶。

徐阶为了取代严嵩，自己升任内阁首辅，便利用皇帝笃信道教的弱点，收买他身边的道士蓝道行，在扶乩时，假借神仙之口攻击严嵩。据《明世宗实录》、《明史·邹应龙传》的记载，这一机密信息被御史邹应龙获悉，他立即上疏弹劾严嵩父子，正中皇帝之意，终于导致严嵩父子的倒台。

那是嘉靖四十一年五月某日，邹应龙下朝时因避雨进入太监房，攀谈中，听说皇上请道士蓝道行扶乩，得到这样几句神仙的旨意："贤不竞用，不肖不退"；"贤如徐阶、杨博，不肖如嵩"。沉迷于道教的皇帝，对蓝道行的扶乩深信不疑，遂有意罢去严嵩。

"帝有意去嵩"，这是一个政治信息，也是一个机密情报。机不可失，时不再来，邹应龙以为建功立业的机会到了，便连夜赶写了洋洋千言的弹劾严嵩父子的奏疏——《贪横荫臣欺君蠹国疏》。其中写道："工部侍郎严世蕃凭借父势，专利无厌，私擅爵赏，广致赂遗"；"臣请斩世蕃悬之篙竿，以为人臣凶横不忠者之戒。其父嵩受国厚恩，不思图报，而溺爱恶子，播弄利权，植党蔽贤，黩货败法，亦宜亟令休退，以清政本"。在奏疏的末尾，邹应龙信誓旦旦地说："如臣有一言不实，请即斩臣首以谢嵩父子，并为言官欺诳者戒。"皇帝正要除去严嵩父子，邹应龙的奏疏提供了一个名正言顺的口实，于是圣旨下达：勒令严嵩致仕，严世蕃逮入诏狱，提升邹应龙为通政司参议。

民间戏曲常常把邹应龙描绘成扳倒严嵩父子的英雄，其实此人是一个十足的机会主义者。他是摸透了皇帝"有意去嵩"的心理后，进行政治投机，并没有杨继盛那种明知山有虎偏向虎山行的气概。皇帝虽然罢了严嵩的官，但多年来的感情一时难以割舍，每每念及其"赞修之功"，心情很不痛快，便以手谕的形式告诫已经升任内阁首辅的徐阶：今后如果再有官员谈起严嵩父子的事情，那么连同邹应龙一并处死。这使邹应龙感到莫名的惶恐，唯恐因此遭来杀身之祸，迟迟不敢赴通政司出任参议之职。后来在徐阶的百般调护下，才惴惴不安地赴任视事。他的机会主义者心态暴露无遗。

值得注意的是，这场政治活剧是徐阶一手导演的。唐鹤征的《皇明辅世编》，透露了其中的许多细节：一方面，徐阶买通皇帝信任的道士蓝道行，让他在扶乩时，由神仙之口讲出"今天下何以不治"的原因，是"贤不竞用，不肖不退"；在回答"谁为贤、不肖"时，由神仙之口说出："贤者辅臣（徐）阶、尚书（杨）博。不肖者（严）嵩父子。"以此来坚定皇帝罢免严嵩的决心。另一方面，徐阶连夜派人授意御史邹应龙起草奏疏，弹劾严嵩父子，第二天上朝时呈上。皇帝本来就有意要去掉严嵩，邹应龙的奏疏正中心意，于是马上勒令严嵩致仕,严世蕃逮捕入狱,旋即发配海南。

严嵩虽然罢官,不过是"致仕"而已,并未伤筋动骨。他的儿子严世蕃发配海南,也只是官样文章,虚应故事而已,中途返回江西老家,威风依旧。他的同党罗龙文也从遣戍的地方逃回,与严世蕃商量如何翻盘。袁州府的官员获悉此事后,立即把事态夸大为严府"聚众练兵谋反",报告了巡江御史林润。林润作为言官,一向敢于直言,先前曾弹劾严嵩的党羽鄢懋卿,害怕严世蕃东山再起,遭到报复。马上上报朝廷:严世蕃、罗龙文"蔑视国法",还有"通倭"、"谋反"迹象。皇帝对于严氏父子贪赃枉法可以容忍,对于"谋反"绝对难以容忍,立即下旨逮捕严世蕃、罗龙文来京审问。

严世蕃余威犹在,居然买通三法司(刑部、大理寺、都察院)的官员,在定罪书上强调为弹劾严嵩父子的沈炼、杨继盛平反,以便激怒皇帝,企求死里逃生。三法司官员把严世蕃的定罪书送交内阁首辅徐阶审定,基调果然是处死严世蕃为沈炼、杨继盛抵命。徐阶深知皇上脾性,这种写法必然触怒皇上,是"彰上过"——彰显皇上的过错,因为处理沈炼、杨继盛是以皇帝名义作出的决定,为沈炼、杨继盛翻案,就意味着皇帝以前的圣旨是错误的,那样不但不能置严世蕃于死地,反而会祸及林润及其他弹劾严氏父子的官员。经过徐阶修改的三法司判决书,强调的重点是与皇帝毫无关系的罪状:"谋反"、"通倭"。平心而论,严世蕃咎由自取,不杀不足以平民愤,但"谋反"、"通倭"却是不实之词。这不是真正意义的弹劾与审判,而是在耍弄阴谋诡计和权术。

果然,皇帝对于严世蕃"谋反"、"通倭"十分震惊,但是仅凭林润的揭发,还不足以昭示后世,必须核实。徐阶再度代替三法司起草答疏,以肯定的语气回答皇帝,"谋反"、"通倭"证据确凿。嘉靖四十四年三月二十四日皇帝下达圣旨,批准三法司的拟议,以"交通倭虏,潜谋叛逆"的罪名,判处严世蕃、罗龙文斩首、抄家,黜革严嵩为平民。

儿子斩首、孙子充军、家产被抄,严嵩的精神彻底崩溃了,一年之后,命归黄泉。

严嵩、严世蕃恶贯满盈,他们的下场是罪有应得。值得深思的是,为何义正词严的弹劾不但无法奏效,而且适得其反;为何充满阴谋与权术的做法却取得了成功？几年以后，官员们在撰写《明世宗实录》时，就表示了异议：严世蕃凭借其父的威势，“盗弄威福”、“浊乱朝政”，完全可以用“奸党”罪处死，而林润的奏疏说他“谋逆”，三法司的拟议说他“谋叛”，“悉非正法”。所谓“悉非正法”云云，就是没有以事实为根据，以法律为准绳，而是以一种非法手段处死本该处死的罪犯。事情实在有点匪夷所思，让人们领教了在专制政治体制下，一切以皇帝的好恶为转移，所谓舆论监督不过是一句空话。

4. 张居正：“威权震主，祸萌骖乘”

万历元年(1573年)至万历十年，担任内阁首辅的张居正，本着“综核名实，信赏必罚”的原则，力挽狂澜，推行大刀阔斧雷厉风行的改革，开创了成效卓著的万历新政，不仅改变了以前财政连年赤字、入不敷出的局面，而且使万历时期成为明朝最为富庶的几十年。《明神宗实录》如此描写当时的富庶情况：北京的仓库里面储存的粮食可以供几年使用，积存白银达到四百余万两，是多年未见的盛况。持不同政见的人，对此也赞誉有加。人称“王学左派”的李卓吾，由于好友何心隐之死怀疑是张居正指使地方官所为，因而对他一向怀有偏见，但是在张居正死后遭到不公正待遇时，出于学者的正直本心，感慨系之地说出了一句极有分量的话：“江陵(指张居正)宰相之杰也，故有身死之辱。”明白无误地赞誉他是“宰相之杰”，对他的“身死之辱”感到忿忿不平。

既然是“宰相之杰”，为什么会遭到“身死之辱”呢？问题的要害就在于“威权震主，祸萌骖乘”。

《明神宗实录》的纂修官已经看到了这一点。他们给张居正的“盖棺定论”，还算客观公允，一方面肯定他的政绩：“成君德，抑近幸，严考成，综名实，清邮传，核地亩”，称赞他是“经济之才”；另一方面指出他的过失，尽管过不掩功，也足以使他陷入无法摆脱的困境：“偏衷多忌，小器易盈，钳制言官，倚信佞幸”，然而，强调的重点并不在此，而是下面几句：“威权震主，祸萌骖乘。何怪乎身死未几，而戮辱随之。”这段话看似史官通常的褒贬笔法，却不乏史家难得的史识，精髓就是八个字："威权震主，祸萌骖乘。"原来是得罪了皇帝，所以才会招来大祸；仅仅是"钳制言官"之类，决不至于如此。

张居正的"钳制言官"事出有因。在他看来，要进行改革，必须"谋在于众，而断在于独"，必须力排众议，独断专行。这是迫不得已之举，因为改革举措触及政坛痼疾，没有雷厉风行的力度难以奏效。无论是使官员不敢懈怠的"考成法"，还是清理欠税增加财政收入的"清丈田亩"，以及把"一条鞭法"推广到全国，每一项改革的阻力都非常巨大，反对声浪一浪高过一浪，没有独断专行的作风，恐怕一事无成。张居正过于严厉，过于操切，招来许多非议。但是改革的成效卓著，难以否认，言官们便迂回侧击，离间他与皇帝的关系。南京户科给事中余懋学、河南道御史傅应祯、巡按辽东御史刘台，就是代表人物。但是由于皇帝和皇太后的全力支持，宫内实权人物司礼监掌印太监冯保又与张居正结成权力联盟，那些反对派统统被严厉地打压了下去。

反对派攻击得最为厉害的是"夺情"事件。万历五年，张居正的父亲张文明病逝，按照当时官僚的"丁忧"制度，必须辞官服孝二十七个月。张居正是一个"非常磊落奇伟之士"，不愿意拘泥于"匹夫之小节"，而使改革中断，便与冯保联手策划，要皇帝出面"夺情"——不让他回乡守制，而要他"在官守制"，依然执掌朝廷大权。此举激起了声势汹涌的反对声浪，指责张居正违背传统的伦理纲常，不配继续身居高位。反对得最激烈的是翰林院编修吴中行、翰林院检讨赵用贤、刑部员外郎艾穆、刑部主事沈思孝。就在张居正处境十分尴尬之时，皇帝再三强调"夺情起复"是他的旨意，冯保又和张居正密切配合，让张居正代替皇帝起草圣旨，对吴、赵、艾、沈四人实施严厉的廷杖。由此招来更多的非议，毫无疑问，张居正树敌过多，和他日后遭到报复不无关系，但是，这些并非他的悲剧的关键所在。

关键在于"威权震主"！

万历元年，朱翊钧即位的时候还是一个十岁（虚岁）的孩子，皇太后把朝政交给张居正的同时，也把教育小皇帝的责任交给了他。因此张居正身兼二职：首辅与帝师。皇太后为了配合张居正的调教，在宫中对小皇帝严加看管，动辄谴责："使张先生闻，奈何？"在太后和皇帝心目中，张居正的地位与威权之高可想而知。沈德符《万历野获编》中说，张居正把内宫（皇帝）与外朝（政府）的事权集于一身，成为明朝权力最大的内阁首辅。这一点张居正本人并不否认，他经常对下属说："我非相，乃摄也。"那意思是，他并非一般意义的丞相，而是"摄政"——代帝执政。无怪乎官员们要把他比作"威君严父"，对他阿谀奉承，送给他黄金制作的对联，上面写道："日月并明，万国仰大明天子；丘山为岳，四方颂太岳相公。"张居正号太岳，把太岳相公和大明天子相提并论，颇有僭妄嫌疑，张居正却安之若素。

万历六年，张居正离京回乡安葬亡父，一路上摆出一副摄政大臣的显赫排场。有尚宝寺少卿和锦衣卫指挥护送，戚继光还派来铳手与箭手保镖；他所乘坐的轿子是真定知府钱普特意赶制的，其规模之大，被人形容为"如同斋阁"。它的前半部是起居室，后半部是卧室，两旁有走廊，童子在左右侍候，挥扇焚香。如此豪华之极的庞然大物，要用三十二个人才能扛得动，比皇帝的出巡犹有过之而无不及。

万历十年春，张居正身患重病，久治不愈，朝廷大臣上自六部尚书下至冗散小官，无不设立斋醮为他祈祷，企求日后获得这位代帝摄政的元老重臣的青睐。他们纷纷舍弃本职工作，日夜奔走于佛事道场。这种举国若狂的举动，即使在那个时代也是极为罕见的不正常现象，后来明神宗病重时也没有出现类似的排场。

张居正难道没有考虑到"威权震主，祸萌骖乘"吗？

他是有所考虑的。在回到江陵老家安葬亡父时，他一天之内收到皇帝三道诏书，催促他早日返回京城，显示出他在皇帝心目中须臾不可或缺的地位。湖广官员以为这是地方的无上光荣，特地为他建造"三诏亭"以资纪念。张居正在给湖广巡按朱琏的信中谈起"三诏亭"，写下一段感慨系之而又意味深长的话："作三诏亭，意甚厚，但异日，时异事殊，高台倾，曲沼平，吾居且不能有，此不过五里铺上一接官亭耳，乌睹所谓三诏哉？盖骑虎之势自难中下，所以霍光、宇文护终于不免。"处在权势顶峰的张居正已经在担忧，一旦形势变化，连居所都成问题，三诏亭对他又有什么意义呢？于是他忧心忡忡地想到了历史上"威权震主"的霍光、宇文护的悲剧下场。

霍光、宇文护的前车之鉴，不免使他惶恐，深感“高位不可久居，大权不可久窃”，还是激流勇退吧！万历八年，他向皇帝提出退休的请求，他说，多年来任重而力微，积劳过度，形神疲惫，已呈未老先衰之态，如不早日辞去，必将前功尽弃。这既是一种政治姿态，也是一种自谋策略。皇帝却一点思想准备也没有，毫不犹豫地下旨挽留。张居正再次提出折中方案：只是请假，并非辞职，国家如有大事，皇上一旦召唤，立即奉命赶来。皇帝有点犹豫了，他作不了主，得请示皇太后才行。不料，皇太后的态度坚决得很，恳切挽留张先生，对儿子说：“与张先生说，各项典礼虽是修举，内外一切政务，尔尚未能裁决，边事尤为紧要。张先生受先帝付托，岂忍言去！待辅尔到三十岁，那时再作商量。”在皇太后眼里，皇帝还是一个孩子，没有裁决政务的能力，一定要张居正辅助到三十岁，意味着今后十一年亲政无望。明神宗对于他的张先生由敬畏转变为怨恨，这是一个重要的契机。在而后的一年里，张居正始终处在骑虎难下的无可奈何中。

万历十年六月二十日，太师兼太子太师、吏部尚书、中极殿大学士张居正病逝，时年不过五十八岁。

张居正的去世，使得明神宗的亲政提前到来，但是清除“威权震主”的张居正的影响，却并非易事。首先必须除掉冯保。冯保倚仗太后的宠信、张居正的联手，有恃无恐，对小皇帝钳制过甚，垮台是迟早的事。谁也没有想到事情来得那么快。仅仅过了六个月，明神宗在言官弹劾冯保十二大罪的奏疏上批示，说冯保“欺君蠹国”，本来应当处死，念他是先皇托付的顾命大臣，从宽发落，发配南京去赋闲养老。

这是一个信号，冯保可以攻倒，张居正有何不可！

于是弹劾奏疏纷至沓来，陕西道御史杨四知弹劾张居正十四大罪，正中皇帝之心。既然已经亲操政柄，不把“威权震主”达十年之久的张居正的威权打掉，何以树立自己的威权？在这份奏疏的批示中，皇帝对他的张先生的评价与先前已经判若两人，说自己对张居正宠信有加，但是张居正“不思尽忠报国”，而是一味“怙宠行私”。这是在等待弹劾的逐步升级。

果然，云南道御史羊可立的弹劾奏疏把调子提高了许多，无中生有地说，张居正霸占辽王府的财产。此论一出，已故辽王的次妃向皇帝上疏诬陷张居正，标题就赫然写着“大奸巨恶丛计谋陷亲王，强占钦赐祖寝，霸夺产业”云云。素有敛财癖好的皇帝以为抓住了对张居正抄家的把柄，立即下令司礼监太监张诚与刑部侍郎丘橓，前往江陵查抄张府，这无异于对张居正在政治上的彻底否定，他的“罪状”也就不再是“怙宠行私”了。都察院等衙门遵旨给张居正定罪，明神宗亲笔写下了这样的结论：“张居正诬蔑亲藩，侵占王坟府第，钳制言官，蔽塞朕聪……专权乱政，罔上负恩，谋国不忠。本当断棺戮尸，念效劳有年，姑免尽法追论。”在皇帝眼里，原先缔造新政的功臣，一下子变成“专权乱政”的奸臣，没有断棺戮尸已经算是从宽发落了，他的兄弟儿子等人却必须永远充军到“烟瘴地面”。张居正生前虽然意识到骑虎难下，也许会中途翻车，但是无论如何不会想到会有这样的下场。

张诚、丘橓的抄家，把皇帝翻脸不认人的冷酷无情实施到了极致。他们还没有赶到江陵，就命令地方官登录张府人口，封闭房门，一些老弱妇孺来不及退出，门已被封闭，这样饿死了十余人。查抄家产更是锱铢必究，待到抄家物资与他们原先的估计相去甚远时，不惜严刑逼供，拷问硬索。张居正的三子张懋修经不住严刑逼供，屈打成招。长子张敬修受不了折磨，自缢身亡，临死前留下绝命书，控诉张府遭受浩劫的惨状，绝望地呼喊：“丘侍郎，任抚按，活阎王！你也有父母妻子之念，奉天命而来，如得其情，则哀矜勿喜可也，何忍陷人如此酷烈？”令人唏嘘不已。

明神宗为了打压“威权震主”的张居正，制造了一场冤案，留给他的子孙去平反。天启二年(1622年)，明熹宗为张居正恢复原官，给予祭葬礼仪，张府房产没有变卖的一并发还。崇祯三年(1630年)，明思宗恢复张居正后人的官荫与诰命。时人评论道，这是因为当大明王朝行将衰亡之际，皇帝希望有张居正这样的铁腕大臣出来力挽狂澜。然而已经晚了。人们有感于此，在江陵张居正故居题诗抒怀：“恩怨尽时方论定，封疆危日见才难。”

手工织机

印花布

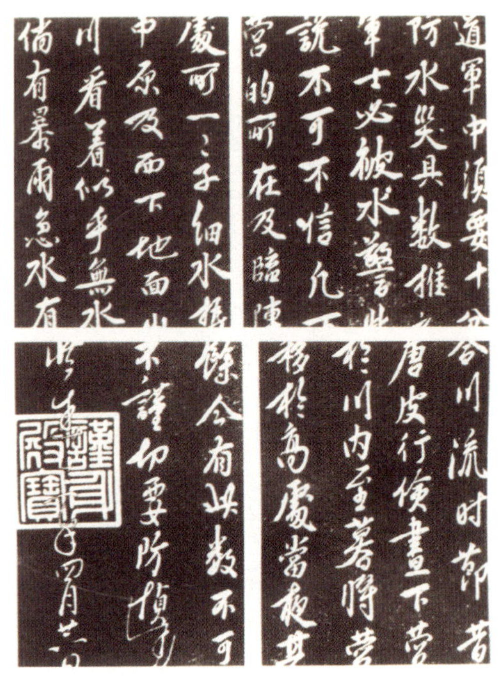

朱元璋称帝后手迹

其爲宮人豈淺淺哉故帝王之德莫大於知人而治亂之機惟視其所任。人主不可不愼也

张居正、吕调阳撰《帝鉴图说》

【第十三讲】

朋党之争与文人社团

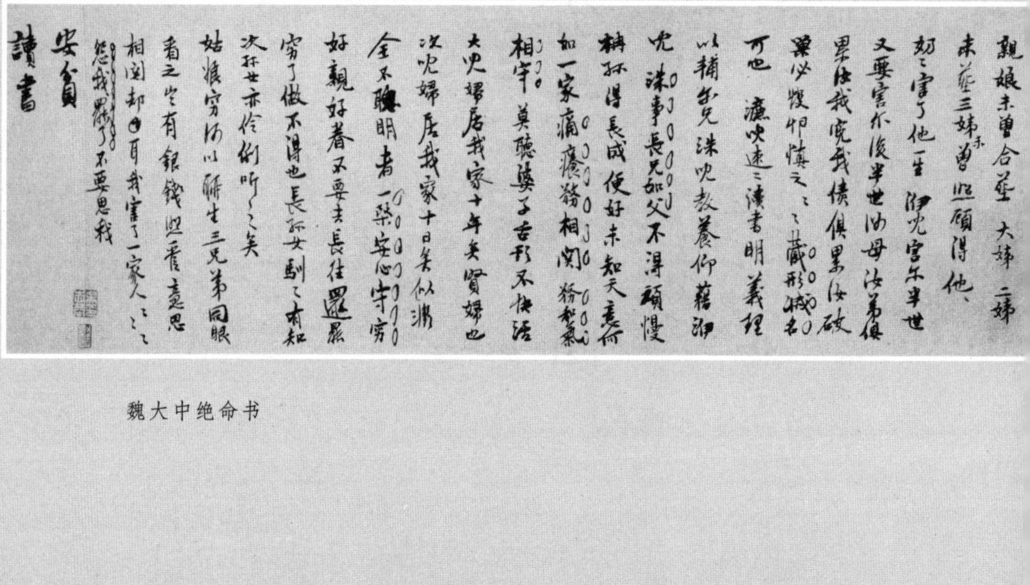

親娘未曾合葬 大姊 二姊
未嫁三姊未曾照顧得他、
奶奶害了他一生 汝兒害爾半世
又要害你後半世 汝母汝弟俱
累你 我冤我債俱累汝 破
巢必覆卵 慎之慎之 藏形滅名
可也 汝兒速速讀書明義理
以補我兄弟 汝教養 仰藉汝
兒 汝事長兄如父 不得頑慢
姊妹得長成 便好 未知天意何
如 一家痛癢務相關 務和氣
相守 莫聽婆子舌頭 不快活
大兒婦居我家十年矣 賢婦也
次兒婦居我家十日矣 似[illegible]
全不聰明者 一緊安心守窮
好親好眷又要去長往還 最
窮了做不得也 長孫女刻刻有知
次孫女亦伶俐 听之之矣
姑娘窮 何以聊生 三兄弟同眼
看之 些有銀錢照看意思
相關 却是害我 害了一家人了
怨我 罷了 不要思我
安貧
讀書

魏大中绝命书

1. 东林书院:“一支重整道德的十字军”

晚明史上轰动一时的东林书院,于万历三十二年(1604年)创建,天启五年(1625年)被政府当局禁毁,只存在了短短的二十一年,却在当时社会激起巨大反响,成为政治家们关注的焦点,推崇它的赞誉为文化盛举,诋毁它的斥责为讽议朝政。与它同时代的人对它的看法已经十分歧异,到了清朝编纂《明史》时,关于它的追述已经不是原先的本来面目,以致影响了今日历史学家对它的判断与定位。

晚近出版的《中国历史大辞典》有关条目写道:“万历中,无锡人顾宪成革职还乡,与同乡高攀龙及武进人钱一本等在无锡东林书院讲学,评论时政。不少朝臣遥相应和,失意士大夫闻风趋附。时人谓之东林党。”而所谓“东林党”则被解释为“明后期以江南士大夫为主的政治团体”。把东林书院定位为“评论时政”的“政治团体”,把东林书院与“东林党”之间划上了等号。东林书院是一个“政治团体”吗?东林书院是一个“党”吗?看来似乎有重新加以检讨的必要。

东林书院原本是宋儒杨时的讲学场所。杨时师事二程(程颐、程颢),研究孔孟之道,告老致仕后,在无锡城东创办东林书院,在此著书讲学。元末时书院废弃,成为寺庙。明朝成化年间(1465—1487年),无锡人邵宝试图在此重建东林书院,没有成功,便在城南另外建立一个东林书院,王阳明还为此写了一篇《城南东林书院记》。杨时书院在城东弓河畔,顾宪成、高攀龙等人在此旧址重建东林书院后,城南东林书院逐渐荒落,无人知晓。幸亏康熙《东林书院志》的编者严瑴写了《两东林辨》,人们才知道曾经有过一个城南东林书院。

万历二十二年(1594年),吏部验封司员外郎顾宪成,因议论“三王并封”以及会推阁员事宜,与内阁意见不合,被革职,回到家乡无锡,他的兄弟顾允成、朋友高攀龙也脱离官场回到无锡,与士子们一起讲求学问,有意复兴杨时的书院。万历三十二年,顾宪成等得到常州知府、无锡知县的支持,修复杨时的祠堂，又由志同道合者募捐出资重建精舍，这就是以后名噪一时的东林书院，号称“东南讲学之盛遂甲天下”。

能够使上自公卿下至布衣“虚己悚神，执经以听”的东林书院的吸引力何在？它的宗旨又是什么呢？

按照顾宪成、高攀龙的解释，他们是想通过书院的讲学，继承儒家的正统学脉，纠正风靡一时的王阳明心学“束书不观，游谈无根”的倾向，拨乱反正，回归程朱理学。顾宪成在他的文集《泾皋藏稿》中，多次谈到阳明学的流弊：“凭恃聪明，轻侮先圣，注脚六经，高谈阔论，无复忌惮”，也就是说，对儒学经典的解读采取一种轻率、随意的态度。因此他为东林书院草拟的“院规”，明确提出，遵循朱熹白鹿洞书院的“学规”，要点就是“尊经”——尊重儒学经典，以“孔子表彰六经，程朱表彰四书”为榜样，意在纠正文人的不良学风——厌恶平淡，追求新奇，结果腹空而心高。他如此描述这种不良学风：“一则曰：何必读书然后为学；一则曰：六经注我，我注六经。结果孔子的一腔苦心，程朱的穷年毕力，都付诸东流。”从中不难看出，顾宪成创办东林书院的宗旨，在于正本清源，使士子们了解孔孟以来的儒学正统，不为异端邪说所迷惑。

顾宪成、高攀龙等人在书院的讲义——“东林商语”、“东林论学语”，充分反映了这一点。书院的日常功课及议论焦点，并不在政治，而在学术。它的影响巨大的讲会，即每月一次的小会（十四日至十六日），每年一次的大会（春季或秋季），以往人们多误解为政治性集会，其实不然。

东林讲会到底议论些什么呢？“东林会约”有明确规定：“每会推一人为主，主说《四书》一章，此外有问则问，有商量则商量。”很显然，大家聚集在一起，研读《四书》中的一章，互相切磋，加深理解。顾宪成为他的弟弟顾允成所写的小传中说，每年一次大会，每月一次小会，顾允成进入讲堂，侃侃而谈，远必称孔子、孟子，近必称周敦颐、程颐、程颢。如果有人发表“新奇险怪之说”，他立即脸色大变，坚决拒绝。

你看，轰动全国的东林讲会，根本不是某些人所想象的那样，群情激昂地抨击朝政，而是书生气十足地研讨《四书》的经义，从孔孟一直谈到程朱。这种规矩，在顾宪成去世后，继续主持书院的高攀龙、吴觐华仍然坚持，在“东林会约”中再三强调：东林的教导原本出于程朱，以“穷理致知”为目的，对于儒学经典的研读必须经年累月，做到出口成章。

其中的缘由是容易理解的。顾宪成与高攀龙等人罢官下野，对于政治纷争久已厌倦，回归故里，以创办书院来寄托心志，只谈学问，不谈政治，似乎是他们发自内心的渴望。万历三十六年(1608年)十月二十一日，顾宪成接到皇帝的圣旨，任命他为南京光禄寺少卿，希望他出山为朝廷再度效力。顾宪成立即写了辞呈，理由是他已经步入老年，“目昏眼花，老态尽见”，并且早已不问政治——“入山唯恐不深，入林唯恐不密，恝然置安危理乱于不问，以自便其身”。也就是说，进入深山密林，远离现实政治，是顾宪成追求的理想境界。他对政治已经不感兴趣，把自己看作一个“桃花源中人”。他在给挚友李三才的信中，真诚地吐露了这种心声，表示专心办好东林书院，优游于林间水下，不再过问政治，是他晚年的追求。他在信中这样写道：东林书院是他的“书生腐肠未断处”，与同志一起切磋学问，声誉渐旺，可以不虚此生了。一旦要我放弃，实在有所不忍。在给友人的信中说，他现在是日出而起、日中而食、日入而寝，专注于诗书文字，“门以外黑白事寂置不问”，“应酬都罢，几如桃花源人，不复闻人间事”。

这是他真实心态的流露，与高攀龙所说“当今之世乃扰攘之秋，只可闭门潜修”，是默然契合的。高攀龙对他的老师赵南星说，他已经处在“入山闭关”的状态，既然是山中人，如果不一味静默就不能做学问，而且“世局如此，总无开口处，总无著心处，落得做个闲人”。

顾、高二君子以如此精神状态主持东林书院，当然要把“莫谈国是”作为“院规”。确实，东林书院的院规中有“九损”——禁绝九种不良习气，明确告诫书院同仁不得“评有司短长”、“议乡井曲直”，这就意味着，不得评论政府官员及地方政治。吴觐华遵循这一既定方针，重申书院规则时，特别强调以下两条：其一是禁绝议论，“自今谈经论道之外，凡朝廷之上、郡邑之间是非得失，一切有闻不谈，有问不答，一味勤修讲学”；其二是，不得把社会上“是非曲直、嚣陵诟谇之言”带到东林讲会上，不得把外界的政治性文件——“飞书、揭帖、说单、诉辨之类”，带进东林书院大门。

凡此种种，都彰显东林书院为学问而学问，远离现实政治的标榜，没有停留于口头，而是付诸实践了。近人不加细察，却把它误解成为一个议论政治的讲坛、改革政治的团体。

美国学者贺凯(Charles O. Hucker)在《明末的东林运动》一文中说得好:"明末东林运动的失败,代表传统儒家价值观念与现实恶劣政治势力斗争的一个典型,他们是一支重整道德的十字军,但不是一个改革政治的士大夫团体。"美国学者费正清与赖肖尔《中国:传统与变革》一书中论及东林书院时,写道:东林书院"以一场道德的改革运动重新确立儒家行为的传统准则","他们强调道德完善的极端重要性"。

所谓重整道德,广义地说,可以包括两个层次:在朝为官,整顿君臣的政治道德;在野为民,整顿士子的学术道德。东林书院关注的当然是后者,通过讲学来纠正弥漫于社会的王学流弊,正如华允谊《东林续志序》所说,由于王阳明学说深入人心,使得程朱理学的正脉处于边缘化状态,顾宪成、高攀龙创复书院,阐释儒学正脉,予以纠正。顾、高诸君子要拨乱反正,要救世,而救世的手段就是"相期于道德",改变"任心而废学"、"任空而废行"的空疏学风。他们把这种以道德救世的思想在东林书院中具体化了。

东林书院那些谦谦君子们,以澄澈明净的心境来对待他们视为灵魂寄托的学问功夫,用一种近乎宗教般虔诚的态度来对待讲学。无怪乎吴觐华要说:"宗教者,奉泾阳(顾宪成)、启新(钱一本)、景逸(高攀龙)三先生之教,宗而主之也。"称他们是"一支重整道德的十字军",实在是再恰当不过了。

2. 东林非党论

晚明政治史上的"东林党",人们耳熟能详,习以为常,很少有人反问一句:东林究竟是不是一个"党"? 是政党还是朋党? 这并非故意耸人听闻,而是以现代历史学家的深邃目光追寻历史的本来面目,历史上真的存在过一个"东林党"吗?

"党"这个字,在现今国人的话语体系中的含义,主要指"政党"。政党是近代政治的产物,17 世纪英国出现辉格党、托利党之前,并无政党。就中国而言,1894 年出现兴中会之前,也无政党之可言。中国古代史籍中常见的"党",是朋党之"党",而非政党之"党",例如东汉的"党锢之祸",晚唐的

“牛李党争”，北宋的“新党”、“旧党”，南宋的“伪学逆党”等，几乎无一例外是朋党或是被对立面诬陷为朋党的。“东林党”当然也是如此。汉字的特性往往一字多义，朋党之“党”，与政党之“党”，是同一个字。在英文中，政党之“党”是 Parties，朋党之“党”是 Factions，区分得一清二楚，决不至于把朋党误为政党。

《剑桥中国隋唐史》写到“牛李党争”时指出：“这种派别不论在当时或在后世历史记载中都被称为‘党’（Factions），但决不是我们今天意义上的政党中的‘党’（Parties）”；“中国的政治理论通常都认为，如果准许在朝廷结成朋党（朋党乃是广泛的政治活动的必然结果），那么，人们所期待的能实现长治久安的道德和社会秩序便要可悲地受到损害”；“‘党’这个字表示道德败坏，它对指控者和被指控者都有威力，都可能遭到贬谪”。

毫无疑问，史籍中所说的“东林党”之“党”，是朋党而不是政党。黄仁宇在《剑桥中国明代史》第九章写到“东林书院和朋党之争”时，明确指出：“东林党不是这个用语的现代意义的政治党派。翻译为‘党派’的‘党’字有贬义，在意义上更接近诸如‘派系’、‘宗派’或‘帮伙’一类的词。成员的身份没有固定的标准，开始时，‘党人’从他们的敌人得到这个称号。”这是对于史料有了精深理解之后的准确表达。

其实东林无所谓“党”，“党”是它的政敌强加的，东林诸君子并不自称为“东林党人”。道理是很显然的，孔子在《论语》中教导他的弟子“君子群而不党”，以继承并发扬孔孟儒学正统为己任的东林诸君子，对此是深信不疑的，“结党”是正直人士所不齿的，决不可能自诬为“党”。正如《东林同难列传》所说，顾、高诸君子在东林书院“偕诸同志以道学相切磨”，受到海内士大夫的敬仰，跟从的人日益增多，于是，“邪臣遂指之为门户”。此处所谓“门户”，按照当时人的习惯，是朋党的同义语。《明史·孙丕扬传》说：“南北言官群击李三才、王元翰，连及里居顾宪成，谓之‘东林党’。”这就是东林书院被称为“东林党”的由来。

李三才是万历后期官僚队伍中少见的干才，万历二十七年他出任漕运总督、凤阳巡抚，政绩卓著，颇得人望。万历三十六年，内阁中朱赓病逝，李廷机又借口生病闭门不出，只剩下叶向高一人苦苦支撑，补充阁员便成为当务之急。此时李三才已经在漕运总督之外加上了户部尚书、都察院左副都御史头衔，成为理想的候选人。当时政坛上派系林立，互相倾轧，内阁权臣李廷机企图阻止李三才入阁，指使其亲信弹劾李三才贪、险、假、横，给李三才勾画一副贪官嘴脸，并且无中生有地说李三才"党羽日甚"，一下子就把此事定位于"结党"的层次上。御史徐兆魁与之一唱一和，在"结党营私"上大做文章，影射李三才身后有一个"党"，而且这个"党"是"藉道学为名"的，含沙射影地指向东林书院。书生气十足的顾宪成写信给内阁大学士叶向高、吏部尚书孙丕扬，为李三才辩护。政敌们抓住把柄，攻击顾宪成"讲学东林，遥执朝政"，与李三才结成"东林党"。

在这场风潮中，御史徐兆魁表现得最为恶劣，多次在奏疏中诬陷东林书院与顾宪成，说什么"今日天下大势尽归东林"，"今顾宪成等身虽不离山林，而飞书走使充斥长安(指北京)，驰骛各省，欲令朝廷黜陟予夺之权尽归其操纵"。为了搞臭"东林党"，他肆意捏造东林书院"挟制有司，凭陵乡曲"的罪状，几乎每一条都离奇得令人难以相信。例如：东林书院在浒墅关附近的小河向来往商船收税，胁迫浒墅关的官吏以"修书院"的名义向东林书院送银两；又如：东林书院的成员到各地讲学，动辄一百多人，要县衙门迎接款待，每次耗费银子二百两上下；再如：东林书院的讲会"杂以时事"，它的讲义刊印出来，涉及地方政治事宜，各地方政府必须照办。如此等等，都是信口雌黄编造出来的。

这种不择手段的攻击引起了正直人士的愤怒，光禄寺丞吴炯对徐兆魁捏造的东林书院罪状一一予以驳斥。他以确凿的事实指出：浒墅关附近小河根本无法通行商船，只能通行小船，从来无税；来参加东林讲会的人都是自费，书院从未向浒墅关官吏索要银两；东林讲会的经费都来自参会者捐资，从不接受县衙资助；至于讲会"杂以时事"云云，更为无稽之谈，他说："会中之规，每日轮客一位，讲书一章，互相问难，青衿皆得质所疑。讲毕，童子歌诗一章，遂散。举坐无哗，并不谈时事。即民风土俗与会友家常之事，亦置不言，奚关各邑之行事？"

万历四十年五月，顾宪成在一片诽谤声中与世长辞，触发了正直人士为他辩护洗刷的激情。然而，此后对东林书院的攻击愈演愈烈，诬蔑它是"遥制国是"的"党"。以讲学为宗旨的东林书院被看作一个"党"，无异于重演南宋时禁锢朱熹办书院讲学的"伪学逆党"之禁，是不祥之兆。南京工科给事中喻致知在奏疏中点明了这一点："伪学之禁，盛世不闻，仅于宋季见之"，并且忧心忡忡地指出："伪学之禁网益密，宋之国祚亦不振"，提醒当权者深长思之。

到了天启初年，一些原先与东林书院有关的人士回到了政坛，把重整道德的精神带到官场，与魏忠贤及其"阉党"展开了殊死较量。魏忠贤之流把凡是反对"阉党"专政的人一概斥为"东林党"，把原本子虚乌有的"东林党"当作一个组织实体，开出黑名单，重演一次"党锢之祸"。

魏忠贤的亲信卢承钦编成《东林党人榜》，开列"东林党人"三百零九人，用奏疏的形式于天启五年呈报朝廷，由专擅朝政的魏忠贤把它向全国公布。其政治意图十分明显，一方面要证明"东林党"是一个政治实体；另一方面示意政府部门按照这个名单清除异己势力。

与此同时，一贯与东林书院为敌的吏部尚书王绍徽，仿照《水浒传》一百零八将的名号，编了一本黑名单，这就是臭名昭著的《东林点将录》。此后接二连三还有《东林同志录》、《东林籍贯录》、《盗柄东林伙》等。

值得注意的是，王绍徽在《东林点将录》中，把李三才、叶向高列为"东林党"的一、二号领袖："开山元帅托塔天王南京户部尚书李三才"、"天魁星及时雨大学士叶向高"。把李三才、叶向高作为"东林党"的领袖，并非王绍徽的发明。万历四十二年户科给事中官应震就扬言：十余年来东林书院的不肖之徒，为了"号召徒党"，"外资气魄于李三才，内借威福于叶向高"。其实十分牵强附会。李三才本人从来不认为自己是"东林"的一员，他公开声明，东林是东林，李三才是李三才，两者不可混为一谈。至于叶向高，根本与东林毫不相干，他在政治上一向倾向于沈一贯的"浙党"，按照当时的朋党政治标准来划线，"浙党"是东林的对立面。由此可见，这个黑名单完全是为了政治斗争的需要而炮制出来的，毫无事实根据。

如果说李三才是"东林党"的第一号人物，叶向高是"东林党"的第二号人物，那么按照党同伐异的原则，他们二人理应密切配合。当李三才呼声甚高时，叶向高为何不大力支持，援引他入阁，营造一个"东林内阁"，而是多次请求皇帝批准李三才辞职？当东林人士杨涟弹劾魏忠贤二十四大罪时，叶向高很不以为然，主张由他出面调停，才可以避免大祸。魏忠贤早就对叶向高动辄掣肘有所不满，碍于他的元老重臣身份，才让他以辞职的体面方式下台，但是必须使他在政治上声誉扫地，于是硬把他与李三才捆绑在一起，成为“东林党”的领袖。

1957年出版的《东林党籍考》，依据《东林党人榜》、《东林点将录》所提供的名单，对所谓“东林党人”逐个写出小传，却并未考辨真假是非。既然此书名为“东林党籍考”，顾名思义必须客观地考辨哪些人不能列入“东林党籍”，原因很简单，因为这份名单是魏忠贤为了打击异己势力而炮制出来的，事实真相并非如此。然而《东林党籍考》上的第一、第二号人物依然是李三才、叶向高，其他人物也出于上述黑名单，该书的出版无异于肯定了《东林党人榜》、《东林点将录》的可信性，与历史真相相去甚远。

《晋书·郤诜传》说：“动则争竞，争竞则朋党，朋党则诬罔，诬罔则臧否失实，真伪相冒。”对于晚明朋党风潮中的“东林党”，也应作如是观。

鉴于“东林党”的称呼容易产生误解，不少学者在论述这段历史时，不称“东林党”而称“东林运动”，大概便是出于这种考虑。《剑桥中国明代史》的第九章“隆庆和万历时期”，出于黄仁宇的手笔，在写到“东林书院与朋党之争”时，措辞非常谨慎，特别避开“东林党”的字样，而采用“开创东林运动的人”、“东林运动的成员”之类说法。韩国汉城大学教授吴金成在《明清时期的江南社会》中也有类似的表述：“以东林书院为中心的讲学运动即东林运动”，“所谓东林运动是通过讲学所产生的乡村评论和舆论集中为主的活动”。

如此看来，以往人们习以为常的“东林党”提法，实在有改一改的必要了。

3. 魏忠贤与“阉党”专政

所谓“阉党”并不是一个政党，而是晚明天启年间以魏忠贤为首的专权乱政的帮派。魏忠贤是一个大太监——司礼监秉笔太监兼东厂总督太监，利用皇帝明熹宗的昏庸，把持朝政，颐指气使，不可一世。他网罗亲信，结成政治帮派，手下的爪牙号称“五虎”、“五彪”、“十狗”、“十孩儿”、“四十孙”，盘踞各级权力机构。正如《明史》所说：“自内阁、六部至四方总督、巡抚，遍置死党。"就是这帮宵小之徒内外呼应，上下结合，打击异己，把天启年间的政治局面搞得畸形而恐怖，后人称为"阉党"专政。

朝廷中的正直官员和他们展开了殊死的较量。第一个回合的较量是天启二年(1622年)，"阉党"分子朱童蒙攻击邹元标、冯从吾创办北京首善书院是提倡门户之见。都察院左都御史邹元标、都察院左副都御史冯从吾立即予以反驳，强调讲学是为了表彰六经，用学术来端正人心，驳得朱童蒙哑口无言。然而事情并没有那么简单，邹元标、冯从吾因此而遭到罢官的处分；明熹宗在魏忠贤的操纵下，颁布禁令，拆毁天下一切书院，声誉卓著的东林书院、首善书院、关内书院、江右书院、徽州书院都惨遭厄运。

第二个回合是文震孟、郑鄤事件。天启二年，刚刚进士及第出任翰林院修撰的文震孟上疏抨击魏忠贤把持朝政、致使皇帝有如"傀儡登场"，被魏忠贤抓住把柄，在皇帝面前挑唆：文状元把万岁比作傀儡。文震孟因此遭到革职的处分，激起同僚的不满。同科进士、庶吉士郑鄤仗义执言，抨击魏忠贤"窃弄"权柄、"内降"圣旨。结果是可想而知的，郑鄤被皇帝斥责为"党护同乡，窥探上意"，降二级调外任。

此后，魏忠贤进一步网罗党羽，把言听计从的朱国祚、顾秉谦、魏广微等人引进内阁，控制机要部门大权；并且指使亲信攻击朝廷中的正直官员，布置禁网与陷阱。

天启四年，忍无可忍的都察院左副都御史杨涟大义凛然地挺身而出，向皇帝呈进长篇奏疏，弹劾魏忠贤二十四大罪。杨涟以舍得一身剐敢把魏忠贤拉下马的气概，指责他"怙势作威，专权乱政，无日无天，大负圣恩，大干祖制"，希望皇帝为国除奸。奏疏列举了魏忠贤二十四条罪状，其中每一条都足以置他于死地。例如：不经过皇帝，假传圣旨；一手操纵内阁成员的增补，形成"门生宰相"的局面；又如：勾结奉圣夫人客氏(明熹宗的乳母)，联手害死皇后所生长子，矫旨勒令怀孕的裕妃自尽，致使明熹宗无嗣绝后。在奏疏的最后，杨涟写道：朝廷之内只知有魏忠贤而不知有皇上，都城之内只知有魏忠贤而不知有皇上，敦请皇上立即将魏忠贤就地正法，客氏驱逐出宫。

杨涟的大无畏精神激发了正直官员的斗志，掀起巨大的倒魏浪潮。京城百姓纷纷传抄杨涟的奏疏，拍手称快。据吴应箕《留都见闻录》说，甚至南京等地，家家户户都在抄阅传诵这篇奏疏，“忠义之气鼓畅一时”。

魏忠贤当然不会束手就擒。先是迫使主张魏忠贤主动辞职的内阁首辅叶向高辞官而去，内阁落入他的亲信魏广微控制之下；继而把反对“阉党”的高攀龙、赵南星、杨涟、左光斗、魏大中等罢官革职。至此，魏忠贤以为时机成熟，终于大开杀戒，先后有“六君子之狱”、“七君子之狱”。

所谓“六君子之狱”，是魏忠贤假借圣旨名义逮捕杨涟以及支持杨涟的左光斗、袁化中、魏大中、周朝瑞、顾大章，以“追赃”为借口，进行审讯。杨涟首当其冲，遭到锦衣卫镇抚司严刑逼供，被拷打得皮开肉绽，牙齿全部脱落；再用钢刷把皮肉刷得“碎裂如丝”，用铜锤敲打，土囊压身，铁钉贯耳。杨涟就这样被活活折磨至死。誓死不屈的杨涟在狱中留下绝笔血书，字字血，声声泪：

——“涟以痴心报国，不惜身家，久付七尺于不问矣！”

——“仁义一生，死于诏狱，难言不得死所，何憾于天，何怨于人？”

——“大笑大笑还大笑，刀砍东风，于我何有哉！”

左光斗死前面目焦烂，膝盖以下筋骨全部断裂。魏大中死前身体已经溃烂，布满蛆虫。其他各人之死都惨不忍睹。

所谓“七君子之狱”，实际上是魏忠贤按照《东林点将录》、《东林党人榜》的黑名单，镇压异己势力的既定步骤，用“欺君蔑旨”的罪名，把支持杨涟弹劾魏忠贤的周起元、周宗建、缪昌期、高攀龙、李应升、黄尊素、周顺昌逮捕入狱，严刑拷打至死。黄宗羲的父亲黄尊素死前留下遗诗，反映了七君子的内心世界：

正气长流海岳愁，浩然一往复何求？

十年世路无工拙，一片刚肠总祸尤。

中国历史上宦官专权屡见不鲜，晚明史上的“阉党”专政却有着十分独特的地方，那就是大大小小的官员合力演出一幕幕魏忠贤个人崇拜的丑剧。个人崇拜在专制时代并不奇怪，奇怪的是崇拜的对象不是皇帝，而是太监。这不能不说是畸形的政治现象，把那种时代那种制度的丑恶暴露无遗。

魏忠贤个人崇拜的突出标志是，朝廷内外众多的官员掀起为魏忠贤建造“生祠”的运动。祠，就是祠堂，是祭祀死去祖先的宗庙。为活着的人建造祠堂,称为“生祠”,是一大发明,令人惊讶,只能说是专制时代畸形心理的产物,一方拍马溜须,一方安之若素,都出于政治功利的考量,各得其所。

始作俑者是浙江巡抚潘汝桢。他在天启六年向皇帝提议,为魏忠贤建立生祠。这篇奏疏为魏忠贤涂脂抹粉无所不用其极,把虚构的“莫不途歌巷舞”的大好形势归功于魏忠贤,如此盖世功勋,非用“生祠”来加以庆祝不可。明熹宗欣然同意,希望地方官营造生祠,“以垂不朽”,他还为生祠题写了匾额“普德”,以这样的方式为建造生祠推波助澜。

这个先例一开,善于钻营的官僚敏锐地察觉到魏忠贤和皇帝的意愿,趋之若鹜,纷纷在各地建造生祠,一时间似乎形成一场政治运动。魏忠贤的生祠不但遍布全国各地,而且建到了京城,甚至建到了南京的孝陵(明太祖坟墓)与凤阳的皇陵(明太祖父母坟墓)旁边。短短一年中,一共建造了生祠四十处。

那些热衷于建生祠的官僚,对魏忠贤歌功颂德,说什么“安内攘外,举贤任能”,“治平绩著,覆载量弘”,完全把他当作一个偶像来崇拜。这个偶像当时叫做“喜容”,用沉檀木雕塑而成,一副帝王相,外穿冕服,腹中填充金玉珠宝。金碧辉煌的生祠建成后,举行迎接“喜容”典礼,官员们行五拜三叩头礼。“喜容”的两边悬挂的对联,是无以复加的褒颂之词:“至圣至神,中乾坤而立极;乃文乃武,同日月以长明。”风靡全国的建造生祠运动,把流氓无赖出身的政治小丑打扮成“至圣至神”模样,如同乾坤日月一般。对魏忠贤的个人崇拜发展到了登峰造极的地步。

令人齿冷的是,参与吹捧的官僚未必不知道:他原来是个吃喝嫖赌的地痞流氓,倾家荡产以后自阉入宫,充当一个打杂的“小火者”,凭借阴谋与权术,一步步爬上太监的顶层。却偏偏要把他称颂为夏禹、周公一样的圣贤,说什么“三朝捧日,一柱擎天”。真不知人间还有羞耻二字!

在滚滚热浪中,对魏忠贤的个人崇拜愈来愈离谱,一个国子监生,献媚唯恐落后,居然向皇帝提出要把魏忠贤引进孔庙,配祀孔子,在国子监西侧建立魏忠贤生祠。一个尊奉孔子为大成至圣先师的读书人,竟然恬不知耻地要让文盲阉竖来配祀孔子,与孔门弟子相比肩,简直是斯文扫地,辱没先师!居然还博得一些人的喝彩,可见官僚们道德沦丧到了毫无是非可言的地步。

如果没有昏庸的皇帝的纵容，没有奉圣夫人客氏的支持，没有一大批无耻官僚的吹喇叭抬轿子，局面决不至于如此。那些内阁、六部大臣乃至封疆大吏，个个以争当魏忠贤的干儿义子为荣，这帮人的数量是不小的。《明史·阉党传》只列举了一些代表人物，如魏广微、顾秉谦、崔呈秀、王绍徽、田尔耕、许显纯等。崇祯初年清查"阉党逆案"，一共查出三百一十五人，实在是一个不小的帮派。

在这帮吹鼓手的哄抬之下，魏忠贤的"无上名号"，愈来愈多，愈来愈高，也愈来愈离奇：厂臣、元臣、上公、尚公、殿爷、祖爷、老祖爷、千岁、九千岁，不一而足。魏忠贤似乎对于"九千岁"还不满意，因而有些人干脆叫他"九千九百岁"，吕毖《明朝小史》说："太监魏忠贤，举朝阿谀顺指者但拜为干父，行五拜三叩头礼，口呼九千九百岁爷爷。"历史上"千岁"、"九千岁"时有所闻，"九千九百岁"闻所未闻，距离"万岁"仅一步之遥，魏忠贤个人崇拜已经达到它所能够达到的顶峰了。

天启七年明熹宗死去，继位的明思宗（崇祯皇帝）以迅雷不及掩耳之势，严惩魏忠贤与"阉党"，终于制止了这场疯狂的魏忠贤个人崇拜运动。不过留给后人的思索却永远不会停歇，人们对此可以问许许多多的为什么。

4. 徘徊于学术与政治之间
——复社的兴衰

科举时代，士子重视与考试有关的制艺，以求取功名，为此互相切磋砥砺，逐渐结成文社，以文会友。朱彝尊《静志居诗话》说："诗流结社，宋元以来代有之。"诗社宋元时期已有，晚明则是文社特别兴旺的时期，正如顾炎武《日知录》所说："万历末，士人相会课文，各取名号，亦曰某社某社。"

万历末年，苏州一带有拂水文社、匡社，以后扩大为应社。天启四年（1624年）应社在常熟成立，它的成员遍及各地，因而闻名天下。它以研读五经为宗旨，各人分担一经，例如：张溥、朱槐主讲《易经》，杨彝、顾梦麟主讲《诗经》，周铨、周钟主讲《春秋》，张采、王启荣主讲《周礼》，杨廷枢、钱栴主讲《尚书》。崇祯元年(1628年),又有几社在松江成立,几社的得名,含有“绝学有再兴之几”的意思,与复社的“兴复古学”有异曲同工之妙。

崇祯初年成立的复社,经历两个阶段:先是与应社、几社同样的单个文社;以后发展为各个文社的联合体,它的领袖就是太仓名士张溥与张采。崇祯二年,在吴江知县熊开元的支持下,张溥在尹山召开大会,各地文社都派人前来加盟,形成了“合诸社为一”的复社,其中包括匡社、应社、几社,以及中州端社、莱阳邑社、浙东超社、浙西庄社等。

张溥为已经成为文社联合体的复社建立规条,确定课程,并且在大会上发表宣言。张溥指出,由于世风日下,士子不通经学,满足于道听途说,以至于进入朝廷不能治国,出任地方官又不知恩泽人民,人才素质低下,吏治败坏,都与此有关。因此,张溥号召各地学者共同致力于“兴复古学”、“务为有用”,这就是命名为“复社”的原因。会上通过的盟誓,强调不得“非议圣书”,不得“巧言乱政”,不得“干进辱身”。

复社是一个文人结社的联合体,成员的主要精力集中于科举制艺,张溥不满足于科举考试的合格,主张应该把“兴复古学”、“务为有用”作为宗旨,在尊经复古的旗号下,追求经世致用,追求一材一艺的学问,也就是“救时之用”的“经世之术”。

崇祯三年应天府乡试,各地考生聚集于南京,张溥利用这一时机,在南京召开大会。这次应天府乡试,复社成员杨廷枢、张溥、吴伟业、陈子龙、吴昌时等人同时中举。在次年的会试中,复社成员吴伟业得中会元(会试第一名),张溥、夏曰瑚等人进士及第。由于会试主考官是内阁首辅周延儒,复社诸君子因而成为周延儒的“门生”,与周延儒结下不解之缘,并卷入政治纷争。

吴伟业是张溥门人,两年之内科举考试连连告捷,成为会试第一名,皇帝钦赐回乡完婚,天下以为无上荣耀。张溥也因此而声名大振,远近士子都以为出于张溥门下科考必然高中,于是加入复社的士子登时陡增。

崇祯六年春,张溥在苏州虎丘召开大会,山东、江西、湖广、福建、浙江等地成员络绎而至,总共达数千人之多,出现了前所未有的盛况。虎丘寺大雄宝殿座无虚席,大殿外生公台、千人石一带也成了会场,围观者更是不计其数,无不惊叹这种三百年来从未有过的奇观。

早已名满海内的复社领袖——人称“娄东两张”:张溥与张采,从此声誉日隆,及门弟子不敢直呼其名,称呼张溥为“西张先生”,张采为“南张先生”。随着复社名望的蒸蒸日上,张溥尤为洋洋自得,颇有孔子再世的气概,把自己的家乡太仓看作“阙里”,好事者甚至仿效孔庙架势,把社长赵自新等四人称为“四配”,把门人吴伟业等十人称为“十哲”,把张溥的昆弟张浚等十人称为“十常侍”,企图烘托张溥的“圣人”地位。一时间好不热闹。

张溥及复社已经成为士子们科举考试的阶梯,甚至张溥的一纸推荐书,可以帮助寒窗苦读士子跳过龙门。由于功名利禄所系,一时风靡天下,士子们争先恐后加入复社。日本学者井上进所作《复社姓氏校录》,对当时人所作的《复社姓氏录》、《复社姓氏》进行考证校补,得出复社总人数为三千零四十三人,与《复社纪略》记载复社第一次大会时的六百八十人相比,增加了四五倍。这种功利主义色彩浓厚的追捧,不免泥沙俱下,鱼龙混杂,复社正在发生微妙的变化。

容肇祖《述复社》一文指出,复社力图崇尚实学,务为有用,并以“致君泽民”为目的,标榜实用主义。因此被一些人看作“小东林”。再加上张溥与周延儒有门生与座主之谊,而周延儒与另一个内阁大学士温体仁互相倾轧,复社不可避免地卷入政坛上层的斗争之中。

《绿牡丹传奇》事件就是一个事例。崇祯六年,复社在苏州虎丘召开大会,已经取代周延儒出任内阁首辅的温体仁,希望他的弟弟温育仁加入复社,以缓冲温体仁与复社之间的矛盾,遭到张溥坚决拒绝。温育仁恼羞成怒,雇人写了《绿牡丹传奇》来讽刺复社。张溥、张采前往浙江,向浙江督学副使黎元宽提及此事。黎元宽是“娄东两张”的盟友,立即查禁书肆,销毁《绿牡丹传奇》剧本,逮捕温育仁的家人(奴仆)顶罪。事件虽然平息,但复社与温体仁终于结怨,为温体仁及其亲信日后迫害复社成员埋下了伏笔。

协助周延儒复出则是另一个事例。周延儒对于自己遭到温体仁排挤而下野,一直耿耿于怀,颇想东山再起。他的门生、复社领袖张溥,对于温体仁掌权后,指使亲信刑部侍郎蔡奕琛、兵科都给事中薛国观,迫害东南诸君子扼腕叹息,愤愤不平。崇祯十年,温体仁罢官后,复社成员、礼部员外郎吴昌时写信给张溥,劝他怂恿周延儒复出;吴昌时本人则多方活动,一方面结交皇帝身边的太监,另一方面向冯铨、侯恂、阮大铖等人募集银两六万

前往日本贸易的宁波商船

泰国暹罗三宝庙

印尼三宝垄市三保庙

两，作为活动经费。巧的是，崇祯皇帝对周延儒也颇有好感，以为局面非他出来收拾不可。于是乎一拍即合，崇祯十四年，周延儒再次出任内阁首辅。张溥在给周延儒的密信中提出拯救时世的十几条建议，请他在复出后予以实施。后来周延儒都一一照办，取得了不错的政绩和名声。可惜的是张溥不久病逝，再也无从施展抱负了。

复社最后的辉煌之举是揭露"阉党逆案"人物阮大铖的斗争。阮大铖此人小有才华，但心术不正，天启年间投靠魏忠贤。崇祯初年清查"阉党逆案"时，因为"交结近侍罪"，被剥夺官职，永不叙用。他回到家乡怀宁，建立中江社，企图与复社抗衡。不甘寂寞的他来到南京，周游于文人之间，出没于优伶之中，写了《春灯谜》、《燕子笺》等词曲剧本，举行歌舞演出。他与风流倜傥的侯朝宗有世交，想通过他拉拢复社名士，不惜重金撮合侯朝宗与秦淮名妓李香君的恋情。

当时许多复社名士也多聚集南京，秦淮河、雨花台、桃叶渡一带，到处都有他们的踪影。著名的晚明四公子：桐城方以智（密之）、阳羡陈贞慧（定生）、归德侯方域（朝宗）、如皋冒襄（辟疆），以及东林遗孤周茂兰（周顺昌之子）、黄宗羲（黄尊素之子）、顾杲（顾宪成之孙）等，都在南京。他们对于"阉党逆案"中人阮大铖招摇过市，企图东山再起，有所警惕。崇祯十一年，复社名士吴应箕与顾杲谈及此事，顾杲大义凛然地表示，不惜身死也要为南京除此大害。于是，吴应箕在陈贞慧家中起草声讨阮大铖的檄文，以顾杲、陈贞慧、吴应箕的名义征求各地复社成员的支持。

崇祯十二年，复社人士利用金陵乡试的机会，在冒辟疆的淮清桥桃叶渡寓所，召开复社大会，声讨阮大铖。会议公推周钟、周立勋、徐孚远为盟主，正式发表《留都防乱公揭》。在公揭上签名的有一百四十二人，由东林子弟的代表顾杲领衔，受"阉党"迫害者遗孤的代表黄宗羲位居第二。

《留都防乱公揭》揭露阮大铖"阉党逆案"的老底，文章写得慷慨激昂，气势夺人："（顾）杲等读圣人之书，附讨贼之义，志动义慨，言与俱愤，但知为国除奸，不惜以身贾祸……杲亦请以一身当之，以存此一段公论，以塞天下乱臣贼子之胆！"

阮大铖遭此迎头痛击，从此隐匿于南京郊外牛首山，不敢再招摇过市。

崇祯十七年（1644年）三月，崇祯皇帝在煤山自缢，明朝灭亡。凤阳总督马士英拥立福王，在南京建立弘光小朝廷。马士英为了排挤史可法等清流派官僚，想起用阮大铖与之搭档，控制南京政坛。由于《留都防乱公揭》的巨大影响，马士英必须消除舆论的不利因素，他想到了硕果仅存的东林巨子钱谦益，利用钱谦益在政坛长期不得志而急于谋求升迁的心态，要挟他以东林领袖的身份为阮大铖等"阉党逆案"人物翻案。果然，新任南明礼部尚书钱谦益按照马士英的要求写了奏疏，强调"不复以党论异同"，就是说不要再谈什么"东林党"和"阉党"，只要是人才都可以任用；并且公然声称阮大铖之流都是"慷慨魁垒男子"。

阮大铖出任南明兵部右侍郎以后，并没有像钱谦益所说的那样，捐弃前嫌，而是小人得志，立即打击报复参与《留都防乱公揭》的复社诸君子。他起用"阉党逆案"中人，网络爪牙，效法魏忠贤对付"东林党"的办法，炮制黑名单《蝗蝻录》、《续蝗蝻录》，以东林人士为"蝗"，复社人士为"蝻"，牵连一百四十三人；以后又炮制《蝇蚋录》，牵连九百五十三人，企图把东林、复社人士一网打尽，推行没有魏忠贤的魏忠贤主义。阮大铖被列入《明史》的奸臣传，完全是咎由自取，罪有应得。南明的弘光小朝廷之所以犹如昙花一现，迅即分崩离析，与马士英、阮大铖之流的倒行逆施不无关系。

孔尚任的《桃花扇》剧本写的就是这一时期的事情，侯朝宗、李香君、阮大铖等人轮番登场。据说清朝初年演出时，遗老遗少们涕泪满襟，唏嘘不已，感叹于剧中的唱词："桃花扇底送南朝。"1923 年，朱自清的《桨声灯影里的秦淮河》，发思古之幽情："我们这时模模糊糊的谈着明末秦淮河的艳迹，如《桃花扇》及《板桥杂记》里所载的。我们真神往极了。我们仿佛亲见了那时花灯映水、画舫凌波的光景了。于是我们的船便成了历史的重载了。"所谓"历史的重载"，恐怕不仅仅是秦淮河的"艳迹"，还有围绕着《留都防乱公揭》的腥风血雨。

【第十四讲】面向海洋的时代

汤若望像

欧洲在15世纪末开始进入所谓大航海时代，也就是地理大发现时代，即发现新大陆和新航路的时代。这是欧洲摆脱中世纪，走向近代的转折点，值得大书特书。

中国比欧洲早了大约一个世纪，就有了大航海的尝试——郑和下西洋，不过这并没有使中国摆脱中世纪走向近代，因而在辉煌中充满了迷惘。正如英国著名历史学家汤因比在《人类与大地母亲》一书中所说："在15世纪葡萄牙航海家发明之前，这些中国船在世界上是无与伦比的，所到之地的统治者都对之肃然起敬。如果坚持下去的话，中国人的力量能够使中国成为名副其实的全球文明世界的'中央之国'。他们本应在葡萄牙人之前就占有霍尔木兹海峡，并绕过好望角；他们本应在西班牙人之前就发现并征服美洲的。"这当然是一种推论或假设，事实上，这种"本应"出现的现象，并没有出现。这一事实引起学者们议论纷纭，成为一个难解之谜。

1. 辉煌与迷惘
——郑和下西洋

中国历史上有过辉煌的记录，涌现出许多缔造这些辉煌的历史文化名人，郑和肯定是他们当中最具世界知名度的一个。明朝永乐三年(1405年)六月十五日(公历7月11日)，他率领二万七千八百多人，分乘二百零八艘木制帆船，由太仓的刘家港(刘河镇)出发，开始了持续二十八年之久的七次下西洋的壮举。

2005年是郑和第一次远航的六百周年，是一个值得全人类纪念的日子。

因为，他创造了世界航海史上的新纪录，到达了亚洲、非洲三十多个国家、地区，航线之长、航程之远、持续时间之久，在当时世界上无人可以与之比肩。

因为，他的第一次远航，比哥伦布首航美洲早八十七年，比达·伽马开辟东方新航路早九十三年，比麦哲伦从美洲航行到菲律宾早一百一十六年。

更因为，他的船队规模之大，船舶之巨，航海技术之精良，在当时世界上无出其右。郑和的"宝船"，最大的长44.4丈(138米)、宽18丈(56米)，俨然海上的巨无霸。美国学者李露晔(Louise Levathes)关于郑和的专著《当中国称霸海上》说：一艘44丈的船舶，有448.8～493.5英尺长，一般宝船长度介于390～408英尺之间，宽度介于160～166英尺之间，"这是直至目前为止，世界各地所建造过的最大的木造帆船"。有的学者估计，最大的宝船，排水量14000吨，载重量7000吨，而达·伽马率领的葡萄牙船队的四艘三桅帆船，只有85～100英尺长，其中最大的"圣迦布利尔号"载重量才120吨，简直是小巫见大巫！

举世公认，郑和创造了世界航海史上举世无双的辉煌。

郑和其人其事。《明史·宦官传》开卷第一篇就是郑和的传记，第一句话写道："郑和，云南人，世所谓三保太监者也。"并未提及他的先世。人们对他身世的了解，也只是：郑和，本姓马，云南昆阳人，回族，明朝军队攻入云南，郑和被俘，送入燕王(朱棣)府中当了小太监。因在"靖难之役"中有功，被明成祖朱棣提升为内官监太监，并改姓郑。

1913年有人在云南昆阳发现了郑和父亲马哈只的墓碑，1937年有人发现了《郑和家谱》，20世纪80年代初，有人发现了《郑和家谱首序》、《赛典赤家谱》，郑和的先世逐渐明朗。专家们经过考证后得出结论：郑和是元朝政治家、中亚布哈拉贵族赛典赤的六世孙。而赛典赤是伊斯兰教创始人穆罕默德的后裔，由阿拉伯迁徙到中亚的布哈拉，再由布哈拉迁徙到中国。郑和本姓马，这个马姓，来源于穆罕默德的译音。

美国《百科全书》的"郑和"条，如此写道："15世纪初期的中国将领郑和，几乎于葡萄牙人乘船绕过非洲抵达印度一百年前，就率领海军对印度洋做过七次远征。郑和为一名去麦加朝圣过的伊斯兰教徒(马)哈只之子，约在1371年生于云南省昆明，取名马三保。郑和家自称为一名早期蒙古云南统辖的后代，并是布哈拉国王穆罕默德的后裔。马姓来源于中文对穆罕默德的译音。"

中外学者在这一点上是不谋而合的，也是与历史文献记载相一致的。《元史·赛典赤赡思丁传》说："赛典赤赡思丁，一名乌马尔，回回人，别庵伯尔之裔，其国言赛典赤，犹华言贵族也。"据精通阿拉伯文的专家解释，"赛典赤"的意思是"尊贵的圣裔"，"赡思丁"的意思是"宗教的太阳"，"乌马尔"的意思是"长寿"，"别庵伯尔"的意思是"领袖"，专指先知穆罕默德的后裔。赛典赤在元朝声名显赫，他的后裔的一支，就是很不起眼的昆阳马氏。由于这样的家世，郑和的祖父、父亲都曾到过麦加朝圣，是虔诚的伊斯兰教徒。明成祖朱棣（即永乐皇帝）任命郑和领导下西洋的壮举，访问印度洋、阿拉伯、东非各国，应该说是很有政治眼光的。

郑和没有辜负明成祖对他的期望，用他的后半生出色地完成了下西洋的任务，海外各国对他的外交活动给予高度评价，使他在那些国家赢得了至高无上的声誉。

最后一次航行完成，船队正在穿越印度洋回归祖国时，六十二岁的郑和病逝在他的宝船上。按照郑和的遗愿，葬礼根据伊斯兰教的仪式进行。尸体经过清洗，裹上白布，在伊斯兰教徒"阿拉是伟大的"的吟咏声中，头朝向麦加，扔入茫茫的大海。这位伟大的航海家，把他最崇敬最热爱的大海作为长眠之地。

确实，他是大海之子，他是属于大海的。

按照他的遗愿，带回南京的只有一双鞋子和一撮头发，葬在南京城外的坟墓里，供后人凭吊。

魂归大海的郑和，成为南洋群岛华人移民心目中的保护神，祭祀他的庙宇——"三宝公庙"，遍及东南亚各国。至今的旅游者依然可以一睹它们昔日香火旺盛的风采。

明朝为什么要派人下西洋？这是一个聚讼纷纭的问题，中外学者有着不同的解读方式。

20 世纪 70 年代初，拉丁美洲的特立尼达和多巴哥总理威廉斯访华时，来到上海，访问复旦大学，希望与历史学家讨论有关郑和下西洋问题，我应邀参与讨论。威廉斯先生本人是历史学家出身，出版了拉丁美洲史专著《从哥伦布到卡斯特罗》，对郑和下西洋有所研究。他把郑和下西洋与达·伽马、哥伦布等欧洲人的航海探险加以比较，得出结论：当时的中国是世界上独一无二的超级大国，按照航海的实力，发现"新大陆"的不应该是西班牙人，而应该是中国人。

这似乎是西方学者几乎一致的看法，也是旁观者的客观评价。但是，他们忽略了对郑和下西洋与欧洲"地理大发现"的不同的国内背景的分析。达·伽马、哥伦布的航海探险，是为了夺取殖民地，夺取贵重的黄金白银，作为资本的原始积累。而郑和下西洋的明朝初年，国内并无这种需求。后来的事实也证明了这点，郑和七次下西洋，没有霸占一丝一毫的海外殖民地。

那么明朝为什么要派人下西洋呢？

用明成祖朱棣的话来说，就是"宣教化于海外诸番国"，显然，政治外交目的是第一位的。《明史·郑和传》说得比较具体："成祖疑惠帝亡海外，欲踪迹之；且欲耀兵异域，示中国富强。"这后半句"欲耀兵异域，示中国富强"云云，与"宣教化于海外诸番国"是一个意思，就是为了扩大明朝在海外各国的政治影响，显示天朝大国的富庶与强盛。至于前半句"疑惠帝亡海外，欲踪迹之"，则纯属内政问题。当明成祖获悉建文帝在云南一带活动的报告后，这个疑问已经消除，也就是说，在郑和下西洋的前期，他确实负有寻找建文帝的秘密使命，但是在以后的十几年中，这种使命已不复存在，下西洋依然继续进行。可见"宣教化于海外诸番国"，"示中国富强"，为郑和下西洋的目的，是无可怀疑的。

明成祖去世后，继位的明宣宗在宣德五年（1430 年）给郑和的"往谕诸番国"的诏书上说："兹特遣太监郑和、王景弘等赍诏往谕，其各敬顺天道，抚辑人民，以共享太平之福。"仍然在贯彻先帝的初衷——"宣教化于海外诸番国"。就在这一年，郑和船队途经福建长乐，为了感谢天妃（即妈祖）对航海安全的保佑，特地在长乐南山寺立了一块碑。在碑文中，郑和透露下西洋的目的："宣德化而柔远人。"他写道："海外诸番国"，"际天极地，罔不臣妾……皆捧珍执贽，重译来朝"，他为此而感到欣慰。

事实确实如此。不仅以前有外交关系的国家，加强了友好往来；而且以前没有外交关系的国家，也纷纷与中国建立友好关系。有些国家不光是派遣使节，甚至国王率领王妃、陪臣前来中国，朝见明朝皇帝。永乐十四年（1416 年），郑和完成了第四次下西洋任务，正在准备第五次下西洋时，亚洲、非洲十七个国家和地区派遣使节来华朝贡，出现了“诸番臣充斥于廷”的盛况。

各国使节搭乘郑和的船队，纷纷前往中国朝觐明朝皇帝，在下一次下西洋时，郑和又把他们送回各自的国家。这种“四方来朝”的局面，就是明朝皇帝所追求的理想境界。永乐十八年(1420 年)在明朝宫廷宴请各国使节的宴会上，响起了这样的歌声：

四夷率土归王命，都来朝大明。
万邦千国皆归正，现帝廷，朝仁圣。
天陛班列众公卿，齐声歌太平。

在这种得意洋洋的歌声里，我们仿佛可以感到，朝廷上下对于下西洋以后出现的“四夷来朝”局面，充满了欢欣鼓舞。

这种心态，是当时的航海大国葡萄牙、西班牙、荷兰、英格兰所无法理解的。

郑和下西洋之谜。郑和下西洋到过哪些地方，根据随同郑和出使的马欢所撰《瀛涯胜览》，费信所撰《星槎胜览》，巩珍所撰《西洋番国志》，以及《郑和航海图》，都有着比较明确的记录。除了东南亚的近邻，就是印度洋沿岸各国，阿拉伯半岛各国，东非沿岸各国，诸如：越南、柬埔寨、泰国、文莱、印度尼西亚、菲律宾、马来西亚、斯里兰卡、马尔代夫、孟加拉、印度、伊朗、也门、沙特阿拉伯、索马里、肯尼亚等国。

然而西方学者认为，郑和的船队可能绕过了非洲南端的好望角，进入了大西洋，也可能到达了澳洲，甚至到达了美洲。由于在中国的历史文献中找不到根据，大多数中国学者对此持怀疑的或否定的态度。历史研究和自然科学一样，讲究实证，一切凭事实说话。西方学者当然不会信口开河。我们不妨采取探讨的态度来对待这个“奇迹之谜”。

一生研究中国科学技术史的英国科学家李约瑟等，早就指出，郑和船队中的一些船只绕过了好望角，进入大西洋是完全可能的。所以墨菲在《亚洲史》中断言：“(郑和船队)有些船可能远航到了好望角或甚至绕过了它。”我认为这种可能性是存在的。

至于郑和船队到达了澳洲的说法，也并非无稽之谈。西方学者李露晔在她的论著中进行了考证。1879 在澳洲达尔文港附近，在一颗两百年的榕树根下，发现了中国道教“三星”之一——寿星的雕像，带有明代的风格，可能是郑和船队带去的。这也可以从中国文献中找到一些蛛丝马迹。费信《星槎胜览》记载郑和船队的船只曾经到过达尔文港北方的吉里地闷岛（Timor），有人认为就是今日的帝汶岛。《郑和航海图》有一个叫做“哈甫泥”的地方，可能是南太平洋的科尔圭兰岛（Kerqueland Island），表明郑和船队到达了南半球。综合以上信息，郑和船队很可能到达了澳洲，不必急于否定它。

最令人匪夷所思的是，英国学者孟席斯（Gavin Menzies）2002年3月在英国皇家地理学会上，发表了惊世骇俗的研究结论：郑和的船队比哥伦布早七十二年到达美洲大陆，比麦哲伦早一个世纪实现了环球航行。2002年10月出版了他的专著《1421：中国人发现世界的一年》，全面论证郑和船队率先发现“新大陆”的观点。他说，在美洲发现了中国古代的盔甲、墓葬，一些村庄的名字，带有中文的痕迹。

这些话，听起来似乎有点像天方夜谭。不过，他并非信口开河。孟席斯虽然不是历史学科班出身，只是一名退役的海军军官。让人敬佩的是，他为了研究郑和航海的事迹，到过一百二十多个国家的九百多个博物馆，收集有关资料，书中附录的几十幅历史地图，以及历史文物与遗迹照片，就是其中的一部分。这种虔诚的献身科学的态度，令我们这些以研究中国历史为终生事业的人们，感到汗颜。

当然，孟席斯的推论并非无懈可击。我们可以抱着宽容的态度——关于郑和下西洋还有此一说，使得这个枯燥的学术问题增添些许神秘的魅力，又有什么不好呢？

这些“奇迹之谜”，带给我们的迷惘，也许今后还会继续下去。

当然除了“奇迹之谜”带来的迷惘，还有另一些迷惘。比如，我们怎样来回答西方学者提出的问题：

——同中国过去在科学技术上的某些创新一样，他们的航海成就也未能乘胜加以发扬。征服大海、全球扩张和以海洋为基础的商业革命，就此拱手让给了较为贫穷但较少自满的欧洲人；

——当世界的一半已经在中国的掌握之中，加上一支无敌的海军，如果中国想要的话，另外一半并不难成为中国的势力范围。在欧洲大冒险、大扩张时代来临之前的一百年，中国有机会成为世界的殖民强国。但中国没有。

这是为什么呢？确实值得当今每一个中国人深长思之的，也许是纪念郑和下西洋六百周年给予我们的最为有益的启示。

2."海禁"与"倭寇"

明朝建立后，实行严厉的"海禁"政策，除了政府与海外国家保持朝贡贸易关系外，其他民间海上私人贸易一概禁止。明太祖洪武时期一再下令："禁濒海民不得私自出海"；"禁濒海民私通海外诸国"；"申禁人民无得擅自出海与外国互市"。明成祖永乐时期稍有松动，但依然把"海禁"政策当作不可违背的"祖训"。此后，"海禁"政策时紧时松，总的趋势是以"禁"为主。随着商品经济的发展，以及伴随着西方国家来到中国沿海，把中国卷入"全球化"贸易之中，海外贸易的需求日益增长，"海禁"政策显得愈来愈不合时宜。

当时的中国与海外各国维持着一种传统的朝贡体制，明朝皇帝以"中央之国"的心态，把周边各国都看作是它的藩属，构成一种藩属国向宗主国的朝贡关系。万历《明会典》关于"诸番国及四夷土官朝贡"事宜，有这样的记载：

东南夷：朝鲜、日本、琉球、安南（越南）、真腊（柬埔寨）、暹罗（泰国）、占城（越南）、爪哇、苏门答剌（印度尼西亚）、琐里、苏禄（菲律宾）、古里（印度）、满剌加（马来西亚）、榜葛剌（孟加拉）、锡兰山（斯里兰卡）、吕宋（菲律宾）、木骨都束（索马里）等；

北狄：鞑靼、瓦剌（蒙古）等；

东北夷：海西女真、建州女真等；

西戎：哈密、畏兀儿（维吾尔）、撒马尔罕（中亚）、天方、默德那（阿拉伯）、乌思藏（吐蕃）等。

朝贡的前提是，这些国家接受中国皇帝的承认与册封，在国王交替之际，以及庆慰谢恩典礼之际，必须派遣使节前往中国觐见皇帝，呈献贡品，并且接受皇帝的赏赐(称为回赐)。这就是朝贡体制,一种以中国为中心的呈放射状的,用朝贡—回赐方式维系的国际关系。因此朝贡体制的政治意义是首要的,经济意义是次要的。在朝贡中附带进行一些贸易,称为朝贡贸易,或者叫做贡舶贸易、勘合贸易。无非是两种形式,其一是,随同朝贡使节来到中国沿海的港口,在主管外贸的市舶司的主持下,就地与中国商人进行贸易;其二是,朝贡使节抵达北京后,随行的商人可以在礼部接待外宾的会同馆附近,与中国商人进行贸易。这些贸易都是朝贡体制的附属部分。

这种状况显然与当时已经初露端倪的"全球化"贸易格格不入。

日本学者滨下武志的专著《近代中国的国际契机——朝贡贸易体系与近代亚洲经济圈》指出,从 14 世纪至 15 世纪以来,亚洲区域内的贸易在逐步扩大,存在三个贸易圈:一个是以中国为中心的东亚贸易圈,一个是以印度为中心的南亚贸易圈,两者之间还有以若干贸易中转港为中心的亚洲贸易圈。新航路与新大陆发现以后,西方国家的商人为了购买亚洲的商品,携带大量白银,也加入到这些贸易圈中来。因此以中国为中心的贸易圈,正在发生新的变化。

长期以来众说纷纭的"倭寇"与海上走私贸易,放到这样的背景下来考量,许多问题便可以迎刃而解。

日本与周边其他国家一样,与明朝维系着朝贡贸易,朝贡船队必须持有明朝礼部颁发的"勘合"(通行证),才可以在浙江市舶司所在地宁波上岸,再在安远驿的嘉宾堂歇脚,一面上岸进行贸易,一面等候朝廷的入京许可。一旦获得许可,使节一行携带国书、贡品以及携带的货物,在明朝官员的护送下前往北京,下榻京师的会同馆。在向朝廷递交国书、贡献方物后,携带的货物可以在会同馆附近进行交易,买入非违禁货物。据田中健夫《倭寇与勘合贸易》的研究,从建文三年(1401 年)到嘉靖二十六年(1547 年),将近一个半世纪内,日本遣明使节所率领的船队,共计十八批。由于嘉靖二年(1523 年)日本大内氏与细川氏两大集团在宁波发生"争贡"事件,使朝贡贸易出现危机,成为"后期倭寇的发端"。

宁波"争贡"事件,给明朝内部主张严厉实行海禁政策的官僚找到了一个口实:"祸起市舶"——祸根是由朝贡贸易引起的。礼部没有权衡利弊得失，便贸然关闭宁波的市舶司，停止了日本的朝贡贸易。官方的合法贸易渠道被堵塞，而日本与中国之间的贸易难以得到满足，为海上走私贸易提供了一个有利时机。根据《筹海图编》记载，当时日本对中国商品的需求量很大，其中包括生丝、丝绵、棉布、绵绸、锦绣、红线、水银、针、铁锅、瓷器、钱币、药材等等。如此巨大的一个市场，如此巨大的利润（例如生丝运抵日本后，价格高达十倍），对商人的诱惑力之大可想而知，要想禁，是禁不住的。于是乎，嘉靖年间东南沿海私枭船主与土豪相结合，挟制官府，大张旗鼓地进行海上走私贸易，海盗与沿海贫民也介入走私贸易队伍，与之遥相呼应。由于他们与日本商人进行贸易，在遭到官府取缔时，采取武装对抗，被人们称为“倭患”。

人们对于“倭寇”一词，容易望文生义，其实，所谓“倭寇”需要具体分析。《中国历史大辞典》的“倭寇”条说，倭寇是指“明（代）时骚扰中国沿海一带的日本海盗”云云，过于简单化。根据田中健夫的研究，“倭寇”一词，最初出现于404年的高句丽“广开土王碑文”。它的含义是多种多样的，有“高丽时代的倭寇”、“朝鲜时代的倭寇”、“嘉靖大倭寇”等，甚至还有“吕宋岛的倭寇”、“南洋的倭寇”、“葡萄牙人的倭寇”。其中规模最大的是14世纪至15世纪的倭寇，以及16世纪的倭寇。前者主要在朝鲜半岛与中国东北沿岸活动，是日本人与朝鲜人的联合体；后者大部分是中国的海上走私贸易群体，日本人的数量很少。山根幸夫在《明帝国与日本》一书中，谈到“后期倭寇”（即“嘉靖大倭寇”）时，强调以下两点：一是后期倭寇的主体是中国的中小商人阶层——由于合法的海外贸易遭到禁止，不得不从事海上走私贸易的中国商人；二是倭寇的最高领导者是徽商出身的王直——要求废止“禁海令”，追求贸易自由化的海上走私贸易集团的首领。

被称为“倭寇王”的王直，是徽州商人，长期从事对日本的贸易。在遭到官军围剿之后，逃往日本萨摩的松浦津，以五岛列岛为根据地，还在平户建造了第宅，拥有一支庞大的船队，自称“五峰船主”，又称“净海王”、“徽王”。他不时前往浙江、福建沿海，进行大规模的走私贸易和海盗活动。他的队伍中确有一些“真倭”，那是受王直集团雇佣的。正如王守稼《嘉靖时期的倭患》一文所说：“大量史料证明，历史的真实情况似乎与以往流行的说法相反，嘉靖时的‘真倭’，反而倒是受中国海盗指挥，处于从属、辅助的地位。”

那么，为什么长期以来把“倭患”说成是日本海盗的入侵呢？原因是复杂的。一是其中确有一些日本人，即所谓“真倭”；二是王直等人有意制造混乱，以假乱真，保护自己；三是明朝平倭将领为了冒报战功，虚张声势。无怪乎当时人说：“官兵利于斩倭而得重赏，明知中国人，而称倭夷，以讹传讹，皆曰倭夷，而不知实中国人也。”

王直曾经向政府当局提出“开港通市”的要求，希望放弃不合时宜的海禁政策，使海上私人贸易合法化。他在接受朝廷招抚后所写的《自明疏》，希望政府在浙江定海等港口，仿照广东事例“通关纳税”，恢复与日本的朝贡贸易关系，那么东南沿海的“倭患”就可以得到解决。平倭总督胡宗宪表面上答应“姑容互市”，在王直投降后，却出尔反尔，于嘉靖三十八年年底，在杭州官巷口闹市，把王直斩首示众。

王直的死，并没有使“倭患”消停，恰恰相反，激起了他的部下极大的怨恨和疯狂的报复，“倭患”愈演愈烈，海禁与反海禁的斗争愈来愈尖锐了。

在此之前，对倭寇素有研究的唐枢写信给胡宗宪，分析了中外贸易的大势，以及倭患的根源。他指出：第一，中国与外国的贸易难以禁绝，海禁只能禁止中国百姓；第二，嘉靖年间的倭患起源于海禁政策的不合时宜——“商道不通，商人失其生理，于是转而为盗”；第三，所谓倭寇其实是中国百姓——嘉靖三十一年“海上之为寇”，次年“各业益之而为寇”，再次年“良户复益之而为寇”。他对倭寇的分析洞若观火，道出了事实真相。

无独有偶，稍后的谢杰在《虔台倭纂》一书中对倭寇的分析，有异曲同工之妙。他说：“倭夷之蠢蠢者，自昔鄙之曰奴，其为中国患，皆潮（州）人、漳（州）人、宁（波）绍（兴）人主之也”；“寇与商同是人，市通则寇转为商，市禁则商转为寇”。他认为，从海上贸易的视角看来，导致“倭患”的原因是“海禁之过严”。可谓言简意赅，一针见血。

因此，海禁一日不解除，祸患始终存在。王直死后，徽商在海上依然相当活跃，后继者有徐惟学、徐海，都被当局看作“倭寇”。而日本的平户港一直是当时中日贸易的重要据点。真正解决“倭患”的关键之举，并非戚继光、俞大猷的平倭战争，而是朝廷政策的转换。隆庆元年（1567年），当局宣布实施比较灵活的政策，取消海禁，允许人民下海前往西洋、东洋贸易。既然民间海上贸易合法化，所谓“倭患”也就烟消云散了。以此为契机，东南沿海的私人海上贸易进入了一个新阶段，呈现出前所未有的繁荣景象。

3. 晚明的历史大变局
——“全球化”贸易与白银资本

当代德国历史学家耶格尔(Friedrich Jaeger)在他的一本近著中意味深长地指出，历史意识并非只瞄向过去，历史恰恰是为了未来而回顾往事。“历史”这个意义构造物，具有人的时间意识的双重意向延伸，一是经历和期待的延伸，一是保留和要求的延伸。

这种思路是具有启发意义的。当代中国正处于新的历史大变局之中，历史学家理所当然要去关注历史上曾经出现过的历史大变局。近年来，晚清史尤其是晚清的历史大变局，成为人们关注的焦点，也许与此不无关系。

历史的大变局并非仅限于晚清，晚明也以不同的形式出现过。

突然提出晚明的历史大变局，并非故意耸人听闻，而是希望人们放宽历史的视野，回过头去看一看16世纪下半叶至17世纪中叶的中国曾经发生的巨变，不仅对于重新评估晚明史，而且对于认识晚清史，都有莫大的好处。

“全球化”初露端倪的时代。15世纪末至16世纪初，世界历史出现了大变局，历史学家称为地理大发现时代或大航海时代。欧洲的航海家发现了绕过非洲好望角通往印度和中国的新航路，以及美洲新大陆，标志着一个新时代的开始。西方历史学家把这一标志作为中世纪与近代划分的里程碑，并非毫无道理。这一转折，最值得注意的一点，就是“全球化”的初露端倪。从此，人们的活动不再局限于某一个洲，而是全球各大洲，包括新发现的美洲。人们的视野与活动所及，不再是半个地球，而是整个地球，因此称之为一个“全球化”初露端倪的时代，是毫不为过的。

在一般人心目中，“全球化”似乎是20世纪末、21世纪初才出现的新事物，其实不然。美国学者罗伯特·基欧汉(Robert O. Keohane)与约瑟夫·奈(Joseph S. Nye)在他们的论著《全球化：来龙去脉》中，对“全球性因素”与“全球化”的界定是具有历史纵深感的:“全球性因素是指世界处于洲际层次上的相互依存的网络状态。这种联系是通过资本、商品、信息、观念、人员、军队,以及与生态环境相关的物质的流动及其产生影响而实现的”;“我们认为,全球性因素是一种古已有之的现象。而全球化,不论过去还是现在,都是指全球因素增加的过程”。有的学者倾向于认为:“全球化”的历史可以追溯到15世纪末开始的地理大发现时代,此后世界市场从欧洲拓展到美洲、亚洲和非洲,世界各大洲之间的经济联系大大加强,国际贸易迅速增加,世界市场雏形初具,“全球化”初露端倪。

倘若以为这是初出茅庐者的一家之言,那么不妨看一看权威的见解。当代著名学者伊曼纽尔·沃勒斯坦的《现代世界体系》的一大贡献就在于,它以一种历史的深邃感阐述了“世界体系”的起源,即16世纪随着资本主义生产方式的发展,开始以西北欧为中心,形成“世界性经济体系”,它是崭新的“世界上前所未有的社会体系”。年鉴派大师布罗代尔在他的巨著《15至18世纪的物质文明、经济和资本主义》的第三卷中,阐述了“世界经济”与“经济世界”的形成过程,他认为,“世界经济”延伸到全球,形成“全世界市场”,是一个漫长的过程,它的转折点就是15世纪末的地理大发现,“由于15世纪末的地理大发现,欧洲一鼓作气地(或几乎如此)挪动了自己的疆界,从而创造了奇迹”。

美国学者弗兰克(Andre Gunder Frank)震动国际学术界的著作《白银资本》,其副标题就叫做《重视经济全球化中的东方》,而他所讨论的时间段,恰恰是1500年至1800年。在他看来,1500年以后的几个世纪已经有了“经济全球化”。在他的研究框架中,“经济全球化中的东方”,是以中国为中心的亚洲地区。他比沃勒斯坦、布罗代尔更加明确地认定,从地理大发现到工业革命之前的时代,已经是一个“经济全球化”的时代。如果问题到此为止,那么还不至于引起众说纷纭的争论。弗兰克的创造性在于,突破欧洲中心论的窠臼,明白无误地指出,1500年至1800年,“经济全球化中的东方”是世界经济的中心,换言之,当时的经济中心不在欧洲,而在亚洲特别是中国。

晚明中国:贸易顺差与巨额白银资本的流入。在这个“全球化”初露端倪的时代,中国当然不可能置身事外。

坤舆万国全图

利玛窦与徐光启画像

利玛窦所建北京天主教堂

北京三塔寺利玛窦墓

葡萄牙人绕过非洲好望角进入印度洋，占领印度西海岸的贸易重镇果阿、东西洋交通咽喉马六甲，以及香料群岛以后，从1524年起，在中国东南沿海进行走私贸易。当葡萄牙人获得澳门贸易的许可以后，澳门开始成为沟通东西方经济的重要商埠，成为晚明中国对外贸易的重要渠道，也是晚明中国在大航海时代与全球经济发生关系的中介。它的意义，不仅对于葡萄牙，而且对于中国，都是不可低估的。澳门从16世纪80年代进入了黄金时代，一跃而为葡萄牙与印度、中国、日本贸易航线的重要枢纽港口。以澳门为中心的几条国际贸易航线第一次把中国商品运向全球各地。例如：澳门——马六甲（马来西亚）——果阿（印度）——里斯本（葡萄牙）；澳门——长崎（日本）；澳门——马尼拉（菲律宾）——阿卡普尔科（墨西哥）；澳门——东南亚。澳门就这样成为中国通向世界各国的航运中心，把中国纳入全球经济体系之中。澳门的转口贸易，把中国卷入全球贸易网络之中，使中国经济首次面对全球（东半球与西半球）经济的新格局。

晚明历史大变局的帷幕慢慢揭开。

西班牙人的东来，大大拓展了这种历史大变局的深度与广度。西班牙人到达美洲以后，绕过美洲南端，进入太平洋，来到菲律宾群岛。1580年以后，西班牙的马尼拉当局，为生丝、丝织品、棉布、瓷器等中国商品，找到了一条通向墨西哥的航路——太平洋海上丝绸之路。这迥然不同于以往的海上丝绸之路，它不再局限于东北亚或东南亚，而是越过大半个地球，由亚洲通向美洲的远程贸易。“马尼拉大帆船”（Manila Galleon）满载中国商品，横渡太平洋，前往墨西哥。这就是驰名于历史的、持续了二百多年的沟通马尼拉与阿卡普尔科的大帆船贸易。马尼拉大帆船运去的中国商品，特别是生丝与丝织品，在墨西哥、秘鲁、巴拿马、智利都成了抢手货，并且直接导致西班牙美洲殖民地以本地蚕丝为原料的丝织业的衰落。1637年，墨西哥一家以中国生丝为原料的丝织厂拥有一万四千名工人，由此可见运抵墨西哥的中国生丝数量是何等巨大！

“马尼拉大帆船”的货源来自福建沿海的自由贸易港——月港（以后升格为海澄县），由于它的繁荣，一直有“小苏杭”的美誉。随着贸易的发展，福建商人逐渐移居马尼拉，专门从事贸易中介业以及其他工商业。因此史家评论说，马尼拉不过是中国与美洲之间海上丝绸之路的中转站，“马尼拉大帆船"严格说来是运输中国货的大帆船。美国历史学家苏尔兹(William Lytle Schurz)在《马尼拉大帆船》(The Manila Galleon)中指出:"中国往往是大帆船贸易货物的主要来源,就新西班牙(墨西哥及其附近广大地区)的人民来说,大帆船就是中国船,马尼拉就是中国与墨西哥之间的转运站,作为大帆船贸易的最重要商品的中国丝货,都以它为集散地而横渡太平洋。在墨西哥的西班牙人,当无拘无束地谈论菲律宾的时候,有如谈及中华帝国的一个省那样。"

稍后来到远东的荷兰人,为了和葡萄牙、西班牙展开商业竞争,1602年建立了统一的"联合东印度公司",这就是在远东显赫一时的荷兰东印度公司。它把总部建在巴达维亚(今印尼雅加达),而把目光盯住东南亚、日本和中国。16世纪末至17世纪中,东方的商业大权几乎为荷兰人所独占,他们以马来半岛、爪哇、香料群岛为基地,向中国和日本发展,台湾很快成为进口中国商品的固定贸易中转地。

值得注意的是,这些新兴的欧洲强国,在与中国的贸易中,无一例外地都处于贸易逆差之中,而中国始终处于贸易顺差之中。由于这种贸易以中国的丝绸为主角,因此被西方学者概括为"丝——银"对流。以葡萄牙而言,它从澳门运往果阿、里斯本的中国商品有生丝、丝织品、黄金、水银、麝香、朱砂、茯苓、瓷器等,其中数量最大的是生丝;而它从里斯本、果阿运回澳门的商品有白银、胡椒、苏木、檀香等,其中数量最大的是白银。这些白银是墨西哥、秘鲁生产的,由葡萄牙、西班牙商人运往塞维利亚、里斯本,再运往果阿。以至于当时的马德里商人说,葡萄牙人从里斯本运往果阿的白银几乎全部经由澳门进入了中国。以西班牙而言,正如布罗代尔在《15至18世纪的物质文明、经济和资本主义》中所说:"美洲白银1572年开始一次新的引流,马尼拉大帆船横跨太平洋,把墨西哥的阿卡普尔科港同菲律宾首都连接起来,运来的白银被用于收集中国的丝绸和瓷器、印度的高级棉布,以及宝石、珍珠等物。"

这种结构性贸易逆差,所反映的决不仅仅是技术层面的贸易问题,而是贸易各方生产水平、经济实力的体现。葡、西两国及其殖民地无法用香料等初级产品与中国工艺精良的高级商品在贸易上达成平衡,必须支付巨额白银货币。关于这一点,弗兰克《白银资本》说得最为深刻:"外国人,包括欧洲人，为了与中国人做生意，不得不向中国人支付白银，这也确实表现为商业上的‘纳贡’”；“‘中国贸易’造成的经济和金融后果是，中国凭借着在丝绸、瓷器等方面无与匹敌的制造业和出口，与任何国家进行贸易都是顺差”。他进一步发挥道：“16 世纪的葡萄牙、17 世纪的尼德兰（荷兰）或 18 世纪的英国在世界经济中根本没有霸权可言”；“在 1800 年以前，欧洲肯定不是世界经济的中心”。

弗兰克的这种大胆论断，引起了外国学者和中国学者的异议。作为一个学术问题，当然可以继续讨论。但是有一点是可以肯定的，即它在某种程度上显示了晚明历史大变局的存在，以及中国在其中有着不可忽视的重要地位。这种情况是和晚清历史大变局截然不同的。

不论你对此作何评价，巨额白银资本的流入中国总是一个不容置疑的历史事实。日本学者百濑弘、美国学者艾维四（William S. Atwell）等对此作过深入研究。最为引人注目的是中国学者全汉升，他的论文《明清间美洲白银的输入中国》、《自明季至清中叶西属美洲的中国丝货贸易》、《明季中国与菲律宾的贸易》等，从大量第一手资料中提炼出结论：1571 年至 1821 年间，从美洲运往马尼拉的白银共计 4 亿西元（比索），其中二分之一或更多一些，流入了中国。全氏的这一研究成果受到西方学者的广泛关注，布罗代尔说“一位中国历史学家最近认为，美洲 1571 至 1821 年间生产的白银至少有半数被运到中国，一去而不复返”，就是征引全汉升的观点。

有鉴于此，弗兰克对巨额白银资本流入中国问题做了一个系统总结，他在《白银资本》的第三章“资本周游世界推动世界旋动”的第一节“世界货币的生产与交换”中，全面回顾了这一问题的研究状况。关于本文探讨的晚明时期，即 16 世纪中期至 17 世纪中期，美洲生产的白银 30000 吨；日本生产的白银 8000 吨；两者合计 38000 吨；最终流入中国的白银 7000 或 10000 吨。因此在那一百年间，中国通过“丝——银”贸易获得了世界白银产量的四分之一至三分之一。相比较而言，弗兰克的估计比全汉升保守多了，即便如此，世界白银产量的四分之一至三分之一，通过贸易的手段流入中国，足够令人震惊了。

这无论如何是中国历史上罕见的辉煌！

这种辉煌出现在晚明时期，它以无可争议的姿态显示，以往的所谓定论——晚明时期中国经济已经走上了下坡路，是多么不堪一击。

由于中国出口的商品如生丝、丝织品、棉布、瓷器等，主要来自太湖流域，以及东南沿海地区，巨额白银资本的流入，毫无疑问刺激了这些地区经济的蓬勃发展，市场机制的日益完备。全汉升不无感慨地说："由此可知，在近代西方工业化成功以前，中国工业的发展，就其使中国产品在国际市场上具有强大的竞争力来说，显然曾经有过一页光荣的历史。"这是值得深入探究的历史课题。近年来，李伯重《江南的早期工业化（1550—1850年）》，以及彭慕兰（Kenneth Pomeranz）《大分流：欧洲、中国及现代世界经济的发展》，就是为此而作出的努力，令人耳目一新。给人印象最深的一点就是，在欧洲工业革命发生以前，中国江南的经济水平是领先于欧洲的，至少并不比欧洲落后。

4. 耶稣会士与早期西学东渐

在欧洲，与文艺复兴相伴而来的是宗教改革，耶稣会就是天主教改革的产物，它的创始人是巴斯克地方的一个西班牙贵族罗耀拉（Ignadio de-Loyola）。1534年，在巴黎一群虔诚信徒的支持下，罗耀拉创建了天主教的耶稣会。这是一个具有宗教狂热的修行团，用正确的教义来教诲人们，用更为世俗的办法来扩散影响，他们不满足于抗击新教徒和异教徒的进攻，而是急于把信仰传布到地球的遥远角落，包括非洲、美洲以及亚洲的印度、日本和中国。耶稣会士为宗教而献身的虔诚态度，在传教事业中迅速打开了局面。

随着欧洲商人的步伐，耶稣会士来到东南亚，通过澳门这个中西经济文化交流渠道，进入中国。他们在传教的同时，向中国人特别是士大夫传播欧洲文艺复兴以来先进的欧洲科学文化，不仅使中国在文化上融入世界，而且培养了第一批"放眼看世界"的先进中国人。

澳门作为中国第一个开放的港口，成为耶稣会士向中国传播天主教的基地，是顺理成章的。1567年罗马教廷颁布谕旨，成立澳门教区。欧洲的耶稣会士前来中国传教总是先到澳门，寓居圣保禄教堂（即三巴寺），学习中文以及中国文化。被誉为"中国传教事业之父"的范礼安(Alexandre Valignani),在中国和日本传教十一年,1606年病逝于澳门。他写的《圣方济各·沙勿略传》,第三章的标题叫做"论中国的奇迹",向欧洲介绍中华文明。耶稣会在中国传教事业的实际开创者是罗明坚(Michel Ruggieri)神甫,他在澳门用中文编写了传教的书籍,并且把"四书"之一的《大学》翻译成拉丁文。由于他的努力,两广总督批准耶稣会士可以在广东的肇庆建造教堂,开始向中国人传教。

相比较而言,耶稣会士利玛窦(Matteo Ricci)比他的前辈取得的成就更大。他不仅精通神学,而且在天文、数学、哲学方面都有相当的造诣,使他有更为广阔的视野来看待传教事业。他认识到必须使天主教本土化才能取得成功。所谓本土化,关键的一点,首先要让中国的士大夫乐于接受,利玛窦尽量把天主教教义与儒家学说相结合,也就是所谓"合儒"、"补儒"、"趋儒"。为此,他不惜修改教规,默认中国人的祖先崇拜,把《圣经》的文句与中国的四书五经相互比附,找到其中的共同性,博得了中国士大夫的好感和崇敬。在广东传教的十五年间,他埋首钻研儒家经典,乃至过目不忘,令士大夫们大为惊讶,称他为"西儒利氏"。他的代表作《天主实义》,在天主教教义与儒家学说之间求同存异,获得了士大夫的首肯。徐光启说,他读了《天主实义》以后,竟然没有发现天主教与儒学有任何抵触之处。利玛窦的传教活动取得了极大的成功,瞿太素、冯应京、徐光启、李之藻、杨廷筠等知名人士先后皈依天主教;他也得到了沈一贯、曹于汴、冯琦、李戴等官僚的支持,使他能够破天荒地进入北京,并且在北京建立教堂,直至病逝于北京。

利玛窦的成功,不仅为他在北京传教,而且为他在北京传播西方科学文化,创造了极佳的条件。他带来了欧洲文艺复兴以来的先进的科学文化,令当时的知识界耳目一新。"西学"以前所未见的巨大魅力,深深吸引了一大批正在探求新知识的士大夫们,短短几年中就掀起了一个"西学东渐"的高潮。无怪乎西方学者把利玛窦称为"科学家传教士"。

梁启超在《中国近三百年学术史》中说:"中国知识线与外国知识线相接触,晋、唐间的佛学是第一次,明末的历算学便是第二次。"这"第二次"便是西学东渐。佛学传入中国对于中国文化影响之深远,已经人所共知;而西学东渐的影响可以与之相媲美,或许更胜一筹。最有价值的是,它使中国在文化上融入世界,使中国知识分子不再坐井观天,而开始"放眼看世界"。徐光启便是其中的佼佼者。

出生于松江府上海县的徐光启,万历二十五年(1597 年)乡试高中第一名,三年后在南京与利玛窦的会晤,使他了解到天主教可以"补儒易佛"。又三年后再去南京时,利玛窦已经前往北京,他便向耶稣会士罗如望(Joan de Rocha)学习教义,然后接受洗礼,加入了天主教,教名保禄。次年,他高中进士。从万历三十二年至万历三十九年,徐光启与利玛窦在北京频繁交往,在探讨教义之余,努力学习西学。在此期间,他们合作翻译了欧几里得的几何学教科书,这就是由利玛窦口授、徐光启笔录翻译的《几何原本》六卷,书中涉及直线、圆、比例、相似形,并介绍了欧几里得几何学的基本理论。《几何原本》的价值远远超出了几何学本身,它向中国人展现了欧洲科学理论的真正代表,引进了一种科学思维与逻辑推论方法。徐光启在序言中强调它在方法论上的重要意义,可以使人"祛其浮气,练其精心","百年后必人人习之"。果然不出所料,此后,该书一版再版,成为一本经典著作。该书首创的几何学名词术语:点、线、直线、平面、曲线、四边形、多边形、平行线、对角线、直角、钝角等,一直沿用至今。李约瑟在比较东西方数学时,得出这样的结论:欧洲的数学强调几何,中国的数学强调算术。因此,《几何原本》的引进,意义是不言自明的。

利玛窦在中国居留的二十八年中,绘制了多种世界地图,其中影响最大、流传最广的是万历三十年(1602 年)由李之藻为之刊印的《坤舆万国全图》。这幅世界地图令每一个看到它的中国人都感到震撼,它打破了中国传统的"天圆地方"观念,大大开拓了知识分子的眼界。他们发现天朝大国原来在世界上也只占区区一角,从而改变了中国人的世界观。这种世界地图是把地球分成西半球和东半球展现在平面上,作为远东的中国当然处在地图的最东面的边缘地带,这使得一向以"中央之国"自居的中国人难以接受。《利玛窦中国札记》写道:"中国人认为天是圆、地是平而方的,他们深信他们的国家就在它的中央。他们不喜欢我们把中国推到东方一角的地理概念。"为了迎合中国是世界中央(中央之国)的观念,他把子午线从世界地图中央向西移动 170 度,使中国正好出现在《坤舆万国全图》的中央。目前中国出版的世界地图仍然保持中国在世界中央这种独特的样子，就是当年利玛窦发明的权宜之计，想不到沿用了几百年而不改，与其他国家的世界地图截然不同。

西学东渐也促进了历法的修订工作。崇祯二年（1629 年）朝廷正式任命礼部侍郎徐光启督修历法。主持此事的徐光启与李之藻对西方天文学已经有深入的了解，他们确定修改历法的方针是以西方历法为基础，聘请耶稣会士龙华民（Nicolas Longobardi）、邓玉函（Joannes Terrens）、罗亚谷（Jacobus Rho）、汤若望（Jean Adām Schall von Bell）等参加。在耶稣会士的协助下，最终以《崇祯历书》为总题目，编译了 46 种、137 卷巨著，详细地介绍了第谷的《论新天象》、《新编天文学初阶》，托勒密的《大综合论》，哥白尼的《天体运行论》，开普勒的《论火星运动》等欧洲先进的天文学知识。还没来得及出版，明朝就灭亡了。清初，由耶稣会士汤若望加以删改，以《西洋新历法》为题，颁行于世。它的意义不仅在于修改历法本身，更重要的是，它使中国从此告别传统历法，开始迈入近代天文学的门槛。

难能可贵的是，1614 年耶稣会士金尼阁（Nicolas Trigault）返回罗马教廷述职时，成功地募集到教皇保罗五世捐赠的图书 500 多册，加上他与同伴邓玉函在欧洲各地募集到的图书，共计 7000 多册。1618 年，金尼阁与另外二十二名耶稣会士护送这批图书返回中国。这批图书后来通过各种途径流布于各地，其中一部分被翻译成中文，向中国人介绍西方的科学、文化、宗教。这批图书被教会的北堂图书馆收藏，现在仍然可以在国家图书馆（即原北京图书馆）见到它们的踪影。人们从这些西方古籍（圈内人士称为“摇篮本”）身上，时常缅怀中西文化交流的一段佳话。

交流总是双向的，西学东渐的同时就是东学西渐。耶稣会士罗明坚在两名译员的帮助下，把儒家四书之一的《大学》翻译成拉丁文，1593 年在色威诺的《精选文库》中出版，被西方学者称为“儒家古典著作的欧洲第一个译本”。此后，陆续有《中国地图集》、《大中国志》等出版。17 世纪在欧洲出版的有关中国的单行本有 66 种，非单行本有 41 种，使西方世界第一次比较真切地了解中国。

在耶稣会士的影响下，中国也开始真切地了解西方世界，涌现出第一批放眼看世界的中国人。在裴化行神甫的《利玛窦神甫传》中，这些人获得了高度评价。他说，16 世纪的中国出现了一场文化伦理革命，其先锋“并不是出国考察者，因为谁也不能走出帝国之外去异邦寻求这些新科学，他们只是译者或编者，是他们让读者得以接触外来的著作”。他首先推崇的是利玛窦的第一位中国朋友瞿太素——“真正开始有用而又谦虚的中介人、把西方文明的成就系统引入远东世界的，是瞿太素”。更值得称道的当然是徐光启。徐光启在与利玛窦等耶稣会士的接触中看到，“修身事天”的西学，是“国家致盛治，保太平”之策。正是基于这样的认识，才使这个进士出身的传统知识分子成为晚明杰出的科学家、对西方文明有透彻了解的政治家。裴化行神甫在评价徐光启时，用充满感情的笔调写道：“我们不禁联想到与他同时代的那个人——英国人文主义最纯净光辉的代表之一，即圣托马斯·莫尔”，他“英勇无畏地继续其促成西方基督教文明和远东儒教文明之间文化伦理接近起来的工作，其深度、强度和影响，现今的史家才开始给予正确估价”。

“明末天主教三柱石”——徐光启、李之藻、杨廷筠，以及李贽、邹元标、冯应京、冯琦、方以智等先进的中国人，开始关注西方世界。李之藻在重刻《天主实义》的序言中，对利玛窦给予高度评价，他说利玛窦并未受周公、孔子之教，也未沿用程朱学说，但是他的传教与儒家经典完全契合。李之藻编辑的《天学初函》，收录了当时几乎所有传教士的著作，包括《天主实义》、《几何原本》、《泰西水法》、《远西奇器图说》等。被人称为“异端之尤”的思想家李贽，一向桀骜不驯，抨击理学家不遗余力，但对于利玛窦却推崇备至，称赞他“凡我国书籍无不读”，“是一极标致人也”，“我所见人未有其比”。复社名士方以智的代表作《物理小识》，大量引用耶稣会士所写的西学著作《职方外纪》。

种种迹象表明，一个启蒙时代已经悄悄来临了。

【第十五讲】

清：中华帝国的末代王朝

吴三桂斗鹑图

众所周知，清朝是中华帝国的末代王朝，它的建立者自称为满洲，是女真的一支。万历四十四年(1616 年)，努尔哈赤在赫图阿拉(即兴京，今辽宁新宾)建立大金，正式宣告与明朝分庭抗礼，为了与先前的金朝相区别，史称后金。后金的皇族姓爱新觉罗，在满语中，“爱新”意为金，“觉罗”意为族，表明他们要高举金朝的旗帜，收拾女真诸部的人心，打出一片天下来。

从此明朝就面临棘手的辽东问题。由于朝政腐败，困扰于党争的官僚们忙于“窝里斗”，致使辽东战事连遭挫败，辽东大小七十多座城堡全被后金军队占领。

后金的力量乘势发展壮大。崇祯九年(1636 年)，努尔哈赤之子皇太极即位，把大金的国号改为大清，正式建立了与明朝相抗衡的清朝。明朝陷入了内外交困之中。一方面，爆发于陕北黄土高原的农民起义，此时已形成以李自成、张献忠为首的两大武装集团，驰骋中原，所向披靡。另一方面，山海关外的清朝正虎视眈眈地窥视中原局势的发展，不时地越过长城边隘，威胁北京。在整个崇祯朝的十几年中，明朝当局始终要面对攘外与安内的两难选择。

1. 明清鼎革之际的政局

这种形势早在崇祯二年(1629 年)就已经显现出来了，当时皇太极率领十万军队，突破喜峰口以西的长城边关，兵临遵化城下，京城宣布戒严，这就是轰动一时的“己巳之变”(崇祯二年是己巳年)。事变过后，北方边防趋于平静，崇祯皇帝集中兵力对付“内忧”。正当他下令洪承畴督剿西北，卢象升督剿东南之际，崇祯九年，满洲铁骑突破长城要塞喜峰口。京城再次戒严。崇祯帝不得不紧急征调正在湖广与农民军作战的卢象升出任宣大(宣府、大同)总督，由“安内”转向“攘外”。

崇祯十年，崇祯皇帝把“丁忧”在家的前任宣大总督杨嗣昌提升为兵部尚书。颇有政治眼光的杨嗣昌向皇帝提出战略方针——“必安内方可攘外”。

“攘外必先安内”，似乎是一个现代敏感话题，其实是一个传统的治国方略，远的且不说，张居正在阐述治国大计时，针对“固邦本”问题，就明确提出“欲攘外者必先安内”的方针。杨嗣昌再次提出这一方针，有着明确的针对性：崇祯二年与崇祯九年满洲军队两次南下所构成的外患，与正在蔓延的“流寇”驰骋中原的内忧，必须作出抉择，两者之间究竟孰轻孰重？杨嗣昌的结论是：边境烽火出现于肩臂之外，乘之甚急；“流寇”祸乱活跃于腹心之内，中之甚深。前者固然不可以缓图，后者更不可以忽视。之所以说“必安内方可攘外”，并非缓言攘外，正因为攘外至急，才不得不先安内。如果不带先入为主的偏见，杨嗣昌提出的方针实在是当时明朝的最佳选择。

杨嗣昌的方针取得了明显的成效，熊文灿在湖广大力招安，洪承畴、孙传庭在陕西围追堵截，使得张献忠在湖广谷城接受招安，李自成在潼关南原遭受重创，败退商洛山中。为了减轻边境压力，杨嗣昌向清朝方面进行“议和”试探。由于皇帝没有明确表态，廷臣群起而攻之，致使“议和”尝试半途而废。皇太极抓住把柄，发兵越过长城，威胁北京。崇祯皇帝下令征调洪承畴、孙传庭保卫北京，使中原战场兵力陷于空虚状态。这样就使得杨嗣昌精心策划的“十面张网”战略功亏一篑。铸成大错的关键就在于崇祯皇帝对“安内”形势判断失误——把李自成息马商洛，张献忠谷城伪降，看作内乱已经平定。他因京城戒严而征调洪承畴、孙传庭，待到清军出塞后，仍不把他们的精兵遣返原地，也反映了这种情绪。

乘中原空虚之机，李自成由商洛挺进河南，张献忠在谷城起兵，转战湖广、四川，明朝当局从此在“安内”方面丧失了主动权。当崇祯皇帝意识到局势的严重性，派杨嗣昌前往湖广“督师”时，形势已难以逆转。洪承畴在山海关一线，孙传庭因政见分歧而下狱，杨嗣昌孤掌难鸣，接连败于张献忠之手，终于落得个心力交瘁、病死军中的下场。

“安内”失败，“攘外”也没有取得成功。崇祯十三年，蓟辽总督洪承畴率领十三万精兵出山海关，去解锦州之围。洪承畴本想稳扎稳打，无奈兵部企图速战速决，终于导致全线崩溃。这时朝廷再度想到与清朝议和，腾出手来集中力量于“安内”，用朝廷大臣的话来表达，就是“以金币姑缓北兵，专力平寇”。议和是秘密进行的，不料偶然泄密，舆论哗然，内阁首辅周延儒不愿挺身承担责任，崇祯皇帝不得不改变初衷，屈从舆论，把议和的责任全部推到兵部尚书陈新甲身上，把他逮捕法办。至此，明朝在攘外与安内的两难选择中，已经无牌可打了。

崇祯十七年(1644年)初，李自成在西安称王，国号大顺，年号永昌，正式表明要取明而代之，兵分两路合击北京。崇祯皇帝在派李建泰出征山西无望，迁都南京又遭反对的情况下，决定征调驻扎在山海关外宁远前线的吴三桂来保卫京城。内阁与六部大臣深知此举意味着放弃宁远及山海关外大片国土，不敢承担责任，借口“一寸山河一寸金”，反对征调吴三桂入关。无可奈何的崇祯皇帝在二月二十七日亲自下诏“征天下兵马勤王”，三月初四日下诏封辽东总兵吴三桂为平西伯，三月初六日下旨放弃宁远，调吴三桂率兵保卫京城。但为时已晚，三月二十日吴三桂赶到丰润时，北京已经在前一天被李自成攻陷了。

崇祯皇帝走投无路，三月十八日后半夜，即十九日凌晨，在司礼监太监王承恩陪同下，来到紫禁城北面的煤山(今景山)，在寿星亭附近的一棵大树下上吊自杀。据说他临死前在衣服上写下遗诏：“因失江山，无面目见祖宗于天上，不敢终于正寝。”

三月十九日黎明，马匹喧嘶，人声鼎沸，李自成的农民军大队人马进入北京。中午时分，头戴毡笠、身穿缥衣、乘乌驳马的李自成，在一百多骑兵的护卫下进入德胜门，太监曹化淳引导，从西安门进入大内。改朝换代的一瞬间，紫禁城已由“大明”易主为“大顺”。

李自成为了消灭明朝在东北的残余势力，派降将唐通带了犒师银四万两，以及吴三桂父亲吴襄的家书，前往山海关招降吴三桂。这封家书其实是李自成的丞相牛金星写了底稿让吴襄誊清的，通篇说理多于抒情：“事机已去，天命难回，吾君已逝，尔父须臾。呜呼，识时务者亦可心知变计矣！”吴三桂并非不识时务，当他准备入关接受李自成的招降时，获悉爱妾陈圆圆已被农民军首领霸占，怒不可遏，拔剑掷案，大声怒吼：“逆贼如此无礼，我吴三桂堂堂丈夫，岂肯降此狗子，受万世唾骂！”于是从沙河驿东返，驻扎山海城。

这一情节到了诗人吴伟业笔下，渲染成了广为世人传诵的《圆圆曲》，透过一介武夫吴三桂与绝代佳人姑苏名妓陈圆圆的姻缘，寄托对明朝灭亡的哀思。诗的头几句就把吴、陈的悲欢离合放在严峻的改朝换代的大背景下展开：

鼎湖当日弃人间，破敌收京下玉关。
恸哭六军俱缟素，冲冠一怒为红颜。
红颜流落非吾恋，逆贼天亡自荒宴。
电扫黄巾定黑山，哭罢君亲再相见。

其实，吴三桂"冲冠一怒"并非仅仅为了一个红粉知己，更着眼于为君父报仇的伦理纲常。这种根深蒂固的忠孝观念在他给父亲的复信中流露得淋漓尽致："父既不能为忠臣，儿亦安能为孝子乎？儿与父诀，请自今日。父不早图，贼虽置父鼎俎之旁以诱三桂，不顾也。"他随即一举全歼唐通的八千兵马，发布声讨李自成的檄文，扬言："请观今日之域中，仍是朱家之天下"，举起了复辟明朝的旗帜。为此，他写信给清朝的摄政王多尔衮，"泣血求助"，加上早先投降清朝的舅舅祖大寿、顶头上司洪承畴从中斡旋，终于一拍即合。

四月初九日，李自成决定亲自东征，带领五万兵马，挟持已故崇祯皇帝的太子和他的两个弟弟，于四月二十日抵达山海关。以前骁勇善战的刘宗敏、李过等将领，进入北京以后"耽乐已久，殊无斗志"，在左右两翼清军的突然袭击下，全线崩溃。李自成退至永平，吴三桂派人提议以交出太子作为停战条件，李自成只得把太子送到吴三桂军营。

吴三桂一路上以明朝名义发布文告，准备拥立太子，复辟明朝。多尔衮获悉李自成已经撤离北京，便命令吴三桂绕过北京，向西追击李自成，不许他护送太子入京。因为多尔衮利用吴三桂的目的，是顺利地进入山海关、进入北京，由清朝取而代之。于是乎，多尔衮的銮舆在清朝骑兵的扈从下，浩浩荡荡地进入朝阳门，直奔紫禁城。仅仅四十几天，紫禁城再度由"大顺"易主为"大清"，开始了清朝对中国的统治。

五月初五日，多尔衮发布政策声明："天下者非一人之天下，军民者非一人之军民，有德者主之。我今居此，为尔(明)朝雪君父之仇，破釜沉舟，一贼不灭誓不返辙。”为了笼络人心，他还表示，要臣民为崇祯皇帝挂孝哭灵三日，并为他在帝王庙设置灵堂，举行葬礼。

南京方面直至四月二十五日才确信北京事变的消息，讨论善后事宜，议立新君。南京兵部尚书史可法倾向于拥立潞王，凤阳总督马士英极力主张拥立福王，并得到将领高杰、刘泽清的支持。五月十五日，福王在南京即位，改年号为弘光，成为南明小朝廷的皇帝。

南明小朝廷的第一个政治举动，就是发布诏书嘉奖吴三桂“借夷破贼”的功劳，封他为蓟国公，发给犒赏银米。随即派出左懋第为正使，陈洪范、马绍愉为副使的代表团，前往北京与清朝谈判，希望双方联手，“同心杀灭逆贼，共享太平”。这毫无疑问是南明方面一厢情愿的奢望，清朝根本不愿与南明联手，多尔衮在给史可法的信中明确表示，要南明“削号称藩”，归顺清朝。

南明求和活动宣告破产，清军渡过黄河，大举南下。南明小朝廷内部却忙于争权夺利，江北的四名总兵互相间形同水火，划分势力范围；武昌的左良玉借口太子案件，突然宣布“清君侧”，矛头直指马士英，发兵向南京进发。马士英大惊失色，下令征调各路兵马前往南京上游堵截，而置南下的清军于不顾。清军长驱南下，如入无人之境。五月初八日，清军渡过长江，次日攻陷镇江。福王、马士英、阮大铖之流先后逃跑，南京城中一片混乱。

五月十五日，清朝的豫王多铎率军进入不设防的南京，南明文渊阁大学士蔡奕琛、礼部尚书钱谦益率领官员，向清朝投降。几天后，福王朱由崧在降将刘良佐押解下，到南京当面向豫王请降。不久，潞王朱常淓也在杭州投降。

其后，唐王朱聿键、鲁王朱以海先后以“监国”名义，建立政权，都是昙花一现。只有桂王朱由榔的永历政权，支撑的时间稍微长一点，成为明朝皇室世系存在的象征、抗清斗争的精神支柱。顺治十八年（1661 年），吴三桂率兵追入缅甸，桂王被俘，南明小朝廷至此寿终正寝。

2. 奏销案、科场案、哭庙案

清朝军队入关、进京，由于打出的旗号是“与流寇争天下”、为明朝“雪君父之仇”，因此没有遇到什么阻力，就顺利地实现了改朝换代。甚至连史可法这样具有强烈民族主义立场的官僚也信以为真，他在给多尔衮的信中再三表示感谢：“殿下入都，为我先皇帝后发丧成礼，扫清宫阙，抚戢群黎”，“此等举动，振古铄今，凡为大明臣子无不长跽北向，顶礼加额”。

多尔衮扬言要南明“削号称藩”，并派大军渡江，攻陷南京，使得南明福王政权土崩瓦解之后，才激化了民族矛盾。清军席卷江南之际，遭到了具有民族气节的志士仁人的反抗。吴易、吴兆奎起兵于吴江，陆世钥起兵于苏州，黄淳耀起兵于嘉定，王永祚起兵于昆山，卢象观起兵于宜兴，严拭起兵于常熟，钱旃、钱棅起兵于嘉善。这些抗清斗争，虽然人少力弱，持续时间不长，政治影响却不小。在这种氛围下，一些激进分子密谋策划，图谋复辟明朝。顺治四年(1647 年)的吴胜兆“反正”事件，便是突出的事例，使得清朝当局极为震惊，把具有抗清情绪的著名人士如陈子龙、夏完淳等，一网打尽。

但是，江南士大夫依然对清朝当局持不合作的态度，顾炎武就是这一派的代表人物。即使钱谦益、吴伟业一派知名人士，虽然投降清朝，做了清朝的官，却并不心甘情愿，郁郁不得志，牢骚满腹。江南一向号称财赋之地，是国家赋税的主要来源，而江南豪绅承袭前代特权，规避赋税，与新政府之间的矛盾日趋尖锐。

清朝当局迫切地感到，必须在江南采取大动作，严厉制裁，奏销案、科场案、哭庙案的相继发生，不过是为了实行制裁寻找的借口或手段而已。

奏销案。顺治十五年(1658 年)，顺治皇帝在给户部的谕旨中，明确表示要对江南豪绅拖欠赋税的现象给予严厉打击：“文武乡绅、进士、举人、贡监(贡生、监生)、生员及衙役，有拖欠钱粮(赋税)者，各按分数多寡，分别治罪。”朝廷派出官吏专门监督清理拖欠的赋税，对州县官每年给户部的赋税申报(奏销)数字进行严格追查。在苏州府、松江府、常州府、镇江府及江宁府溧阳县这些赋税重地，查出豪绅拖欠赋税者一万三千五百多人，衙役拖欠赋税者二百四十多人。对于这些人一概加上“抗粮”的罪名，革去功名或官职，还要处以刑罚。松江人董含《三冈识略》如此描写当时的情景：“鞭扑纷纷，衣冠扫地。”

许多知名人士都被奏销案牵连，受到严厉制裁。叶方蔼是顺治十六年

乾隆皇帝的盔甲

清乾隆 铜鎏金景泰蓝太平有象瓶

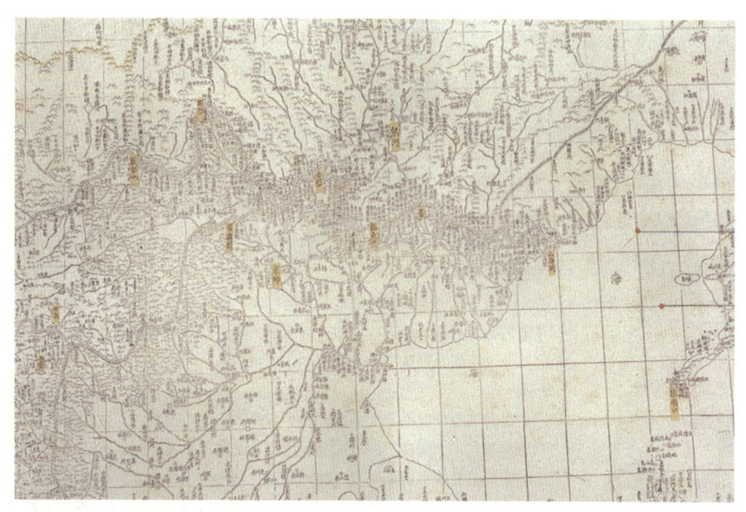

皇舆全览图（局部）

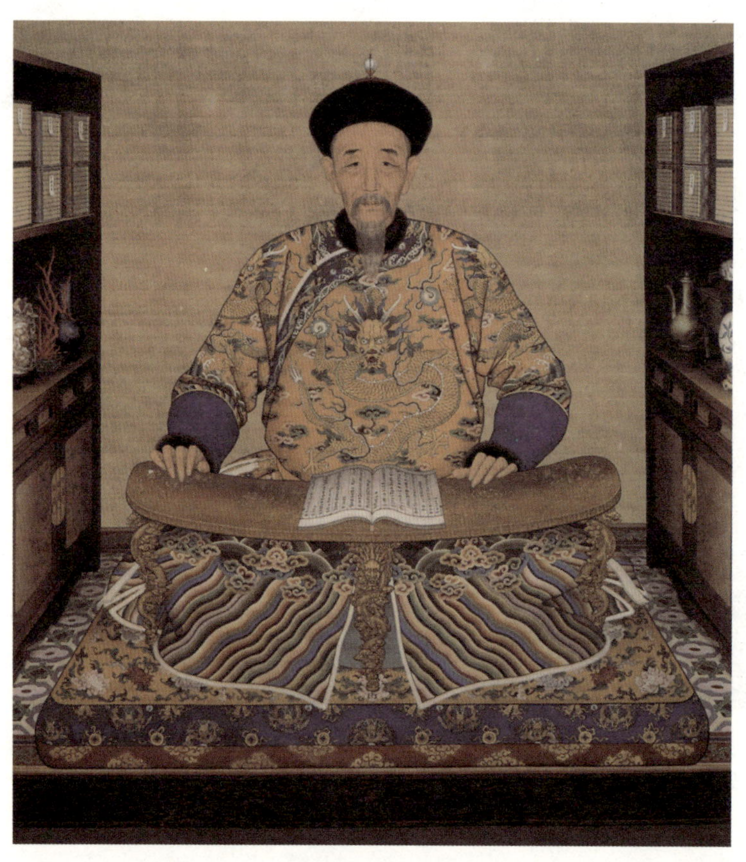

在书房中的康熙皇帝

的“探花”（进士一甲第三名），拖欠税银一厘，折合制钱一文，竟被革去刚刚到手的功名，民间纷纷传扬：“探花不值一文钱。”吴伟业顺治十三年被任命为国子监祭酒，五年后借口“丁忧”辞职回乡，也被牵连进奏销案，以少量欠税而遭到革职的处分。吴伟业却以为是一个解脱，因为几年前好友侯朝宗劝他韬晦，保重名望，他考虑到家族的安危，勉强就任，始终追悔莫及，在吊侯朝宗诗中叹道：“死生总负侯嬴诺，欲滴椒浆泪满樽。”由于奏销案而革职，在他实在是求之不得。

上述四府一县因奏销案受到黜革处分的乡绅有二千一百七十一名，生员有一万一千三百四十六名，共计一万三千五百一十七名，以至于造成江南“庠序一空”的局面，能够继续保持举人、贡监、生员头衔的人，寥若晨星。

显然，朝廷此举“醉翁之意不在酒”，目的并非为了区区的欠税，而是借此威慑力量，迫使江南乡绅、士子就范。

科场案。与奏销案相伴而来的乡试舞弊案件，就是轰动一时的科场案。考场舞弊本来是科举考试中司空见惯的现象，清初统治者大兴问罪之师，不过是借题发挥，意在与奏销案相配合，打击江南文人以及他们所依托的家族和社会。

明清两代，每三年一次在各省省城举行的“举人”选拔考试，叫做乡试。顺治十四年正好是乡试之年（称为丁酉乡试），朝廷抓住科场舞弊的由头，大动干戈，乡试之狱几乎遍及全国，而以南京、北京所受打击最为严厉。明朝起初建都于南京，以后迁都于北京，因此南北两京都有国子监，南京的应天府和北京的顺天府，是全国士子荟萃之地，在科举考试中的地位远远凌驾于一般省城之上。清朝建立后，把应天府改为江宁府，废除了国子监（所谓南雍），但是在参加科举考试的士子们心目中，它依然是江南科举的中心，江南乡试和顺天乡试同样是社会关注的焦点。而科场案打击得最为惨重的恰恰就是这两个地方的士子，江南乡试的应考者无疑是江南士子，顺天乡试的应考者大多是旅居京城一带的江南籍人士的子弟，因而科场案的矛头所向主要是针对江南人士的。

科场舞弊被揭发后，处分之严酷，令人惊讶。顺天乡试的主考官李振邺等，录取的举人田耜等，都被处死。对于江南乡试舞弊的处分尤有过之而无不及，两名主考官、十八房考官被处死，家产充公，妻子籍没为奴。参与舞弊的考生，锒铛入狱，发配充军。桐城方拱乾、方孝标父子、兄弟、妻子一门，因科场案而发配东北边境的宁古塔，被人视为科举史上骇人听闻的怪现象。杜登春《社事始末》回忆此事说，江浙文人牵涉丁酉乡试案的不下一百人，一向兴旺的围绕应考的社团活动，从此萧条，几乎停息。一年之间，人们忙于为囚车送行李，为躲藏者送衣食，没有消停的日子。

显然，科场案是对江南文人政治上的一次沉重打击，杜绝了他们进入官场的途径。

哭庙案。顺治十八年发生在苏州府吴县的哭庙案，是这场政治风波的延伸。吴县新任知县任维初为了征收欠税而采取苛刻的措施，引起江南文人学士的不满。二月初五日，他们聚集在孔庙，假借悼念不久前去世的皇帝，乘机发泄对当局的不满情绪，使得追悼活动变了味。当时在场的许多达官贵人，既尴尬又恼怒，把带头的十一名知名人士逮捕监禁，其中就有著名的文学评论家金人瑞（圣叹）。五月初在南京初审，八月初七日执行死刑，家产充公，家属发配满洲，才华横溢的的金圣叹成了这场政治斗争的牺牲品。金圣叹得知即将被处死，惊诧叹息："断头，至痛也！籍家（抄家），至惨也！而圣叹以不意得之，大奇！"仿佛仍然在评点文学作品，调侃中流露出无可奈何的辛酸。

哭庙案的直接后果是奏销案也因此而扩大，起先只限于无锡、嘉定两县，此后朝廷决定把它扩大到四府一县，文化界许多头面人物如吴伟业、徐乾学、徐元文、叶方蔼等，也因此全被罗织在内。

随着形势的变化，矛盾渐趋缓和。康熙三年（1664年）正式下令，免除顺治元年至十五年的拖欠赋税，使奏销案在无形之中淡出人们的视野。康熙皇帝豁达大度，对于江南知名人士采取笼络政策，消减抵触情绪。昆山一门三及第的盛况，为江南士子所津津乐道。徐乾学是康熙九年的探花，官至刑部尚书；徐元文是顺治十六年的状元，康熙九年出任经筵讲官（皇帝的教师），官至户部尚书；徐秉义是康熙十二年的探花。王士祯《池北偶谈》说："同胞三及第，前明三百年所未有也。"受到康熙皇帝重用的江南知名人士还有叶方蔼、张廷书等人，康熙十七年的博学鸿儒科，康熙十八年的修明史，都是他们促成的。一大批江南知名人士由此而进入官场。顾炎武的学生潘耒，晚明四公子之一的陈定生之子陈维崧，以及尤侗、朱彝尊等学者，通过博学鸿儒科而进入仕途。黄宗羲之子黄百家、学生万斯同等学者进入明史馆。

随着清廷与江南文人学士关系的明显改善，先前那种消极对抗的形势逐渐消融，江南再度成为财税的主要来源地和官员的主要来源地。

3. 帝国的政治体制

满族建立的清朝，为了减少汉族的疑惧与隔阂，减少改朝换代的剧烈动荡，基本上沿用明朝的政治体制，给人一切照旧的延续感。中央政府仿照明朝制度，设置内阁、六部、都察院，以及通政司、国子监、大理寺、光禄寺、鸿胪寺等。吏、礼、兵、刑、户、工六部的负责人，尚书满汉各一员，左右侍郎也是满汉各一员，意在满汉官员互相牵制，但其职权比明朝有所削弱，无权决定大政方针，只限于办理具体事务。都察院的负责人，左都御史满汉各一员，左副都御史满汉各二员，右都御史、右副都御史由外省总督、巡抚兼任，其职权也比明朝有所逊色，已经没有封驳诏令、巡按各省的权力，仅限于稽查官府、纠察官员而已。

地方政府机构基本上沿袭明制，分省、道、府（州）、县四级。全国有十八个省和五个特别行政区。十八个省是：直隶、河南、山东、山西、陕西、甘肃、四川、贵州、云南、广西、广东、福建、江西、浙江、江苏、安徽、湖南、湖北。五个特别行政区是：内蒙古、青海蒙古、喀尔喀蒙古、西藏、新疆。省的最高军政长官是总督或巡抚，总督与巡抚在明朝是中央派往地方的差遣官，清朝成为常驻各省的最高军政长官。总督一般统辖两个省的军政与民政，也有单辖一省的（如四川、直隶）。巡抚只管辖一个省，他们与总督并没有上下级关系，直接向皇帝负责，互相制衡。

道的长官是道员（别称道台），府的长官是知府，县的长官是知县。道下设直隶州、厅，与府平级；府下设州、厅，与县平级。京师所在地顺天府，盛京所在地奉天府，与省平级。盛京是清朝的发祥之地，定都北京后，盛京成为留都，设立内大臣一员、副都统二员，统辖东北地区。以后又把盛京总管改称盛京昂邦章京、镇守辽东等处将军，此外增设宁古塔昂邦章京（后改为宁古塔将军),统辖吉林、黑龙江地区。

但是,它毕竟是满族建立起来的政权,不可避免地带有强烈的满族色彩,八旗制度与议政王大臣会议便是最突出的表现。

八旗制度。满族在关外的军队称为八旗兵,它源于八旗制度。八旗是满洲早期的兵民合一的社会组织,建立于努尔哈赤时期,它的编制大体如此:

每三百人编为一个牛录(牛录即满语"大箭",汉语译为佐领);

五个牛录编为一个甲喇(甲喇即满语"队",汉语译为参领);

五个甲喇编为一个固山,每个固山各有黄、白、红、蓝旗帜为标志,因此汉语把固山译为旗。正黄旗、正白旗、正红旗、正蓝旗、镶黄旗、镶白旗、镶红旗、镶蓝旗,合起来就是八旗。

也就是说,在每一个旗下面,有五个队;每一个队下面,有五个大箭。在这种严密的编制下的满人,既是民,也是兵,所谓"出则为兵,入则为民","无事耕猎,有事征调",全民皆兵。每一个旗由一个满洲贵族统领,称为固山额真,译成汉语就是旗主。以后在满洲八旗之外,又有蒙古八旗、汉军八旗,事实上已有二十四旗,仍然称为八旗。编入八旗的人,称为旗人或旗下人。

顺治以后,满洲八旗中的镶黄旗、正黄旗、正白旗称为"上三旗",因为皇帝曾经是这三旗的旗主,所以号称"天子自将",皇帝的警卫部队都由这三旗的子弟担任。其他五旗则称为"下五旗"。

八旗有京营与驻防之分。所谓京营,又称禁旅(中央禁军),约有十二万人。所谓驻防,即地方警卫部队,负责地方镇抚,由将军、都统负责。将军位高权重,可以监督地方上的总督、巡抚,分别驻扎在江宁(南京)、杭州、广州、荆州、成都、西安、宁夏、绥远,部队约有十万人。

天下太平以后,享乐腐化之风在八旗中盛行,八旗子弟游手好闲,不习武艺,战斗力急剧下降。顺治皇帝在位的后期,就发现这种苗头,他说,今日八旗人民懈怠于军事,终于导致军旅败坏,没有了先前的盛况。到了康熙时期"三藩之乱"爆发时,八旗兵已经毫无战斗力,只得依靠绿营兵。

绿营兵是入关以后改编或新招的汉军,因为军旗为绿色,故称绿营兵。在北京的巡捕营,隶属于步军统领,约有一万人。在各省共有六十余万人,由各省的总督、巡抚、提督、总兵统辖。平定“三藩之乱”时，朝廷调动了四十万绿营兵，每次战役都是绿营兵冲锋在前，八旗兵在后跟进。

议政王大臣会议。清朝虽然沿用明朝的内阁制度，表面上是最高行政机构，却并无多大实权。有关军国大事的决策权，由凌驾于内阁之上的议政王大臣会议操纵。

议政王大臣会议，也称国议，全由统率八旗的满洲王公贵族组成。由于他们掌握兵权，由他们作出的决定，称为议政王大臣决议，对皇帝也有约束力，内阁不过是执行议政王大臣决议的办事机构而已。这种体制固然可以限制皇帝的独裁，却极容易滋生一些议政王大臣专权跋扈的倾向，事实上顺治、康熙时代已经屡屡出现这种状况。

顺治时代，由郑亲王济尔哈朗、睿亲王多尔衮辅佐年幼的小皇帝福临。多尔衮运筹帷幄，位高权重，被尊称为“皇父摄政王”，议政王大臣会议听任他摆布。所谓“皇父”云云，据郑天挺的考证，并非皇帝父亲的意思，而是满洲旧俗的“亲贵爵禄”。至于和“皇父”相关联的“太后下嫁多尔衮”的传说，被渲染为清初三大疑案之一，是毫无根据的穿凿附会之词。对此，孟森已有精辟的考证。

顺治十八年(1661 年)，二十四岁的顺治皇帝去世，临死前留下遗诏，由四名元老重臣辅佐他的儿子玄烨(即康熙皇帝)，朝廷大权操纵在索尼、苏克萨哈、遏必隆、鳌拜等议政王大臣手中。索尼病死后，鳌拜诬告苏克萨哈二十四条大罪，迫使皇帝下令处死苏克萨哈。鳌拜终于大权独揽，根本不把皇帝放在眼里。

康熙八年(1669 年)，十六岁的康熙皇帝初露雄才大略，机智果断地逮捕鳌拜，以三十条罪状判处他死刑，鉴于他的战功，减刑为禁锢终身。由于议政王大臣势力强大，在剪除鳌拜及其党羽以后，先后出现了索额图、明珠专权的局面。这使得康熙皇帝深深感到，必须削弱议政王大臣的权力，加强皇权。于是，他在康熙十六年设立南书房，选择人品与才学兼优的汉人官僚作为秘书班子，替皇帝批答奏折，起草谕旨。

雍正皇帝即位以后，继续削弱议政王大臣的权力，在宫内建立军机房，选择亲信满汉大臣参与机务，处理军机大事。以后又把军机房扩大为军机处，直接听从皇帝指挥，总揽全国军政大权，成为最高决策机构。到了乾隆时代，彻底消除了八旗旗主干政的权力，下令取消了议政王大臣会议。

4. 文化专制与文字狱

历代统治者都信奉文化专制主义，推行愚民政策，清朝尤其如此。

清朝初年，朝廷宣布禁止学者创立书院，纠众结社，表面上是不许“空谈废业”，实际上是不许“集群作党”。与此相配合的是，禁止言论与出版的自由，民间的出版商只许出版与科举有关的书籍，严禁出版“琐语淫词”、“窗艺社稿”，违禁者要从重治罪。于是乎，形成了与晚明截然不同的社会风气与文化氛围，知识界的活跃空气被禁锢了，政治活动完全萎缩了，沉滞了。

思想钳制的另一方面是，严格规定学校讲解儒家经典，必须以宋儒朱熹的诠释范本为依据。科举考试必须按照宋儒的传注，写作教条的、死板的八股文，以功名利禄来僵化人们的思想。通过童试（县级考试）、乡试（省级考试）、会试（国家级考试），获取秀才、举人、进士功名，一场一场的考试，注重的是背诵千篇一律的高头讲章，写作与国计民生毫无关系的八股文，那些举人、进士，大多并无真才实学。这种使人别无选择的愚民政策，是另一种形式的文化专制。

清初徐灵胎讽刺科举八股文的“劝世道情”写道：

读书人，最不济。
背时文，烂如泥。
国家本为求材计，谁知道变作了欺人技！
三句承题，两句破题，摇头摆尾，便道是圣门高第。
可知道“三通”“四史”是何等文章？汉祖唐宗是哪一朝皇帝？
案头放高头讲章，店里买新科利器。
读得来肩背高低，口角嘘唏。
甘蔗渣儿嚼了又嚼，有何滋味？
辜负光阴，白白昏迷一世。
就教他骗得高官，也是百姓朝廷的晦气。

端的是痛快淋漓，却骂错了对象，这哪里是读书人的问题！殊不知，统治者要的就是这种没有自己头脑的奴才。

令人望而生畏的是，康熙、雍正、乾隆三朝大兴文字狱，吹毛求疵，望文生义，以片言只语定罪，置人于死地。一朝比一朝更为严酷，更为强词夺理，造成愈演愈烈的威慑、恐怖气氛。

康熙时代，当局最忌讳的是明清鼎革之际的历史，尤其是满洲兴起与明朝灭亡的史实，文人稍有涉及，便遭杀身之祸，庄廷鑨"明史狱"，戴名世"南山集狱"，是其中荦荦大者。皇帝虽然开明，搞文字狱一点也不含糊。

庄廷鑨是湖州南浔镇富商，顺治年间购得同乡朱国桢《明史稿》，聘请名士修改，增补了天启、崇祯及南明史事，以《明史辑略》书名作为自己的著作出版。一时哄动，被知县告发，酿成大狱。康熙时，庄廷鑨已死。遭到断棺戮尸的惩罚，凡是为该书作序、校补、刻印、发售者，乃至与该书有一字牵连者，几乎无一幸免，先后处死七十多人，株连七百多户人家。

戴名世是康熙四十八年(1709年)进士，任翰林院编修。他一向关注明史尤其是南明史，广泛收集史料，如他的同乡——桐城人方孝标《滇黔纪闻》之类，编成《南山集》，把福王、桂王政权视为正统，标榜"孤忠效死，乱贼误国"的遗老立场。被监察机关头目——都察院左都御史赵申乔举报，结果被判处死刑，他的祖孙三代亲属，年龄在十六岁以上的，都被处死，受株连的有几百人之多。

雍正时代的礼部侍郎查嗣庭在江西主考官任上，被人告发所出试题中有"维民所止"字样，据说"维"字、"止"字是有意砍去"雍正"的首级，大逆不道。这是典型的拆字游戏式样的文字狱，为了找到更为直接的证据，在他的日记中查出"狂妄悖逆"的字句，如他认为侍讲(皇帝的教师)钱名世因为写诗歌颂大将年羹尧，遭到革职处分，是"文字之祸"。因为这些话是在私下的日记里面流露出来的，被定罪为"腹诽朝政，谤讪君上"——在心中诽谤朝廷政治诬蔑皇帝，死在监狱后，又遭到戮尸的惩处，亲属学生受到株连。

乾隆时代的文字狱更为变本加厉。戴名世处斩后，隔了五十多年，乾隆皇帝又借"南山集案"大兴冤狱，杀了七十一岁的举人蔡显，株连二十四人。因为有人揭发蔡显的著作《闲闲录》中有"怨望谤讪"之词，所谓"怨望谤讪"之词，不过是蔡显引用古人《咏紫牡丹》诗句"夺朱非正色，异种尽称王"，原意是说红牡丹是上品，紫牡丹称为上品是夺了牡丹的正色，是"异种称王"。到了那些制造文网的刀笔吏眼里，竟然可以望文生义，指责蔡显影射夺取朱明王朝天下的满人，是"异种称王"。面对这种令人毛骨悚然的罪状，蔡显只得被迫自首，希望宽大处理。结果，坦白并未从宽，两江总督高晋、江苏巡抚明德上报皇帝，建议按照大逆罪凌迟处死。乾隆皇帝看了高晋和明德的奏折以及随同奏折附上的《闲闲录》，下达圣旨，把凌迟从宽改为斩首，对高晋、明德大加训斥，因为他从《闲闲录》中看到了"戴名世以《南山集》弃市，钱名世以年(羹尧)案得罪"之类字句，而高晋、明德查办此案时竟然没有发现，是"有心隐曜其词，甘与恶逆之人为伍"，需要分担一部分罪责。乾隆皇帝用这种方式向大臣们炫耀自己的敏锐洞察力，实在令人啼笑皆非。

此后的"字贯案"，更为离奇，更加蛮不讲理。江西的举人王锡侯编了一本叫做《字贯》的字典，擅自删改《康熙字典》，没有为清朝皇帝的名字避讳，成为两大罪状。结果不但王锡侯遭到严惩，书版、书册全部销毁，而且江西巡抚海成也因"失察"而治罪。

原来乾隆皇帝接到江西巡抚海成的报告，说有人揭发王锡侯删改《康熙字典》，另刻《字贯》，实在狂妄不法，建议革去举人。乾隆皇帝原本以为是一个寻常狂诞之徒，妄行著书立说。待到他亲自看了随同奏折附上的《字贯》以后，大为愤慨。他在序文后面的凡例中看到，把圣祖(康熙)、世宗(雍正)的"庙讳"以及他自己的"御名"，都开列出来。乾隆皇帝认为这是"深堪发指"、"大逆不法"之举，应该按照大逆律问罪。但是，海成仅仅建议革去举人，大错特错。他在给军机大臣的谕旨中狠狠训斥道：海成既然经办此案，竟然没有看过原书，草率地凭借庸陋幕僚的意见，就上报了。上述那些"大逆不法"的内容就在该书的第10页，开卷就可以看见，乾隆皇帝振振有辞地责问："海成岂双眼无珠茫然不见耶？抑见之而毫不为异，视为漠然耶？所谓人臣尊君敬上之心安在？而于乱臣贼子人人得而诛之之义安在？"结果，海成革职，押送京城，交刑部治罪。

对王锡侯的审讯，好像一幕荒诞剧。请看其中的片断：

官员问：你身为举人，应该知道尊亲大义，竟然敢于对圣祖仁皇帝钦定的《康熙字典》擅自进行辩驳，另编《字贯》一本。甚至敢于在编写凡例内把皇帝的庙号、御名毫无避讳地写出来。这是大逆不道的行为，你打的是什么主意？

王锡侯回答：我因为《康熙字典》篇幅太大，精减为《字贯》，无非是为了方便后生学子。书内把皇帝庙号、御名写出来，目的是要后生学子知道避讳，实在是草野小民无知。后来我自己发觉不对，就把书内应该避讳之处，重新改版另刻了，现有书版可据，请求查验。

既然皇帝已经定性为按照“大逆律”问罪，王锡侯当然难逃一死。

由此人们也看到了一向附庸风雅的乾隆皇帝的另一面：阴险、凶残、狠毒。他对文字挑剔之苛刻令人防不胜防，也使得那些谄媚奉承的大臣们因为露骨的沽名钓誉而自讨没趣。大理寺卿尹嘉铨已经退休，当乾隆皇帝由五台山回京路过保定时，尹嘉铨派儿子送上两本奏折，内容是：其父尹会一曾得到皇上褒奖，请求赐给谥号，并且与开国名臣范文程一起从祀孔庙。乾隆皇帝大为恼怒，下令革去尹嘉铨的顶戴，交刑部审讯，指定官员前往抄家，特别嘱咐要留心搜检“狂妄字迹、诗册及书信”。

果然，在尹嘉铨的文章中查到“为帝者师”的字句，乾隆皇帝咬文嚼字地批驳道：“尹嘉铨竟俨然以师傅自居，无论君臣大义不应加此妄语，即以学问而论，内外臣工各有公论，尹嘉铨能否为朕师傅？”显然这是在强词夺理，尹嘉铨不过妄想光耀门庭而已，并不想当皇帝的老师。但是在严刑逼供下，七十多岁的尹嘉铨不得不认罪：“只求皇上将我立置重典，以为天下后世之戒，这就是皇上的恩典。”乾隆皇帝亲自作出裁决，处以绞刑，销毁他的著作及有关书籍 93 种。鲁迅在《买小学大全记》中，谈到尹嘉铨案件，议论风生：“乾隆时代的一定办法，是：凡以文字获罪者，一面拿办，一面就查抄，这并非着重他的家产，乃在查看藏书和另外的文字，如果别有‘狂吠’，便可以一并治罪。因为乾隆的意见，是以为既敢‘狂吠’，必不止于一两声，非彻底根治不可。”

一般草野小民，乃至朝廷重臣，都难以逃脱文字狱的罗网。

根据《清代文字狱档》所收录的文字狱档案，从乾隆六年（1741 年）至五十三年（1788 年）的四十七年中，就有文字狱五十三起，几乎遍及全国各地，造成以文肇祸的恐怖气氛。

以往人们忽略了这样一点，乾隆时代由大兴文字狱进而发展到全面禁书、焚书，开馆编纂《四库全书》的过程，就是一个禁书、焚书的过程。

平心而论，《四库全书》的编纂当然是一大盛举，分经史子集四大类收集3457种图书，79070卷，装订成36000多册，成为中国历史上最大的一部丛书，弥足珍贵。但是，四库全书馆在编书的同时承担了皇帝交给的一项重要使命：禁书与焚书。那些编纂官员的首要任务，是从各省呈献上来的书籍中，把“禁书”清查出来，送交军机处，再由翰林院仔细审查，把违禁的所谓“悖谬”文字标出，用黄纸签贴在书眉上，如须销毁，则应该把销毁原因写成摘要。这些书籍一并送到皇帝那里，由他裁定后，全部送到武英殿前面的字纸炉，付之一炬。

为了禁书，首先必须征书。乾隆皇帝对东南著名藏书家了如指掌，给两江总督、江苏巡抚、浙江巡抚下达谕旨，要他们对东南藏书家，诸如昆山徐氏的传是楼、常熟钱氏的述古堂、嘉兴项氏的天籁阁、嘉兴朱氏的曝书亭、杭州赵氏的小山堂、宁波范氏的天一阁，征求书籍。一旦书籍全部到手，禁毁书籍的本意已经无须隐讳，乾隆皇帝通知各地总督、巡抚，凡在征集书籍中发现有“字义触碍”的，或者加封送京，听候处理；或者就地焚毁，将书名上报。明末的野史，具有反清思想的著作，乃至民间流行的戏剧剧本之类，都要“不动声色”地查禁。

在编纂《四库全书》的过程中，禁毁的书籍达几千种，其中全毁2453种，抽毁402种，销毁书版50种，销毁石刻24种。我们目前所看到的《四库全书》，是付出了如此沉重代价的，不免让人感慨系之。尤为可恶的是，官员们奉命对书籍中所谓有问题的文字进行武断的删削，如今人们所见的《四库全书》中的一些著作，已经不是本来面目，它的文献价值是大打折扣的。何况编纂匆忙，失于校勘，常为学者所诟病。叶德辉《书林清话》说：“当时编检诸臣，急于成功，各处散见之古书，既来之未尽，而其与见行刻本有异者，全不知取以校勘，甚有见行者取足本，《大典》中有足本，亦遂忽略检过，不得补其佚文，可知古今官修之书，潦草大都相类。”可谓鞭辟入里之论——“古今官修之书，潦草大都相类”，何以故？因为带上了政治功能，当然便“潦草”，便无足观了。

【第十六讲】

「夕阳无限好，只是近黄昏」

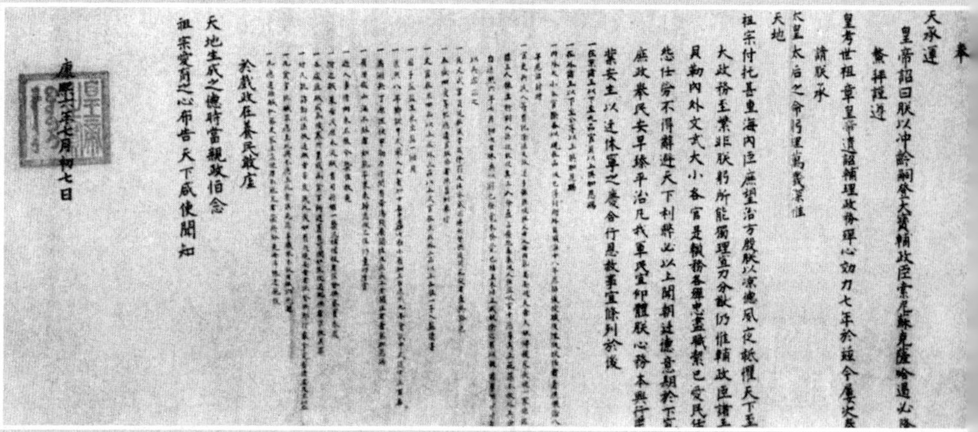
奉
天承運
皇帝詔曰朕以沖齡嗣登大寶輔政臣索尼蘇克薩哈遏必隆
鰲拜謹遵
皇考世祖章皇帝遺詔輔理政務殫心効力七年於茲今屢次奏
請朕承
太皇太后之命躬理萬幾惟
天地
祖宗付托甚重海内臣庶望治方殷朕以涼德夙夜祇懼天下至
大政務至繁非朕躬所能獨理宜力分猷仍惟輔政臣謹王
貝勒内外文武大小各官是賴務各殫忠盡職絜己愛民佐
悉仕勞不得辭避天下利弊必以上聞朝廷德意期於下究
庶政舉民安早臻平治凡我軍民宜仰體朕心務本興行
紫安生以迓休寧之慶合行恩赦事宜條列於後
於戲政在養民敦崖
天地生成之德時當親政佰念
祖宗愛育之心布告天下咸使聞知
康熙六年七月初七日

康熙皇帝亲政诏书

1. 康熙的文治

康熙皇帝是清朝最堪赞誉的贤明君主，武功与文治都无与伦比。平定三藩之乱（吴三桂、耿精忠、尚可喜的叛乱）；遏制沙皇俄国的扩张，签订《中俄尼布楚条约》，划定中俄东段边界；平定割据台湾的郑氏集团，使台湾回归祖国；率领军队征讨厄鲁特蒙古的准噶尔部，击败它的首领噶尔丹。康熙皇帝武功中最为引人注目的几件大事，彪炳于史册而毫无愧色。

更值得关注的是他的文治，令人刮目相看。在他的倡导下，编成了收字四万九千多的《康熙字典》，一百八十卷的《大清会典》，一百零六卷（拾遗一百零六卷）的《佩文韵府》，九百卷的《全唐诗》等鸿篇巨制，并且企划了一万卷的《古今图书集成》。他还豁达大度地派遣耶稣会士到全国各地测量，制作了中国第一部实测地图《皇舆全览图》。

《红楼梦》作者曹雪芹的祖父曹寅，深受康熙皇帝的器重，在他第五次南巡时，交待曹寅编辑、出版《全唐诗》的任务，这是他十分看重的大型文化工程项目，力图在显赫的武功之外，突显自己的文治。曹寅正好是一个恰当的人选，他既是满洲亲信，又是一个在汉人文学圈内崭露头角的诗人，而且他先后担任的江宁织造和两淮巡盐御史，都是肥缺，有足够的财力资助这一文化工程。曹寅团结了一大批江南文人，在不到两年时间里，完成了收罗二千二百多诗人、四万八千九百多诗作、篇幅达九百卷的《全唐诗》，为康熙的文治增添了浓墨重彩的一笔。

文治的另一方面是对宋学的提倡。

清朝文化中最鼎盛的部分，首先是以经学为中心的学术。这一时期经学发展到了一个新阶段，超过了两汉以来的经学，经学研究扩展到一般学者中，使之成为一门学问，具有学术性，是两汉经学所无法比拟的。以程朱理学为主的宋学成为主流，是一大特点，这与康熙皇帝的提倡有很大的关系。

在康熙以前，还没有形成真正意义上的宋学，学者们一边讲学一边钻研宋学，继承儒家正统学脉，阅读经典原著，进行踏实的研究。到了康熙时代，学者们停止了浮而不实的讲学（讲会）活动，专心对儒学原典进行深度探究。孟森《明清史讲义》中说，“圣祖尊宋学”，“欲集宋学之大成”，是切中肯綮的。江南名士徐乾学收集宋朝经学家著作，编成《通志堂经解》，就是集宋学之大成的尝试。李光地、熊赐履都是以宋学名臣而得到康熙皇帝的宠信。他们著书立说，以尊程朱、崇正学、辨道统为己任。因为这个背景，康熙一朝，宋学名臣辈出，诸如陆陇其、汤斌、张伯行、于成龙、陈鹏年、赵申乔等人，不仅对于宋学的发扬光大有所贡献，而且自身的道德、操守也成为一时的楷模。

在清朝诸帝中，康熙最值得表彰的是他以一种海纳百川的胸怀，充满自信的心态，接纳耶稣会士以及他们所带来的西学。内藤湖南在《清朝史通论》中说：“康熙帝是个对西洋学术非常感兴趣的人，又有统一各民族的雄心，因此，绝对不是只尊重中国学术的人，在尊重中国学术的同时，对西洋的学术也很尊重，大量地使用西洋人。”事实确实如此。

耶稣会士南怀仁受到康熙皇帝的重用，是由于他在南怀仁身上看到了西洋人比中国人具有更精密的、实用的知识，因此要他制造新的天文观测仪器；并且规定，以后的天文历法工作，一定要由西洋人主要负责。在南怀仁的影响下，中国学者梅文鼎写了《历算全书》，成为中国人研究西洋数学的奠基之作。康熙本人在这方面不仅大力提倡，而且身体力行。在新旧历法的争论中，他为了判明其中的是非，破天荒地努力学习西洋数学。在第一历史档案馆还保存了当年康熙的“算草”——演算数学的草稿纸，以及他使用过的三角尺、圆规、计算器。一个皇帝竟然如此认真学习西方的科学，是前所未有的，以后也不曾再有，不能不令人叹为观止。

明白了这一点，就不会对于康熙任用传教士绘制中国地图，感到意外了。以前的中国地图缺乏地理学、测量学的支撑，用现在的眼光看来，是十分奇怪的示意图。传教士用西洋的做法，测量土地的经纬度，确定城市的方位，用实地勘测的方法绘制的《皇舆全览图》，至今仍保存在第一历史档案馆。

中国和俄国的尼布楚条约谈判，康熙皇帝任命内大臣索额图为首席代表，同时委任传教士徐日升、张诚作为参谋官随同前往。他们两人的回忆录，记载了这一段历史，成为早期中俄关系史的珍贵文献。

康熙皇帝还大力支持西医的传入中国。传教士白晋、张诚向他讲解西洋科学知识，由于他的患病而中止，却为白晋、张诚提供了向他讲解西洋医学知识的机会。康熙病愈后，仔细阅读他们编译的西医讲义，非常赞赏。他希望传教士推荐西洋医生前来中国。康熙二十四年(1685年)他在给大学士明珠等人的谕旨中说，鉴于南怀仁年事已高，听说澳门有同南怀仁一样熟悉历法的人才，希望你们会同礼部，请南怀仁推荐，同时推荐精通医术的人才。

南怀仁神甫察觉到这是一个传教事业的契机。在利玛窦以后，耶稣会士能够得到朝廷重用，主要得益于他们在天文历法方面的专长，参与历法的修订工作，清朝初年，汤若望神甫、南怀仁神甫接连担任主管天文历法的钦天监负责人。但是由于西洋天文学和中国天文学在理念方面的差距，使南怀仁感到，继续向中国输入西洋的天文历算，可能会影响传教事业。康熙皇帝对西洋医学的兴趣，使他预感到，派遣传教士医生可能是有助于传教事业的最佳选择。双方的共同愿望，促成了西学东渐的中心，由天文历算转向了医学。在这种背景下，出现了西医进入中国的高潮。

根据康熙皇帝的要求，精通医术的传教士陆续来到北京，进入宫廷。其中有颇受康熙器重的外科医生兼药剂师——法国耶稣会士樊继训(Pierre Frapperie)，康熙皇帝御医、外科医生——意大利耶稣会士何多敏(Giandomenico Paramino)，宫廷药剂师——葡萄牙耶稣会士魏哥儿(Miguel Vieira)，在京行医三十二年的外科医生——意大利修士罗怀中(Giovanni Giuseppe da Costa)等人。他们在中国的行医活动，为西洋医学在中国的传播打开了局面。康熙皇帝的大力提倡，功不可没。

在这种情况下，西方传教士的传教活动也获得了很大的发展。到了康熙后期，由于所谓“礼仪之争”，显示了中西文化之间的隔阂，使得传教士的活动受到了障碍。康熙皇帝派遣耶稣会士白晋作为他的特使，随同罗马教皇特使铎罗(de Tournon)回到欧洲，解决礼仪纠纷，但是没有成功。铎罗代表教皇宣布在教会中禁止中国的礼仪，使得双方矛盾激化。

清朝方面则采取了比较灵活务实的对策。康熙四十五年(1706 年)的一道皇帝谕旨宣布,西洋人必须领取内务府颁发的"印票"(执照)后,才可以在中国传教,没有领取"印票"的传教士必须离开中国,但是具有西洋技艺的传教士不在驱逐之列。康熙五十八年(1719 年),皇帝在接见福建的传教士时,再次重申传教士中的"会技艺人"不在驱逐之列。他还授意罗马教皇派来的神甫,写信给教皇:西洋人受大皇帝之恩深重,无以图报,今特求教皇选拔具有天文、律吕、算法、画工、内科、外科等学问的传教士,来中国效力。康熙皇帝在"礼仪之争"日趋尖锐化的情况下,依然表现出一个大国君主的宽容风度,没有盲目排外,为当时的中西文化交流留下了精彩的一页。

康熙时代,西方传教士受到了礼遇,得以深入宫廷,深入上层政坛。不仅如此,在皇帝多次南巡中,沿途都把会见天主教传教士作为议事日程。传教士普遍满意于皇帝对他们的关注,皇帝给传教士留下了令人喜爱的形象。耶稣会士白晋两次受到接见,并且陪伴南巡,使他以后有机会向皇帝介绍欧洲的科学和医学,对皇帝有了深切的了解。后来白晋写了康熙皇帝的传记,在西方引起巨大反响。传教士们把中国的真实情况介绍给欧洲,使欧洲人对中国有了前所未有的认识。在欧洲人心目中,中国是一个当时世界上最辽阔、最富饶,管理最完善,发展水平最高的国家。欧洲的启蒙思想家,包括莱布尼茨(1645—1716 年)、伏尔泰(1694—1778 年)、魁奈(1694—1774 年),都受到了影响。给他们影响最深的是,清朝通过竞争性考试选择最有教养的人为官,使中国因此而避免了欧洲世袭贵族政治的弊端。他们认为,中国更接近欧洲从未实现的柏拉图理想——由哲学家皇帝统治的国家。西方古典经济学奠基人亚当·斯密在 1776 年发表的《国富论》中,根据这些记载,对 18 世纪的中国作了这样的评论:

——中国极其辽阔的国土,数量庞大的居民,气候的多样性,以及由此而形成的不同省份产品的多样性,还有大部分省份之间利用水上运输的方便交通,使得那个如此辽阔的国家,单靠自己的国内市场,就足以吸纳极大量的商品,并容许甚为重要的劳动进一步细分工。中国的国内市场在规模上大概比欧洲所有各国加在一起的市场小不了多少。

广州十三行（油画）

见于《广舆胜览》的十八世纪英法“夷人”

清乾隆 铜丝胎掐丝珐琅彩五爪龙一对

康熙皇帝在位的六十一年，奠定了清朝的盛世，无怪乎有的历史学家把他与俄国的彼得大帝相比拟。

2. 雍正的嗣位与政绩

一代明君康熙，在确定接班人问题上却举棋不定，太子立而废，废而立，立而又废，致使皇位的继承者始终不明，他的那些有势力的儿子都想成为继承者，闹得不可开交，各树朋党，形同仇敌。他固然有不得已的苦衷，也有无可推卸的责任，正如孟森所说："帝于诸王，纵之太过，教之太疏。"他的晚年，崇尚政宽事省，无为而治，助长了夺嫡争储的斗争。各皇子的朋党分化改组，形成两大集团：一派以皇八子胤禩为首，得到皇九子胤禟、皇十子胤䄉、皇十四子胤禵的支持，当胤禩为父皇所嫌弃，继位无望时，胤禵成为领袖；另一派以皇四子胤禛为首，得到皇十三子胤祥的支持。

康熙六十一年(1722 年)十一月十三日，皇帝在离宫畅春园病逝，皇四子胤禛根据遗诏继位，即雍正皇帝。雍正即位之初，宫廷内外就传言他是"矫诏篡立"。所谓"矫诏篡立"，有几种说法，其中之一是，把"传位十四子"改为"传位于四子"。因此，这一事件就成为清初三大疑案之一，孟森、王钟翰、陈捷先、金承艺、杨启樵等历史学家，对此作过考证分析，结论不尽相同。冯尔康《雍正传》认为，胤禛"盗名改诏篡位说实于理不通"，传位胤禵的说法"并不可信，很难成立"，康熙弥留之际决定传位给胤禛，是可信的。

其实，所谓"篡立"的说法，不过是皇子们夺嫡争储斗争的产物；即使胤禛的继位是名正言顺的，他的政敌也会造谣中伤。这种事例，在历代的皇位争夺中并不鲜见。退一步论，假如说在皇子们争夺皇位的斗争中，皇四子捷足先登，是否算作"篡立"，也是一个问题，现代历史学家似乎不必过分纠缠于此。评价一个皇帝，还是要看他上台以后的政绩如何。

雍正夹在康熙、乾隆之间，和他的父亲玄烨在位六十一年、儿子弘历在位六十年相比，胤禛在位仅仅十三年，显得十分短暂。但是，他的政绩颇为可观，严禁朋党，整顿吏治，强调务实，多所建树，在不少方面实为乃父所不及。

他一即位，就针对朝廷内外的恶习，宣布严禁朋党，把打击朋党作为首要任务。他多次公开宣称，朋党是政坛上最大的恶习，明朝末年各立门户，互相陷害，这种风气依然存在。这显然是有所指的，目的是要对于皇权威胁最大的胤禩、胤禟、胤禵所结成的朋党，采取严厉的手段予以严惩。即使被舆论指责为不顾同胞亲情，过分苛刻、冷酷，也在所不惜。对于支持他登上皇位的大臣年羹尧、隆科多的结党营私、飞扬跋扈，他也不能容忍。独揽陕西、甘肃、四川三省军政大权的年羹尧，为他牵制驻扎青海的抚远大将军胤禵有功；九门提督、理藩院尚书隆科多掌握京师的警卫大权，协助他顺利登上皇位。但是，他们倚仗拥立之功，得意忘形，公然结党营私，藐视皇权。雍正皇帝以迅雷不及掩耳之势，给予严惩，似乎手段过于严酷，翻脸不认人。但不如此，就不足以遏制朋党，不足以强化皇权，不足以稳定政局。

有鉴于此，他十分重视用人，把田文镜、鄂尔泰等封疆大吏树立为官僚的楷模，以澄清吏治。对历年的赋税亏空与积欠这个老大难问题，他雷厉风行地追查到底，查出从康熙五十一年（1712 年）至雍正四年（1726 年）积欠税收一千多万两白银。由于用人和理财有方，雍正时期进入了清朝最富庶的阶段，国库存银达到六千万两之多。

雍正皇帝治国崇尚务实，一再提倡“为治之道在于务实，不尚虚名”，在制度的改革与重建中成绩卓著，摊丁入地、开豁贱籍、改土归流尤其值得称道。

摊丁入地。清朝初年的赋税制度基本上沿袭明朝后期的一条鞭法，征收地银、丁银两项，地银按土地摊派，丁银按人头摊派。丁银的实质是人头税，继续保持丁银的征收显然不符合历史的潮流，明末清初一些地方开始尝试把丁银向土地转移，但是与人丁相关的丁银是一个变量，难以操作。康熙五十一年（1712 年），朝廷宣布“滋生人丁永不加赋”政策，使得丁银总量固定化，为摊丁入地提供了有利条件。

雍正元年（1723 年），直隶总督李维钧首先推行摊丁入地的改革，把人丁负担的丁银摊派到土地负担的地银中去，具体办法是：把全省四十二万两丁银，平均摊派到二百零三万两地银中，大体上地银1两摊派到丁银0.207两。此后，各省都按照直隶的做法，开展摊丁入地的改革。从雍正二年至七年，各省大体完成，山西、贵州迟至乾隆年间才陆续完成。

摊丁入地，又叫做地丁合一或地丁并征，是一条鞭法的进一步发展。它们的总方针是一致的——把人丁的负担转移到土地上去，具体做法因地而异。比较普遍的做法是，把丁银平均摊派入地银中，一并征收；也有一些地方把丁银按照土地面积平均摊派；有的地方以省为单位平均摊派，有的地方以州县为单位平均摊派。这种改革是具有合理性的，田地多的农户分摊到的丁银较多，田地少的农户分摊到的丁银较少，没有田地的农户不再有丁银的负担。从一条鞭法开始的人丁负担向土地转移的发展趋势，至此终于完成，长期存在的人头税，在法律上正式宣告消失。

开豁贱籍。长期以来，国家把人民区分为良民与贱民，在法律上是不平等的。如果说摊丁入地旨在取消人头税，用经济的方法削弱人身依附关系；那么开豁贱籍旨在取消良民与贱民的区别，用法律的方法削弱人身依附关系。这是雍正时期的一大德政。

雍正五年，皇帝在给内阁的谕旨中宣布了改革的宗旨是为了移风易俗，给贱民提供一条自新之路。他指出，山西省的乐户、浙江省的惰民、徽州府的伴当、宁国府的世仆，这样一些贱民，一概取消他们的“贱籍”（贱民户籍），使他们成为良民，用他的话来说，就是“应予开豁为良，俾得奋兴向上，免至污贱终身，累及后裔”。

所谓乐户，古已有之，是编入乐籍的倡优，子孙世袭为业。清朝初年的乐户，是指分布于山西、陕西等地编入乐籍的贱民，世代以从事歌舞吹打为业，接受乡绅、地棍的召唤，在宴会上演出助兴。他们有特殊的服装，与良民相区别，不得使用与身份不相称的用品。

所谓惰民，又称堕民，明清之际分布于浙江省绍兴府的各县，数以万计，从事卑微的职业，男人充当婚礼中的帮手，女人充当喜婆、送娘子，禁止读书、缠足，不许与良民通婚。

所谓伴当、世仆，是徽州、宁国一带的奴仆化佃农，称为佃仆，与主人有着“主仆名分”，在法律上属于贱民的行列。他们与主人有特殊的依附关系，或是租借主人房屋，或是父母葬于主人坟山，或是入赘于主人家中，或是由于负债典押于主人，因而成为奴仆化佃农。他们与一般佃农不同的是，不仅要为主人耕种田地，缴纳地租，还得为主人家终身服役，世代相承。他们的卖身文书上写明，要为主人看守坟墓、照管山场，在主人家有冠婚丧祭等活动时，要听从召唤，无偿劳动。

雍正五年的谕旨，在历史上第一次宣布取消贱民的贱籍身份，把他们解放为良民，在法律上承认他们与良民具有同等地位。这一时期被解放的贱民还有苏州府常熟、昭文两县的丐户、浙江省钱塘江上的九姓渔户、广东省的疍户等。

当然，这种由来已久的陋习，并不是一纸法令就可以彻底消除的，在实际生活中，他们的身份、地位仍然受到原先贱民户籍的影响，如欲参加科举考试，或者捐纳为官，必须以三代"清白"为条件。某些地区，贱民的残余一直存在到清朝末年。不过，无论如何雍正年间解放贱民的行动，作为一个开端，它的积极意义是值得肯定的。

改土归流。元明以来，在西南边疆地区实行土司制度，任命当地民族的首领为地方长官，世代相承，对当地进行世袭统治。由于土司的相对独立性，使得中央政府只能对那些地区实行间接的控制，只有"羁縻"意义，中央的政令、法律显得鞭长莫及。有鉴于此，明朝中期以后，开始逐步改土归流——把土司(土官)改为流官，即中央政府定期委派的官员。但是幅度不大，局面难以根本改变。

为了加强对西南地区的有效控制，雍正皇帝任命鄂尔泰为云南、贵州、广西三省总督，大张旗鼓地进行改土归流。他在一道谕旨中说，长期以来，云南、贵州、四川、湖广等省，僻处边疆的土司，"肆为不法，扰害地方，剽掠行旅，且彼此互相仇杀"，"草菅人命，罪恶多端"，因此，他要求各省总督、巡抚"悉心筹划"，"令其改土归流，各遵王化"。

一部分地区，长期的经济文化交流消除了隔阂，改土归流比较顺利；另一部分地区，土司负隅顽抗，不得不用武力迫使土司就范，战争进行得相当残酷，留下了政治后遗症。

到雍正九年，改土归流大体告一段落。在改土归流地区，设置了与中原地区同样的行政机构——府、州、县，由中央政府任命的知府、知州、知县代替世袭的土司(土官),同时设立军事机构——镇、协、营、汛,派兵驻扎。随后着手从事社会改革,取消落后的剥削方式以及种种陋规恶习;并且在西南地区开辟若干交通要道,使得内地与边疆的交往日趋密切,先进的经济文化不断输入边疆地区。显然,改土归流对于加强中央集权,巩固西南边疆,具有不可低估的意义。

雍正皇帝继承了他父亲开创的密折(秘密奏折)制度,封疆大吏定期向他提交秘密奏折,如实报告社会真实状况,他用红笔批示意见(称为朱批),发还本人阅读后,交还朝廷归档。这样就形成了目前人们所见的《雍正朱批谕旨》,这些密折与朱批,涉及政治、经济、文化、社会各个方面,具体到天气变化、农业收成、粮棉价格,显现了当时社会的真实面貌。雍正本人口才雄辩,笔锋锐利,又精于书法,他的朱批往往长篇大论,由此可以看到他的治国方略与工作作风,以及他不为人知的真实性情。

3. 闭关自锁的"天朝"

长期以来,生丝与丝织品是出口的主要商品,出口数量一直在不断增加,直到清朝中叶依然如此。一些主管外洋事务的官僚已经敏感到它的影响,两广总督李侍尧在乾隆二十四年(1759 年)的一份奏折中说:"外洋各国夷船到粤,贩运出口货物,均以丝货为重,每年贩卖湖丝并绸缎等货,自二十余万至三十二三万斤不等。统计所买丝货,一岁之中,价值(白银)七八十万两,或百余万两。至少之年,亦买价至(白银)三十余万两之多。其货物均系江浙等省商民贩运来粤,转售外夷,载运回国。"

这份奏折所透露出来的信息是丰富的:

第一,外国商船只能到官方指定的贸易港口广州,购买他们最为需要的商品——丝货;

第二,由广州出口的丝货是以太湖流域的"湖丝"以及绸缎为主的;

第三,这些丝货由江苏、浙江商人贩运到广州出口,每年交易额在白银数十万两至百余万两上下。

由于出口的利润很高，刺激了太湖周边地区的蚕桑丝绸生产，其中的精美产品经由商人之手，大批量由广州出口，致使国内市场丝价日趋昂贵。一名官僚在乾隆二十四年给皇帝的奏折中说："近年以来，南北丝货腾贵，价值较往岁增至数倍"；"民间商贩希图重利出卖，洋艘转运，多至盈千累万，以致丝价日昂"。对于国际贸易和外向型经济一无所知的朝廷衮衮诸公，一看到国内市场丝价日益上涨，不是去发展生产、增加货源，而是主张限制出口数量。于是乎乾隆皇帝以谕旨的形式宣布："前因出洋丝斤过多，内地市价翔踊，是以申明限制，俾裕官民织衽。"其思路非常奇特，企图以限制出口数量来平抑丝价，以满足民间丝织业的需求。而限制的措施也很奇特："每船准其配买土丝五千斤、二蚕湖丝三千斤。"这种限制出口的规定匪夷所思，企图限制优质湖丝出口，只准外商购买质地较差的"土丝"和"二蚕湖丝"，优质的头蚕湖丝禁止出口。然而市场经济追求利润，岂能用一纸空文予以改变，即使自以为权大无边的皇帝也无能为力。两年以后，朝廷不得不宣布废除这项不合市场规律、不切实际的规定。一方面，上述规定损害了太湖周边湖丝产地外向型经济的利益，在商民的呼吁下地方长官一再向朝廷敦请"弛禁"；另一方面，在全球化贸易对湖丝需求量节节攀升的经济趋势下，不可能以帝王的旨意为转移，限制出口丝货的数量与质量，不但不合时宜，而且是徒劳的。此后，湖丝的出口量与出口价格都在不断上升，就是一个明证。

日本学者中山美绪（即岸本美绪）的论文《清代前期江南的物价动向》，在研究江南丝价走势时，援引英国学者马士（H. B. Morse）关于英国东印度公司的研究成果，整理出康熙至乾隆时期湖丝出口价格的上升趋势：从1699年每担湖丝价格白银137两，到1792年增加到每担价格312两，在不到一百年中涨幅达到2.27倍。

江南生产的棉布的出口也是如此。从晚明时期开始，中国棉布已经畅销海外，由于价廉物美，在世界市场所向披靡。大量江南精美的棉布进入海外远程贸易，甚至18、19世纪间远销英国等海外市场。从18世纪30年代开始，英国东印度公司已经着手购运被称为"南京棉布"的江南棉布，其他欧洲国家以及美国也在广州购买江南棉布。

英国学者马士根据英国东印度公司的档案，研究18、19世纪，英国、法国、荷兰、瑞典、丹麦、西班牙、意大利等国商船从广州输出江南棉布的数量。全汉升根据这些数据,得出如下结论:第一,1786 年至 1833 年的四十八年中,各国商船从广州出口的棉布共计 4400 余万匹;第二,各国商船在广州出口的棉布最多的一年是 1819 年,达到 330 余万匹,价值 170 万余银圆;第三,1817 年至 1833 年的十七年中,各国商船从广州出口的棉布共计 1900 余万匹,每年平均出口量是 110 万匹,价值 78 万银圆左右。

在 1804 年至 1829 年的二十六年中,美国商船从广州出口的江南棉布 3300 万余匹,平均每年出口 120 万余匹。这期间广州出口棉布猛增,原因就在于美国商船的大量购运。据全汉升研究,美国商船从广州出口的棉布,大部分运回本国出售,小部分运往欧洲、西印度群岛、南美洲、菲律宾及夏威夷等地。在美国机械化棉纺织业大规模发展之前,那里的消费者是江南棉布的好主顾。

中国江南手工生产的棉布,在欧洲曾经风行一时。以嘉定、宝山一带生产的"紫花布"制成的长裤,流行于 19 世纪初法国市民中间,它生动地反映在雨果的小说《悲惨世界》中,称为"The Modern Library"。这种紫花布裤子也是 19 世纪 30 年代英国绅士的时髦服装。

中国棉布畅销海外,原因就是价廉物美。18 世纪中叶,英国东印度公司收购中国棉布,每匹价银不过 0.34 两,价格之低廉在世界市场上无出其右,而且质量也稳居世界前列。一直到棉布出口走下坡路的 19 世纪 30 年代,江南棉布的好名声仍然保持,西方人说它"在色泽上和质地上仍然优于英国制品"。从 18 世纪 80 年代起,英国商人就企图开辟英国棉布在中国的市场,然而都卖不出去,原因就是价格大大高于中国棉布,又不适合中国人的消费习惯。

就在这样的全球化贸易的背景下,清廷却制订了不合时宜的闭关政策。

清朝的海外贸易政策,大体上可以划分为三个阶段:第一阶段是海禁时期(1644—1683 年);第二阶段是多口通商时期(1684—1756 年);第三阶段是仅限于广州一口通商的闭关时期(1757—1842 年)。

第一阶段,清朝执行了比明朝更为严厉的海禁政策,禁止民间商船出海贸易，显然是针对沿海抗清势力而采取的非常措施。

康熙二十二年(1683年)形势发生了很大的变化，三藩之乱平定，台湾郑氏集团投降，先前所面临的“反清复明”问题已经烟消云散。于是清朝政府就是否继续实行海禁政策进行了一场激烈的辩论。康熙皇帝毕竟是一个雄才大略的君主，他以远见卓识作出了取消海禁的决定，宣布于康熙二十三年(1684年)重新开放沿海贸易。

康熙时期的开放范围是比较广泛的，正式指定广州、漳州、宁波、云台山(南京)设置海关，允许外国商船前来贸易。在这些港口沿线及邻近地区，也都允许进行对外贸易，例如广东的潮州、高州、雷州、廉州、琼州等四十三处，福建的厦门、汀州、台北等三十多处，以及浙江、江苏沿海多处港口都是开放的。这种开放政策，不仅吸引了外国商人前来贸易，也刺激了中国商人前往国外进行贸易，大体上江浙一带的商船多来往于日本长崎和宁波、上海之间，闽粤一带的商船多来往于南洋各地。

当然这种开放是有限的。种种迹象表明，清朝的最高统治者包括康熙皇帝在内，对于当时世界的大势，对于发展海外贸易，与正在崛起的西方各国展开商业竞争，是缺乏足够认识的。传统的内陆小农思想指导下的对外政策，进取不足，保守有余，以天朝大国乃世界中心自居，把外国一律视为蛮夷，既居高临下，又处处防范。这种防范几乎是面面俱到的，第一是严禁硝磺、火药、铁器外销；第二是外商到岸必须卸下武器；第三是不让外商了解中国真相。到了乾隆时代愈演愈烈，逐渐收缩通商口岸，从闽、粤、江、浙四省减少到广东一省，从大小百来个通商口岸减少到广州一个口岸，看似偶然，其实是必然的。

转折点是乾隆二十二年(1757年)清廷下令关闭江海关、浙海关、闽海关，指定外国商船只能在粤海关——广州一地通商，并且对丝绸、茶叶等出口商品的出口量加以限制，对中国商船的出洋贸易规定了许多禁令。这就是人们通常所说的闭关政策。乾隆二十四年发生了英商洪任辉(James Flint)要求自由通商的案件，引来更加严厉的防范措施，即使在惟一开放的粤海关，也规定了防范外国人的条款：(一)洋船销货、装货后，应该按期离开，禁止在广州过冬；(二)洋船不许同汉奸私自交易；(三)内地行商不许向洋商借贷资本；(四)洋商不许雇佣内地仆役；(五)在洋船停泊处必须有官员与兵丁弹压、稽查。

按照这种禁令，外国商人必须住在广州城外的商馆，通过称为十三行的公行的中介才能进行交易。公行是洋行的共同组织，承销一切外国进口货物，负责供应外商所需中国出口货物，以及担保、缴纳关税事宜，兼具照料和约束外商的责任。外商在黄埔上岸后，只能住在广州城外的商馆，平时不得任意到商馆区以外走动，更不准入城。外商有事要向政府进行交涉，政府有事要通告外商，都经过十三行转达。贸易季节一过，外商必须离境，或返回澳门居住，不准在广东过冬。这种做法固然有利于对外商的控制，但它显然与西方资本主义自由贸易制度格格不入。

直到乾隆晚期，中国在对外贸易中依然处于出超的地位，大多数年份都有贸易顺差，许多外商都要以本国银洋来支付贸易差额。即使经过工业革命、经济蓬勃发展的英国，在广州贸易中也长期处于逆差之中。乾隆四十六年(1781 年)至五十五年(1790 年)的十年中，中国输往英国的商品，仅茶叶一项就达 9627 万银圆；英国输往中国的商品(包括毛织品、棉布、棉纱、金属等)总共才 1687 万银圆。据统计，在 18 世纪整整一百年中，英国为了支付贸易逆差流向中国 2 亿多银圆。

英国政府为了改变这种状况，扩大通商与联络邦交，派遣以马戛尔尼伯爵(Goerge Lord Macartney)为正使、东印度公司大班斯当东为副使的使节团，于乾隆五十八年(1793 年)来到中国。清朝方面对马戛尔尼一行给予热情招待，但对于加开通商口岸、互派公使等要求，不予理睬。乾隆皇帝一方面明确表示："天朝尺土俱归版籍，疆址森然，即岛屿沙洲亦必划界分疆，各有所属"；另一方面以"上谕"的形式告知英国："天朝物产丰盈，无所不有，原不藉外夷货物以通有无"，考虑到对方的困难，可以承认作为恩惠的朝贡国进行贸易。

马戛尔尼使团的失败，表面看来与磕头等礼仪有关，其实根本分歧在于主权问题。乾隆皇帝致英王乔治三世的信，译成英文发表，成了这个模样："我已经注意到你谦恭有理的态度……我没有忘记你们岛国被茫茫大海与世隔开来的孤独偏远之感……但我们天朝物产丰饶应有尽有，我们不需要野蛮人的产品。"被当时英国人视为荒谬可笑的消遣娱乐话题。美国学者何伟亚(James L. Hevia)《怀柔远人：马戛尔尼使华的中英礼仪冲突》，尽量以一种超脱客观眼光阐释这一历史事件，他指出：这是两个扩张性帝国之间政治的而非文化的遭遇，英国方面也承认马戛尔关注的不止于磕头，他们派遣这一使团的目的，是意识形态和经济利益兼而有之的。

英国当然不愿就此罢休，再次派遣以阿美士德（William Pitt Lord Amherst）为团长的使节团，于嘉庆二十一年（1816 年）来到中国，由于礼仪的纠纷无法解决，原先准备提出的要求，诸如开放宁波、天津、舟山让英商贸易，在北京设立商馆等，根本无从谈起——谈判还未开始已告决裂。

阿美士德使团的成员斯当东在 1816 年的日记中如此描述他所见到的中国："到处显得平静安宁，我们看到的是满意的神情和幽默的兴致……人口如此庞大的国家乞丐如此之少，真令人惊异……"这样一个神秘而封闭的国家，对当时的头号海上霸主英国而言，诱惑力是可想而知的。

西方已经进入资本主义时代，急于打开中国的大门，而中国实施严厉的闭关政策，两者之间必然要发生激烈的冲突，以何种方式打开中国大门，只是一个时间问题。

卡尔·马克思在英国报纸上发表的时评中说：闭关自守的中国，就像一具木乃伊，一直密闭在棺材中，不与外界接触，一旦与新鲜空气接触，就立即腐烂。

后来的事态发展，充分证实了这一论断。

4. 人口压力与社会危机

传统农业时代，中国人口的增长是缓慢的。直到宋朝才突破 1 亿，明朝末年全国总人口达到 1.5 亿，到了清朝人口迅猛增长，乾隆时期全国总人口突破 3 亿大关。据葛剑雄主编《中国人口史》的研究，1644 年至 1851 年，中国人口的年均增长率为 0.49%。

清朝前期两个世纪中人口迅猛增长的原因，是一个值得研究的复杂问题，应该考虑多种因素。

首先，最基本的因素当然是明朝中叶以来农工商各业的发展，经济高度成长带来的经济总量的扩大，为人口的增长提供了有利条件。

其次，政策方面的因素也不容忽视。康熙五十一年(1712 年)宣布“盛世滋生人丁永不加赋”的政策，意味着新增人丁不再有人头税负担。雍正时期的“摊丁入地”政策，意味着人头税负担全部转移到土地。这就大大刺激了人口的迅猛滋生。

再次，传统农业要提高单位面积产量的主要手段就是集约化经营，这就需要不断增加投入土地的劳动力，人口增加便成为提高产量的主要生产力来源。另一种形式的发展——新耕地的开辟，也与人口的增加密切相关，清初几十年间耕地的增长与人口的增长几乎是同步的。

复次，外来的高产粮食作物番薯、玉米等的引进与推广，为新增人口提供了新的粮食来源。布罗代尔《15 至 18 世纪的物质文明、经济和资本主义》指出：山药、芋头、白薯、木薯、土豆、玉米等原产美洲的作物，在发现新大陆后才渡海进入中国，直到 18 世纪才真正得到推广，那时候由于人口急剧增长，不得不在平原地区之外开垦荒山野岭，使南北部分的人口相对地重趋平衡。

但是，人口的迅猛增长毕竟给社会带来了巨大的压力，特别是乾隆时代人口突破 3 亿以后，这种压力愈来愈明显。乾隆五十八年(1793 年)，皇帝已经感受到人口压力的沉重，他说：“承平日久，生齿日繁，盖藏自不能如前充裕”；“生之者寡，食之者众，朕甚忧之”。显然，他已经认识到，由于人口的日趋增加，物资已经不如先前充裕，土地上的出产已经难以满足愈来愈多人口的需要。

面对同样的社会问题，著名学者洪亮吉在这一年提出了他的人口论。他的理论可以概括为三点：第一，耕地增长的速度赶不上人口增长的速度；第二，必须用“天地调剂之法”与“君相调剂之法”，来解决过剩人口，所谓“天地调剂之法”是依赖水旱瘟疫等自然灾害来淘汰人口，所谓“君相调剂之法”是依赖政府的调节与救济，如移民、开荒等措施，来养活人口；第三，听任人口激增会引起社会动乱。

洪亮吉的人口论，与比他晚五年发表的马尔萨斯人口论，有许多相同之处。1789 年英国经济学家马尔萨斯(T. R. Malthus)发表的《人口论》认为，人口增长快于生活资料的增长，如果不遇到阻碍，人口按几何级数增长，而生活资料即使在最有利的生产条件下，也只能按算术级数增长，所以人口增长速度超过了生活资料增长速度。因此必须降低人口增长速度，使之与生活资料增长速度相适应，它的决定性因素就是贫困、饥馑、瘟疫、繁重劳动和战争。他主张采取各种措施限制人口的繁殖。两相比较的话，洪亮吉的人口论虽然不及马尔萨斯那么系统、严密，但已经感到人口问题的严重性，无论如何是难能可贵的。

这并非杞人忧天，人口压力的负面作用，在清朝中期已经凸现出来了。

其一，人均耕地面积日趋减少。从17世纪中叶至19世纪中叶，人均耕地减少了一半。请看下表：

年　代	人口(亿)	耕地(亿亩)	人均耕地(亩/人)
1650	1.00～1.50	6.00	6.00～4.00
1750	2.00～2.50	9.00	4.50～3.60
1850	4.10	12.10	2.95

洪亮吉说："每人四亩即可得生计。"他的意思是，平均每个人拥有四亩耕地，似乎可以看作一个"温饱常数"，如果低于这个水平，社会将会陷于动乱。乾隆、嘉庆时代恰巧处于这个临界状态，到了道光、咸丰之际，每人平均拥有耕地仅仅2.95亩，情况就相当严重了。

其二，由于人均耕地面积下降，每人所得粮食日益减少，导致粮食价格持续上涨。如果以17世纪后半期的粮价指数为100，那么其后的粮价指数分别为：

18世纪前半期　132.00

18世纪后半期　264.82

19世纪前半期　532.08

19世纪后半期　513.35

由此可见，19世纪的粮价比17世纪上涨了5倍多，粮食匮乏与粮荒日趋严重，一遇自然灾害，就会出现大规模饥荒，随之而来的便是大量人口死亡，不可避免地引起抗粮(拒绝缴纳赋税)、抗租(拒绝缴纳地租)的暴动，以及抢米风潮。不断的灾荒、战乱，使得咸丰以后人口不再继续增长，从咸丰初年的4亿多，到同治初年下降至将近3亿，光绪初年逐渐回升到3亿多，清末民初回升到4亿多。人口相对过剩，已经构成社会动乱的重要因素，而社会动乱又反过来制约人口漫无边际的增长，显现了洪亮吉和马尔萨斯的判断是有先见之明的。

乾隆末年、嘉庆初年震动全国的川楚白莲教起义，可以看作人口压力与社会危机的一个标志。先前，大量流民进入四川、湖北、河南交界的荆襄地区，开发原始森林，邻近地区农业人口相对过剩的危机在这里获得暂时的缓解。到了清朝中期，荆襄地区的人口也达到了它所能容纳的最大限度，一旦遇到灾荒，或失去生活来源，流民与棚民就沦为流氓无产者，成为社会的破坏力量。这种特殊的社会环境，提供了宗教和神秘主义的土壤，秘密宗教白莲教在流民中广泛传播，形成一种松散的互助组织。他们在内部实行平均主义——“穿衣吃饭不分你我”。一遇灾荒，谋生无着，他们就倡导“吃大户”(哄抢豪绅富户)，或聚众造反，正如当地官吏所说：“一二奸民倡之以‘吃大户’为名，而蚁附蜂起，无所畏惧”；“虏胁日众，不整队，不迎战，不走平原，惟数百为群，忽分忽合，忽南忽北”。

这种零星的武装斗争终于酿成了乾隆六十年(1795年)年底，荆州、宜昌地区白莲教组织的大规模武装起义。他们以白布包头，白旗为号，与襄阳、郧阳一带的教徒相互联络，分头举事。到了嘉庆元年(1796年)年初，形成了一场声势浩大的群众性武装反抗运动。

这场斗争之所以能够持续九年，蔓延湖北、陕西、四川、河南、甘肃五省，从一个侧面显示了相对过剩人口对社会的压力，已经突破了一个极限。清朝政府调动了十六个省的军队，耗费军费2亿两白银，才把它平定下去。然而，它却成为一个转折点，清朝从此由盛转衰，社会动乱几乎再也没有停息。

此后的将近半个世纪中(1796—1840年)，见于记载的武装暴动、民众起义，共有九十三次。再往后的九年中(1841—1849年)，这类暴动、起义竟达一百一十次之多。太平天国起义前，各地的暴动、起义武装大小约有一百四五十股。19世纪50年代至60年代席卷全国的太平天国运动，多少反映了人口压力下的社会危机。这场持续十多年的社会大动乱，以几千万人死亡而告终。人口压力以这种形式得以缓解，以及随之而来的“同光中兴”，又如昙花一现，并不能改变年复一年的社会动乱状态。正如晚清民众喉舌《申报》所说，光绪初年，“中国贫多富少，故金银一入富室，更难望有出时，是以共觉天下愈贫也”；“富者愈富，贫者愈贫”，“富者则坐拥数十万者亦有之，而贫者常至家无担石之储”。在这种大背景下，社会的动乱是难以遏制的，革命运动将无可避免。

附录:原版引言

从2005年开始,复旦大学新生入学后不分系科,在文理学院(现称复旦学院)中接受通识教育。学院开设一批文理科最基本的"平台课"——公选基础课程,供大家选修。"国史概要"作为复旦大学的精品课程,也名列其中。我开设这门课程多年,又是教材的编写者,受聘讲授这门课程,有一种老课新开的感觉,面对的学生有人文类的,社科类的,还有理工类的,历史学基础各不相同,而且课时只有以前的一半,必须重新通盘考虑。

使用的教材,是我写的《国史概要》(复旦大学出版社2004年第三版)。这本教材原先是为每周四学时(一学期讲完)而写的,已经比以前的中国通史课程大为精减了。现在又要精减一半:上课时间是一学期,每周二学时。如果扣除法定假日、考试,可以用于上课的时间,只有十六周、三十二学时。在如此短暂的时间里,要把几千年的中华文明史讲得深入浅出,是一件很伤脑筋的事情。

除了时间因素的制约,还必须考虑以下两点:一是与高中的历史课程相衔接,二是与教材《国史概要》相配合。如果依然采用一般通史的讲授方式,显然吃力不讨好。只能采取专题讲座的方式,每周二学时讲一个专题,十六周讲十六个专题,在有限的时间里,把国史的精华以学生喜闻乐见的形式展现出来,用富有魅力的讲课,帮助学生去钻研教材。

这就是书名"国史十六讲"的由来。

为此，我重新撰写了十六个专题的讲稿。无论是讲题的确定，还是内容的取舍，都煞费苦心。不管如何安排，总是显得顾此失彼、挂一漏万。最后形成的讲稿，是从我自己的读史心得中提炼出来的，力图对中华文明史上的重要问题，进行具有深度和新意的解读，不再纠缠于历史的线索。我的原则是绝对不能面面俱到，因为在如此有限的时间里，企图面面俱到势必面面俱不到，以至于讲来索然无味，听来昏昏欲睡。必须选择重点，讲深讲透，讲出个所以然，给不同专业的学生具有历史深邃感的启示，激发他们重新思考中华文明史的兴趣。

现在看来，我的抉择是成功的。第一堂课的盛况令我精神振奋，大大出乎预料，三百人的梯形教室人满为患，坐在台阶上的、站在墙边的，听得津津有味，不时有笑声传出。它给我的最大启示是：学生并不排斥历史课，只要讲得精彩，他们是热烈欢迎的。这就好比精彩的历史读物照样可以成为畅销书，是一个道理。

因此，我有信心把我在复旦大学课堂上的讲义，贡献给社会大众共享，让没有机会进入复旦讲堂听课而对此又心向往之的读者，可以一睹复旦大学精品课程的风采。

历史是已经消失了的客观存在，历史学家的任务是把已经消失了的客观存在真实地再现出来。由于立场、观点、方法的不同，每一个历史学家对历史的解读方式是不同的。因此人们所看到的历史著作，带有相当大的作者主观色彩，所谓“纯粹的客观”似乎是难以企及的境界。

我当然也不例外。《国史十六讲》是我在前辈学者的基础上，于兼容并蓄中，进行的新的理解与新的思考。既然“历史是现在与过去之间永无止境的问答交流”，那么，对历史的理解与思考，也将是永无止境的。我仍然秉持写作《国史概要》时的宗旨，在内容、形式、结构、表述各个方面，都力求创新，对当代国内外学者的研究成果加以吸收消化，用让人喜闻乐见的方式传达给读者，尽量改变以往历史教科书枯燥乏味的“八股腔”，给人以耳目一新的感觉。

这些年来，承蒙读者的厚爱，一直对拙著《国史概要》给予好评，使它由一本曾经上过排行榜的“畅销书”，成为一本持续多年的“常销书”。直到最近，网络上还有读者热情洋溢的评论，实在大大出乎我的意料。

2005年3月10日，“北大史学论坛”有一位名叫安替的读者说：“作为一个理工科学生，我受到的文科教育近似于无。想想看，高考不考史地……所以这些课目等于不存在。当然也有其他原因，比如历史课本无人有兴趣读下去……当然时代在进步，最近樊树志编著的《国史概要》就是一本非常好的中国历史教科书”；“在该书每一章节，你都能读到中国历史学界的最新成果和相关争议；虽然作者也有所倾向，但他都直接说出一家之言的判断理由。学习这样的历史，真的感觉很酷，好像在看BBS论战一样，在观战之余，读者内心逐渐有了一个开放、客观的国史轮廓”。

“北大中文论坛”上有人撰文，比较几本历史教材后说：“倒是樊本颇具趣味，文笔、选材都具可观之处，也难怪作为高校教材上市后竟入畅销书前列。”

香港圣公会梁季彝中学的一位读者在网站上说：“《国史概要》(香港三联书店2002年版)一书，可说是近年史学著作方面的畅销书。该书一改通行教科书的常规写法，大量吸收国内外的最新成果。在个案的描述和史事的评价上，常给人耳目一新之感。”

令人感动的是，一位天津的老先生林忠雄在《天津老年报》上撰文说：“古稀之年，在系统读书的过程中……找到评价好、版本新的《国史概要》(樊树志著，复旦大学出版社2003年版)阅读。前后读了半年，四十五万字文图并茂，反思和新知颇多”；“该书文笔清新，持论稳健，悬念迭出，饶有兴味”，“开启了一扇知识之门”。

读了这些情真意切的评论，在下激动之情难以言表，作为一个从事历史教学四十余年的教授，我向你们表示深深的谢意！谢谢你们的厚爱！

希望我的《国史十六讲》能够得到更多读者的喜爱。

今后，我将一如既往地努力，写出让你们满意的历史作品。

中華書局

初版责编	李 静